"十二五"职业教育国家规划教材

经全国职业教育教材审定委员会审定

导游实务

第二版

刘晓杰　贾艳琼　主　编

杜　娟　孙　悦　副主编

杨铭铎　主　审

U0367782

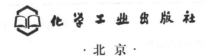化学工业出版社

·北京·

本书是在省级精品课程教学改革实践和高职高专"十一五"规划教材的基础上，经过多年的补充和完善精心编写而成。全书共分为基础知识、服务流程、实务技能三大模块，其中，基础知识模块主要阐述导游服务、导游人员以及导游服务工作等相关知识；服务流程模块主要介绍了地陪、全陪、出境领队及散客服务程序与质量标准；实务技能模块主要指导了导游服务技能与方法、导游服务中主要问题和事故的预防与处理。

本书以项目为导向，以任务为驱动力，整体设计以学生职业能力培养为主线，同时兼顾全国导游资格考试所需知识点等能力要求，教学内容具有针对性和适用性。本书可作为高职旅游管理专业教学用书，也可作为导游员的参考用书。

图书在版编目（CIP）数据

导游实务/刘晓杰，贾艳琼主编 . —2 版 . —北京：化学
工业出版社，2014.7（2025.2重印）
"十二五"职业教育国家规划教材
ISBN 978-7-122-20586-5

Ⅰ.①导… Ⅱ.①刘…②贾 Ⅲ.①导游-高等职业教育-
教材 Ⅳ.①F590.63

中国版本图书馆 CIP 数据核字（2014）第 089737 号

责任编辑：于 卉　　　　　　　　　　文字编辑：李 曦
责任校对：蒋 宇　　　　　　　　　　装帧设计：王晓宇

出版发行：化学工业出版社（北京市东城区青年湖南街 13 号　邮政编码 100011）
印　　装：北京捷迅佳彩印刷有限公司
710mm×1000mm　1/16　印张 18½　字数 393 千字
2025 年 2 月北京第 2 版第 6 次印刷

购书咨询：010-64518888　　　　　　　售后服务：010-64518899
网　　址：http://www.cip.com.cn

凡购买本书，如有缺损质量问题，本社销售中心负责调换。

定　　价：46.00 元

第二版前言 FOREWORD

随着旅游业及互联网的迅猛发展，旅游者的旅游知识和经验越来越多，旅游活动的内容越来越多样化、个性化，这就要求导游人员必须要在思想、知识、语言、技能、身心等方面具备更高的素质。

教材第一版于 2008 年出版，在教学中发挥了较好的作用，受到师生的好评。

此次修订是笔者在省级精品课程教学改革实践和十一五规划教材的基础上，经过多年的补充和完善精心编写而成。我们在教材的开发中，以旅游管理专业培养方案为蓝本，以《高等职业学校专业教学标准（试行）》为依据，根据导游岗位的任职要求，认真总结了课堂教学经验以及多年来旅行社工作的实践经验和体会。教材整体设计以学生职业能力培养为主线，同时兼顾全国导游资格考试所需知识点等能力要求，构建了基础知识、服务流程、实务技能三大模块。以导游岗位类别设计工作项目，再依据工作流程设计学习任务。这样在教学中，我们就可以以项目为导向，以任务为驱动力，依据导游工作流程，逐一组织教学，使教学内容具有针对性和适用性，全面指向学生岗位能力的强化提升，同时实现教学内容的标准性与实效性。

本教材由校企合作共同开发完成，编写人员具有丰富的导游实践经验，旅行社工作人员的参与为教材的编写补充了许多旅游企业实战图表，极大地丰富了课堂教学。教材设置案例分析、温馨提示、补充资料、专题讨论、实操问答等版块，更将知识化整为零，体例也得到进一步突破，具有较强的操作性和教学指导性。

本教材由杨铭铎（黑龙江省旅游学科学术带头人）主审，黑龙江职业技术学院刘晓杰（黑龙江省导游资格考试考官、出境领队、全国导游员）、北京农业职业学院贾艳琼（全国导游员）任主编，黑龙江职业技术学院杜娟（全国导游员）、孙悦（全国导游员）任副主编，哈尔滨铁道国际旅行社有限责任公司客服中心主任刘博颖参与了本教材部分任务实训内容的编写。具体分工如下：刘晓杰编写项目一、项目六、附录，贾艳琼编写项目四、项目五、项目七，杜娟编写项目二、项目九，孙悦编写项目三、项目八，刘博颖编写部分实训内容、提供企业资料。刘晓杰教授负责全书编写大纲的设计和制订，并对全书主要观点和内容进行审定和统稿。同时，为方便教学，本书还配有 PPT 讲义等数字化配套资源，由相应项目编写教师提供。

本书在编写过程中还凝结着许多旅游界同仁和友人的关心和帮助，参考和借鉴了许多专家学者的相关著作和研究成果。此外，我们还得到了黑龙江省旅游局、哈尔滨市旅游局相关部门的大力支持，在此一并表示真诚的感谢！

此外，《导游实务》配套课程为 2009 年黑龙江省省级精品课程，一直关注教育信息化的发展趋势。学院开发网络教学平台，现已建成《导游业务》课程网站，链接了丰富多彩数字化课程资源，链接网址为 http://www1. ljly. net: 81/book-show/flex/book. html? courseNumber=0103005。

　　尽管在本教材的编写过程中，我们力求反映最新的行业动态和理论成果，致力于特色建设，但旅游业是一个不断发展变化的行业，疏漏之处在所难免，恳请各相关高职院校的同仁、专家、读者和业内人士不吝赐教。

编者
2015 年 5 月

目录 CONTENTS

模块一 基础知识

项目一 导游服务

项目目标

　　导游随着旅游活动的产生而出现，随着旅游活动的发展而成长，承载着"旅游业的灵魂"的美誉。通过本项目的学习，使学生能够了解导游服务的产生与发展，熟悉导游服务的类型与范围，理解导游服务的性质和特点，掌握导游服务的原则，为今后的学习打下理论基础。

项目分解

任务一　导游服务的类型与范围

任务二　导游服务的性质和特点

任务三　导游服务的原则

任务一　导游服务的类型与范围

任务情境

她，诠释了中华传统美德

　　2007年新年伊始，一封来自海外旅行社的表扬信，在国家旅游局干部职工手中频频传递。信中高度评价了成都市光大旅行社导游徐春梅忘我为游客服务的精神。

　　表扬信全文如下。

今年我社着力推动中国西南地区的旅游线路，特别是素有"童话世界"美称的九寨沟自然风景区，许多菲律宾客人在游览后都留下了深刻的印象。其中，特别值得一提的是以成都光大旅行社徐春梅小姐为代表的导游队伍，海外游客们给予了其很高的评价，称徐春梅小姐为"导游典范"。

2006年秋天，我社有一位团友曾先生在九寨沟旅游期间，出现严重的高原反应，徐小姐迅速安排急救，并派车送曾先生到医院抢救，不幸的是曾先生在送往医院途中去世。徐小姐镇定地与当地的医院、旅游、公安部门等有关单位协调，办好一切手续。另外一位团友后来由于高原反应也住进医院，徐小姐特意留在医院照顾我们的团友，一直到最后在厦门送团友夫妻出境。为此她还推掉了下一个团的导游计划。徐春梅小姐的全心服务得到了全体团员的高度赞扬。

徐春梅小姐不单得到这一个团的赞扬，在今年9～10月，他们带队的5个旅游团全部对她的导游工作给予了极高肯定，菲律宾最大华文报《世界日报》社的社长陈先生也是我们的团友，他告诉我们，徐小姐不辞辛劳地工作，让客人们非常感动，大家不忍心看她那么辛苦，甚至强迫她停止工作，必须休息。

徐小姐工作出色，使得旅游团的客人们不但领略了中国的美丽风光，而且对中方各个部门工作人员一并留下了很好的印象。很多团友回到菲律宾以后在同事朋友宣传中国的见闻，还在报纸上刊登了许多赞美的文章。我们认为徐小姐真心诚意地为游客服务，她的优秀品德代表了中国的优秀传统文化。

【任务分析】

优良的品德，任何时候都不会过时；高尚的精神，对事业发展更是一种长久的生产力。这也体现出了导游服务最本质的核心作用所在。

 知识链接

知识点一 导游服务的内涵

导游服务是导游人员代表被委派的旅行社，接待或陪同游客游览，按照组团合同或约定的内容和标准向其提供的旅游接待服务。

首先，导游人员是旅行社委派的，可以是专职的，也可以是兼职。未受旅行社委派的导游人员，不得私自接待游客。

其次，导游人员的主要业务是从事游客的接待。一般说来，多数导游人员是在陪同游客旅行、游览的过程中向其提供导游服务的，但是也有些导游人员是在旅行社在不同地点设立的柜台前接待客人，向客人提供旅游咨询，帮助客人联系和安排各项旅游事宜，他们同样提供的是接待服务。不同的是，前者是在出游中提供接待服务，后者是在出游前提供接待服务。

最后，导游人员向游客提供的接待服务，对团体游客必须按组团合同的规定和导游服务质量标准实施；对散客必须按事前约定的内容和标准实施。导游人员不得擅自增加或减少甚至取消旅游项目，也不得降低导游服务质量标准。一方面，导游人员在接待过程中要注意维护所代表的旅行社的形象和信誉，另一方面也要注意维护游客的合法权益。

补充资料

世界上最早的领队和陪同

世界上最早有"领队"和"陪同"的旅行记载是《圣经》上的《出埃及记》。它所记载的事，大约发生在公元前 15 世纪至公元前 14 世纪。当时，以色列人离开两河流域移居埃及，在那里他们大量繁衍，引起埃及人的仇恨。埃及法老（国王）没收其财产，强迫他们做苦工。为了生存，以色列人的首领摩西决定带领全族离开埃及，寻找新的居留地。摩西作为上帝的使者，运用自己的智能和勇气，克服了重重困难，经过 40 年的长途跋涉终于走出埃及，来到迦南地东方约旦河东岸。旅途中的以色列人因缺水而精疲力竭地倒在地上，是一群野驴带他们找到水源，并在水源的附近建立了城市。

知识点二 现代导游服务的类型

导游服务的类型是指导游人员向游客介绍所游地区或地点情况的方式。现代导游服务方式大致可分为两大类：图文声像导游方式和实地口语导游方式。

（一）图文声像导游方式

图文声像导游方式，亦称物化导游方式，它包括以下几种。

1. 图册类

包括导游图、交通图、旅游指南、景点介绍册页、画册、旅游产品目录等。

2. 纪念品类

有关旅游产品、专项旅游活动的宣传品、广告、招贴以及旅游纪念品等。

3. 声像类

有关国情（城市）介绍、景点介绍的录音带、录像带、电影片、幻灯片和CD、VCD、DVD 光盘等利用现代信息技术开发的多媒体宣传方式。

在旅游业发达国家，对图文声像导游极为重视，各大中城市、旅游景点以及机场、火车站、码头等处都设有"旅游服务中心"或"旅游问讯处"，那里摆满了各种印制精美的旅游宣传资料，人们可随意翻阅，其中大部分供问询者自由取用；工作人员还热情、耐心地解答有关旅游活动的种种问题并向问讯者提供很有价值的建议。很多旅游公司定期向公众放映有关旅游目的国（地）的电影或录像，举办展览会等来影响潜在的旅游者。组团旅行社一般在旅游团集合后、出发前都要为旅游者放映有关旅游目的地的电影、录像或幻灯，散发《旅游指南》等材料，领队向团员介绍目的地的风土民情及注意事项，帮助旅游者对即将前往游览的目的地有一基本了解。很多博物馆、教堂和重要的旅游景点装备有先进的声像设施，方便游人参观游览并帮助他们比较深刻、全面地理解重要景观内含的深奥寓意和艺术价值，从而获得更多美的享受。

案例 **1-1**

千名"电子导游"喜迎八方客

2005年8月16日上午9：00，天坛公园来了1000名新"员工"——电子导游机。据天坛公园管理处介绍，这是目前世界上最先进的电子导游机，会说8种语言，在京城公园尚属首家。个小本领大，脸"花"路特熟。"电子导游"小巧喜人，只有两个烟盒那么大，半个烟盒厚，可用一根绳子套在游客的脖子上，还配有耳机。"电子导游"的脸上画着天坛地图，共有24个景点，每个景点都有一个小红灯。每到一个景点，相应的小红灯就开始闪烁提示。这是由于每个景点都安装了射频装置，会发出信号，让"电子导游"接收，并将不同景点的历史背景、典故传说等告知游客。

这个"小导游"，张嘴能说8种语言，包括普通话、粤语、英语、法语、德语、日语、韩语、西班牙语，全是由中央人民广播电台等外语播音员翻译和录音的。天坛公园表示，到2008年将推出20种语言的电子导游机，还将发展40种语言的机型。目前，天坛投放了1000台电子导游机供游客租用，提供中文服务的每台租金10元，外文服务的每台租金40元。

【分析与提示】

"电子导游"的出现让许多导游员增强了危机意识。许多人在考虑，随着时代的发展、科技的进步，导游服务方式定将走向多样化、高科技化。导游人员会不会有失业的可能呢？

虽然，现代化科技手段的丰富，在一定程度上威胁着传统导游讲解员的地位，而另一方面，任何现代化的讲解手段都无法取代传统导游讲解员与游客面对面的交流，无法实现针对个人的"因人施讲"，这是因为：

① 导游服务的对象是有思想、有目的的游客；

② 现场导游情况复杂多变；

③ 旅游活动是一种人际交往和情感交流的过程。

我国推出"电子导游"可以解决在旅游高峰期小语种导游不足的问题，但我们也必须看到，为了适应国家旅游发展的需要，导游从业者必须加强自身语言能力的提高和培养，只有这样，口语化导游才能永远在导游服务中处于主导地位。

（二）实地口语导游方式

实地口语导游方式，亦称讲解导游方式，它包括导游人员在游客旅行、游览途中所做的介绍、交谈和问题解答等导游活动，以及在参观游览现场所做的介绍和讲解。

随着时代的发展、科学技术的进步，导游服务方式将越来越多样化、高科技化，图文声像导游方式形象生动、便于携带和保存的优势将会进一步发挥，在导游服务中的作用会进一步加强。然而，同实地口语导游方式相比，仍将处于从属地位，只能起着减轻导游人员负担、辅助实地口语导游方式的作用。但基于导游服务的特殊性，实地口语导游方式不仅不会被图文声像导游方式所替代，而且将永远在导游服务中处于主导地位。

1. 导游服务的对象是有思想和目的的游客

不同的游客，由于社会背景和旅游动机的不同，出游的想法和目的不尽相同，有的人会直接表达出来，有的人比较含蓄，还有的人可能缄默不言。单纯依靠图文声像这千篇一律的固定模式介绍旅游景点，不可能满足具有不同社会背景和出游目的游客的需要。导游人员可以通过实地口语导游方式观察游客的举止行为，同游客进行接触和交谈，了解不同游客的想法和出游目的，然后根据游客的不同需要，在对参观游览的景物进行必要的介绍的同时，有针对性、有重点地进行讲解，这绝不是一台机器，甚至是一个高智能的机器人所能办到的。

2. 现场导游情况复杂多变

现场导游情况纷繁复杂，在导游人员对参观游览的景物进行介绍和讲解时，游客中有的人会专心致志地听讲，有的人则满不在乎，有的人还会借题发挥，提出各种稀奇古怪的问题。这些情况都需要导游人员在讲解过程中沉着应付、妥善处理。一方面在不降低导游服务质量标准的前提下，满足那些确想了解参观游览地景物知识的游客的需要，另一方面想方设法调动那些对参观游览地不感兴趣的游客的游兴，对提出古怪问题的游客做必要的解释，以活跃整个旅游气氛。此类复杂情况也并非现代科技导游手段可以做到。

3. 旅游是一种人际交往和情感交流关系

旅游是客源地的人们到旅游目的地的一种社会文化活动，通过对目的地社会文化的了解来接触目的地的人民，实现不同国度、地域、民族之间的人际交往，建立友谊。导游人员是游客首先接触且接触时间最长的目的地的居民，导游人员的行为举止、言谈话语及讲解方式都会给游客留下难以泯灭的印象。通过导游人员的介绍和讲解，游客不仅可以了解目的地的文化，增长知识，陶冶情操，而且通过接触目的地的居民，特别是与其相处时间较长的导游人员，会自然而然地产生一种情感交流，即不同国度、地域、民族之间的相互了解和友谊。虽然这种友谊不一定用语言表达出来，但对游客和导游人员来说都是十分宝贵的。这同样是高科技导游方式难以做到的。

知识点三 导游服务的范围

1. 导游讲解服务、旅行生活服务与市内交通服务

导游服务范围是指导游人员向游客提供服务的领域，换句话说，就是导游人员业务工作的内容。在旅游接待工作中，目的地向游客提供的服务是多方面的，包括行、游、住、食、购、娱、邮电通信、出入境、医疗等，其中导游人员提供的服务虽是其中的一部分，但却是最重要的，涉及上述诸多方面。归纳起来，导游服务大

体可分为讲解服务、生活服务、交通服务三大类。

（1）导游讲解服务　导游讲解服务包括游客在目的地旅行期间的沿途讲解服务、参观游览现场的导游讲解以及座谈、访问和某些参观点的口译服务。

（2）旅行生活服务　旅行生活服务包括游客入出境迎送、旅途生活照料、安全服务及上下站联络等。

（3）市内交通服务　市内交通服务是指导游人员同时兼任驾驶员为游客在市内和市郊旅行游览时提供的驾驶服务。这种服务在西方旅游发达国家比较多见，目前在我国还极为少见。

2. 导游讲解服务、旅行生活服务同旅游接待服务的关系

导游人员向游客提供的导游讲解服务和旅行生活服务是旅游接待服务的重要组成部分。

首先，从导游讲解服务来说，游客到旅游目的地来主要是为了增加对目的地社会文化等方面的了解，获取在目的地的旅游经历。旅游目的地的旅游接待工作就是要满足游客的这种需要，满足的办法则是安排游客在目的地参观游览，而导游人员带领游客参观游览并对参观游览的内容及相关知识进行讲解或翻译是实现游客需要的主要途径。通过导游人员的介绍、讲解或翻译，帮助游客认识一个国家（或地区）和其民族的历史文化、传统风俗、生活方式和现代文明，进而了解他们的精神面貌、价值观念和道德水准，使游客对所访目的地的社会文化和精神风貌有切身的体验。

其次，从旅行生活服务来说，它也是目的地旅游接待工作不可缺少的一环。现代游客以实现享受需要为其出游的主要目的之一。因此，认真做好游客的旅行生活服务显得十分重要。在这方面，导游人员是做好游客旅行生活服务的重要环节，除了迎送游客、帮助游客住店离店、安排行李运送、注意保护游客安全等项事宜外，还要与饭店、餐馆、商店提供的住宿、餐饮、购物等服务进行必要的沟通，使游客在旅游期间的生活顺利、愉快，这不仅有利于游客增加对目的地的认识和了解，提高游客的满意程度，而且也有利于激发游客对目的地旅游的兴趣，增加对导游人员为其提供各项服务的好感和信赖。总之，做好游客的旅行生活服务会给游客留下美好的印象。

任务二　导游服务的性质和特点

任务情境

"糖醋活鲤鱼"引发的不快

一位法语导游带领一群法国游客去吃地方风味，其中有一道菜叫"糖醋活鲤鱼"。这位导游很以本地厨师的高超技艺自豪，喋喋不休地向游客介绍这道菜的具体做法：快速将鲤鱼去鳞、破肚、拎着鱼头将鱼身放进油锅将鱼炸熟，烧汁，盛盘，上桌。等鱼上桌后，老外们看到这条可怜的鲤鱼嘴巴还在

一张一合时，全体游客发出了强烈的感叹，遗憾的是这感叹不是赞美厨师的手艺，而是对这种残忍的、非"兽道"（相对于"人道"而言）的做法表示愤怒并集体"罢宴"而去！

【任务分析】

在法国大革命中，法国资产阶级首先喊出的"自由、平等、博爱"的口号几百年来浸润着法国人的心灵，"人道主义"的精神已发扬光大到"兽道主义"的程度。所以一名优秀的导游必须要了解游客不同的文化背景，掌握不同国家文化的精神内髓，才能带好旅游团。

 知识链接

<img_2>

知识点一 导游服务的性质

导游服务的性质在不同的国家和地区，由于社会制度、意识形态和民族文化的不同，其政治属性也不同。

在资本主义制度下，导游人员由于生长在资本主义社会环境中，长期受资本主义思想意识的熏陶，在向游客提供导游服务时，往往会自觉或不自觉地传播资本主义的人生观、价值观和伦理道德，使导游服务有形或无形地带有资本主义色彩。

在社会主义制度下，中国的导游人员在向国内外游客提供导游服务时，无论是介绍山川的秀美，还是讲解历史文化，都应树立主人翁意识，充满爱国主义的热情，坚持四项基本原则，妥善地宣传我党的方针、政策和社会主义现代化的建设成就。对那些愿意了解我国现状的游客，导游人员更应主动热情地给以帮助，这既是中国导游人员的职责，也是一项光荣的使命。

总之，导游服务的政治属性在世界各国或地区都是存在的，区别是在不同的社会制度下，政治性质不同而已。此外，世界各国的导游服务还具有某些共同属性。

（一）社会性

旅游活动是一种社会现象，在促进社会物质文明和精神文明建设中起着十分重要的作用。在旅游活动中，导游人员处于旅游接待工作的中心位置，接待着四海宾朋、八方游客，推动世界上这一规模最大的社会活动，所以导游人员所从事的工作本身就具有社会性。并且，导游工作又是一种社会职业，对大多数导游人员来说，它是一种谋生的手段。

（二）文化性

导游服务是传播文化的重要渠道。导游人员的导游讲解、与游客的日常交谈，甚至一言一行都在影响着游客，都在扩大着一个国家（或地区）及其民族的传统文化和现代文明的影响。导游人员为来自世界各国、各民族的游客服务，通过引导和生动、精彩的讲解给游客以知识、乐趣和美的享受，同时还吸收着各国、各民族的传统文化和现代文明，并有意无意地传播着异国文化。因此，导游服务起着沟通和传播精神文明、为人类创造精神财富的作用，直接间接地起着传播一个国家（或地区）和其民族的传统文化和现代文明的作用。

（三）服务性

导游服务，顾名思义是一种服务工作，它与第三产业的其他服务一样，属于非生产劳动，是一种通过提供一定的劳务活动，例如翻译、导游讲解、旅行生活服务等，来满足游客游览、审美的愿望和安全、舒适旅行的需求。然而，导游服务不同于一般的、简单的技能服务，它是一种复杂的、高智能、高技能服务，因而是高级的服务。

做好旅游服务必须有良好的服务意识。良好的导游服务意识，是指导游员有随时为旅游者提供各种服务的积极的思想准备。导游服务有主动服务和被动服务之分：主动服务是指客人还没有提出问题和要求之前，就能够根据旅游者的一般心理，提供解说、启示及帮助，使游客心中有数，这是导游服务的"CS服务"、超值服务的实现方式。如导游把游客带到一个观光点，除了介绍有关景点知识外，还能提前将厕所、饮料贩卖点的位置、观光的路线、掉队后的补救办法，集合的时间、地点等事项告诉给客人，这种主动式服务就比在导游过程中逐一答复游客的询问好得多。它使客人有一种安全感和信任感，自然也就会收到良好的导游效果。

被动服务是指客人提出问题或要求之后，才给予相应的解答和帮助，即使导游员做到了百问不厌，百讲不烦，客人也只会认为这是导游员的本职工作，是分内的事，回答稍不及时，就可能招致客人的不满和抱怨，使原本可以事半功倍的优质导游工作大打折扣。例如，导游员把客人带到饭店后，由于事先没有将饭店的地理位置及内部设施讲清楚，客人就轮番向导游提出一连串问题："离市中心有多远？交通方便吗？宾馆有 wifi 吗？"等等。这样，不仅增加了工作量，延长了工作时间，也难以得到客人的理解和满意。由此可见，同样是服务，方式不同，效果将产生很大的差异，一个服务意识好的导游员应该时时刻刻从多方面提供主动性服务。

（四）经济性

导游服务是导游人员通过向游客提供劳务而创造特殊使用价值的劳动。在市场经济条件下，这种劳动通过交换具有交换价值，在市场上表现为价格。因此，导游服务具有经济属性。

1. 导游服务，直接创收

旅行社组合的旅游产品在形式上是通过签订旅游合同销售，但实际上，旅游产品不同于一般的有形产品，它的销售是多次地贯穿于旅游全过程，通过提供综合性服务来实现，而导游服务在其中起着举足轻重的作用。导游人员直接为游客服务，为他们提供语言翻译服务、导游讲解服务、旅行生活服务以及各种代办服务，收取服务费和手续费。旅行社的产品最终是通过导游工作生产和提供的，因此，导游服务是旅行社产品的最终生产者和提供者，它直接为国家创收外汇、回笼货币、积累资金。

2. 扩大客源、间接创收

游客是旅游业生存和发展的先决条件，没有游客，发展旅游业就无从谈起，导游人员也就没有了服务对象。所以，世界许多国家和地区的政府为支持旅游业的发展，不惜投入大量资金和人力在国内外进行大规模的广告宣传和促销活动以招徕游客。

然而，与广告宣传相比，另一种更为有效的宣传方式则是游客的"口头宣传"（word of mouth），即游客在旅游目的地参观访问之后，回去向其亲朋好友讲述他在旅游之地所受到的接待、旅游经历和体验。这种"口头宣传"不仅向游客周围的人传播了旅游目的地的旅游信息，提高了旅游目的地和旅行社的知名度，而且在一定程度上会对其他游客今后的旅游流向产生影响。因为，游客的亲身体验比任何广告宣传更可靠，更令人信服。所以，导游人员向游客提供优质的导游服务，可招徕回头客、扩大新客源，从而在间接创收方面起着不可忽视的作用。

（五）涉外性

发展海外来华旅游是中国旅游业的长期方针，也是一项战略任务；而自改革开放以来，经济的快速发展，人民生活水平的不断提高，我国公民出境旅游发展势头也很强劲。对前一种旅游，导游人员是为海外游客提供导游服务；而对于后一种旅游，导游人员是为中国公民提供出境陪同服务，两者都具有明显的涉外性。导游人员提供的涉外导游服务的政治意义和所起的民间外交作用不容低估。涉外导游服务的政治意义主要表现在宣传社会主义中国和发挥民间大使的作用两个方面。

1. 宣传社会主义中国

目前国内接待的海外游客中，绝大多数人都希望了解中国，了解中国的社会制度、建设情况和各族人民的生活。因此，帮助来自四面八方的海外游客正确地认识中国是导游人员义不容辞的责任。同样，导游人员陪同国内旅游者出境旅游时，目的地的人民也希望从中国导游人员那里了解中国的发展情况。所以，导游人员的导游讲解，甚至一举一动都在有意无意地宣传着中国。作为社会主义中国的导游人员，在进行涉外导游服务时，应有鲜明的政治立场，要以积极的姿态，努力将对外宣传寓于导游讲解、日常交谈和游览娱乐中，对那些希望了解中国的游客及其他国家和地区的人民，更应不失时机地宣传中国。当然，在宣传中，形式要多样化，方法要灵活多变，切忌呆板、僵化、千篇一律和强加于人。

2. 发挥民间大使的作用

旅游活动是当今世界上规模最大的民间外交活动，旅游促进了国家之间、地区之间的人际交往，增进了各国、各地区、各族人民之间的相互了解和友谊，消除因相互隔绝而造成的误解、猜忌，对加强世界各国人民的团结，维护国家安定和世界和平具有重要意义。在这一方面，导游人员起着极为重要的作用。

在游客心目中，导游人员是一个国家（或地区）的代表，是友好使者。导游人员可利用旅游活动的群众性、广泛性的特点广交朋友；可利用接触游客面广、机会多、时间长、无语言障碍又比较熟悉游客等有利条件进行广泛接触，进行感情上的交流。大部分中国导游人员以高尚的思想品德、渊博的知识、精湛的导游技能、热情的服务态度，为来自五湖四海的游客提供了不同凡响的导游讲解服务和富有人情味的旅行生活服务，帮助游客认识中国，增进中国与各国（地区）人民的相互了解，在为中国赢得友谊和朋友方面作出了重要贡献，履行着"民间大使"的重任。

此外，导游服务的涉外性还要求导游人员对海外有关情况进行调查研究，特别是了解外国游客的需求及其变化，了解外国旅游企业的运作和经营管理模式。

了解外国游客的需求及其变化，既是导游人员的基本职责之一，也是导游人员做好导游服务工作的需要。因为了解游客的社会地位、文化水平、生活习惯、宗教信仰、兴趣爱好等是导游人员安排旅游活动的重要依据；了解目的地国（地区）的概况、社会动态、风俗民情、生活方式、礼节习俗等有助于导游人员向游客提供令人满意的导游服务和旅行生活服务；了解游客的经济地位和购物需求，有利于导游人员向他们提供更好的购物服务；了解游客的情绪和心理状态，有助于导游人员更有针对性地向他们提供心理服务……上述知识，虽然导游人员可从书本上获得，但从书本上获得的仅是一般性的知识，与具体情况可能存在较大差别。因此，导游人员只有在同游客相处的过程中，从游客的言谈举止、对游览景观的兴趣与表现、对购物和参加文娱活动的反映来了解游客的需求与爱好，从中发现游客需求的变化。这种现场的了解更真实，对导游人员有针对性地提供导游服务提高导游服务质量更有帮助；也有助于改进我国旅游产品的开发、设计，更具针对性开展旅游宣传、招徕与促销活动。

了解外国旅游企业的经营方式、旅游产品的组合、销售运作和管理模式，有助于中国旅游企业吸取外国先进的管理经验和经营手段，提高中国旅游业的经营管理水平。

知识点二　导游服务的特点

导游服务是一种高智能、高技能的服务工作，它贯穿于旅游活动的全过程，即从游客入境（或出境）起，一直到游客出境（或入境）止。导游服务始终陪伴游客，因而是旅游服务中最具代表性的服务。导游服务与服务行业中其他服务相比，具有某些不同的特点。

（一）独立性强

导游人员在接受了旅行社委派的任务后，带团外出旅游中往往要独当一面。导游人员要独立地宣传、执行国家政策，要独立地根据旅游计划组织活动、带旅游团参观游览，尤其是在出现问题时，导游人员还需独立地、合情合理地进行处理。

导游人员的导游讲解也具有相对的独立性。导游人员要根据不同游客的文化层次和审美情趣进行有针对性的导游讲解，以满足他们的精神享受需求。这是导游人员的主要任务，每位导游人员都应独立完成，其他人无法替代。

"改弦易辙"，避免误机

一天早上，广州的导游员王小姐送一个 20 多人的香港旅游团赴机场，但大巴车开到半路突然出现故障停了下来。司机赶紧打电话联系其他车来接，但那时路上车水马龙，时有交通堵塞现象，重新派车来接根本来不及赶飞机。因此，王小姐马上打电话与机场负责场站的人联系，请他做好客人登机的一切准备，后又请示旅行社能否让客人乘坐出租车，得到肯定答复后，她立即开始行动。她为客人们截到了几辆出租车，并坐上最后一辆车赶赴机场。由于出租车小巧、灵活，又亮着紧急灯，速度加快了不少。到达机场时，离起飞时间只有 15 分钟了。当时负责场站的同事已经等候在那里，经过搬运行李，办理托运和登记手续，游客们终于登机了。

【分析与提示】

导游要能够独立解决问题，处理各类突发事件。要能够积极发挥主观能动性。遇到车辆事故或交通堵塞等事件时，要正视客观情况，积极与司机和交警配合，与有关单位联系，积极想办法。例如，请交警帮助疏导交通，调换车辆，拦截车辆，与机场联系推迟起飞的时间等。

（二）脑体劳动高度结合

导游服务是一项脑力劳动和体力劳动高度结合的服务性工作。导游人员接待的游客中，各种社会背景、文化水平的都有，其中不乏专家和学者。导游人员需要很广的知识面，古今中外、天文地理、政治、经济、社会、文化、医疗、卫生、宗教、民俗等均需涉猎。导游人员在进行景观讲解、解答游客的问题时，都需要运用所掌握的知识和智慧来应对，这是一种艰苦而复杂的脑力劳动。另一方面，导游人员的工作量也很大，除了在旅行游览过程中进行介绍、讲解之外，还要随时随地应游客的要求，帮助解决问题，事无巨细，也无分内分外之分。尤其是旅游旺季时，导游人员往往连轴转，整日、整月陪同游客，无论严寒酷暑长期在外作业，体力消耗大，又常常无法正常休息。

（三）复杂多变

1. 服务对象复杂

导游服务的对象是游客，他们来自五湖四海，不同国籍、民族、肤色的人都有，职业、性别、年龄、宗教信仰和受教育的情况也各异，至于性格、习惯、爱好等更是千差万别。导游人员面对的就是这么一个复杂的群体，而且由于接待的每一批游客都互不相同，这又是一个不断变化着的复杂群体。

2. 游客需求多种多样

导游人员除按接待计划安排和落实游客旅游过程中的行、游、住、食、购、娱基本活动外，还有责任满足或帮助满足游客随时会提出的各种个别要求，以及解决或处理旅游中随时会出现的问题和情况，如会见亲友、传递信件、转递物品，游客患病、游客走失、游客财物被窃与证件丢失等，而且由于对象不同、时间场合不同、客观条件不同，同样的要求或问题也会出现不同的情况，需要导游人员审时度势、准确判断并妥善处理。

3. 接触的人员多，人际关系复杂

导游人员除天天接触游客之外，在安排和组织游客活动时要同饭店、餐馆、旅游点、商店、娱乐、交通等部门和单位的人员接洽，而且还要处理导游人员中全陪、地陪与外方领队的关系。虽然导游人员面对的这些方方面面的关系是建立在共同目标基础之上的合作关系，然而每一种关系的背后都有各自的利益，落实到具体人员身上，情况可能更为复杂。导游人员一方面代表委派的旅行社，要维护旅行社的信誉和利益，另一方面，又代表游客，要维护游客的合法权益，还要以双重代表的身份与有关各方交涉。导游人员正是处在这种复杂的人际关系网的中心。

4. 要面对各种物质诱惑和"精神污染"

导游人员在同海外游客的正常交往中，常常会受到一些不健康的思想意识和生活作风的影响，有时还会面临着金钱、色情、名利、地位的诱惑。处在这种氛围中的导游人员需要有较高的政治思想水平、坚强的意志和高度的政治警惕性，能始终保持清醒头脑，自觉抵制"精神污染"。

（四）跨文化性

导游服务工作是传播文化的重要渠道，然而，世界各国（各地区）之间的文化传统、风俗民情、禁忌习惯不同，游客的思维方式、价值观念、思想意识各异，这就决定了导游服务工作的跨文化性。导游人员必须在各种文化的差异中，甚至在各民族、各地区文化的碰撞中工作，尽可能多地了解中外文化之间的差异，圆满完成传播文化的重任。

知识点三　导游服务在旅游服务中的地位和作用

（一）导游服务在旅游服务中的地位

旅游接待过程即是实现旅游产品的消费过程。旅游接待服务是指组成旅游产品的供方，即旅游目的地的交通运输、旅行社、住宿、餐饮、娱乐、商品零售、邮电通信、海关等部门向游客提供其旅游活动中所需要的食、住、行、游、购、娱等方面的服务。其中旅行社提供的服务主要有两个方面，一是旅游活动的组织安排，二是导游服务。

如果我们把旅游接待过程看作是一条环环相扣的链条（从迎接游客入境开始，直到欢送游客出境为止），那么，向游客提供的住宿、餐饮、交通、游览、购物、娱乐等服务分别是这根链条中的一个个环节。正是导游服务把这些环节连接起来，使相应服务的部门和单位的产品和服务的销售得以实现；使游客在旅游过程的种种需要得以满足；使旅游目的地的旅游产品得以进入消费。所以，导游服务虽然只是旅游接待服务中的一种服务，然而与旅游接待服务中的其他服务如住宿服务、餐饮服务、购物服务相比，无疑居于主导地位。

（二）导游服务的作用

1. 纽带作用

从以上论述可知，导游服务是旅游接待服务的核心和纽带。正是通过导游服务，才把旅游接待服务中的其他各项服务联系起来，使之相互配合，协同完成旅游接待任务。导游服务在各项旅游服务中的纽带作用具体表现为如下几个方面。

（1）承上启下　导游人员是国家方针政策的宣传者和具体执行者，代表旅行社执行旅游计划，为游客安排和落实食、住、行、游、购、娱等各项服务并处理旅游期间可能出现的各种问题。同时，游客的意见、要求、建议乃至投诉，其他旅游服务部门在接待工作中出现的问题及他们的建议和要求，一般也通过导游人员向旅行社转递直至上达国家最高旅游行政管理部门。

（2）连接内外　导游人员既代表接待旅行社的利益，要履行合同，实施旅游接待计划，又肩负着维护游客合法权益的责任，代表游客与各旅游接待部门进行交涉，提出合理要求，对违反合同的行为进行必要的干预，为游客争取正当利益；导游人员有责任向游客介绍中国，帮助他们尽可能多地了解我们的国家、人民、社会、文化和风俗民情以及国家的有关政策、法令等，同时多与游客接触，进行调查研究，了解外国，了解游客。

（3）协调左右　导游服务与其他各项旅游服务的服务对象是共同的，因而在目标上、在根本利益上是一致的。但导游服务在服务内容上又各有区别，各部门、各单位又有各自的利益。这种情况决定了它们之间既有相互依存、相互合作的一面，又有相互制约、相互牵制的一面。导游人员作为旅行社派出的代表，对饭店、餐馆、游览点、交通部门、商店、娱乐场所等企业提供的服务在时间上、质量上起着重要的协调作用。因为旅游服务中任何一个环节出了问题，都会影响到整个旅游服务质量。导游人员既有义务协助有关旅游服务提供者，同时也有责任对这些部门的服务提出意见和建议，以使游客与旅行社签订的旅游合同得到落实。

2. 标志作用

导游服务质量对旅游服务质量的高低起标志性作用。导游服务质量包括导游讲解质量、为游客提供生活服务的质量以及各项旅游活动安排落实的质量。导游人员与游客朝夕相处，因此游客对导游人员的服务接触最直接，感受最深切，对其服务质量的反应最敏感。旅游服务中其他服务质量虽然也很重要，对游客的旅游活动也会有影响，但除特殊情况外，由于接触时间短，游客的印象一般不如对导游服务质量印象深刻。一般来说，如果导游服务质量高，可以弥补其他旅游服务质量的某些欠缺，而导游服务质量低劣却是无法弥补的。因此，游客旅游活动的成败更多地取决于导游服务质量。导游服务质量的好坏不仅关系到整个旅游服务质量的高低，甚至关系着国家或地区旅游业的声誉。

3. 反馈作用

在消费过程中，游客会根据自己的需要对旅游产品的型号、规格、质量、标准等作出这样或那样的反映。而导游人员在向游客提供导游服务过程中，由于处在接待游客的第一线，同游客交往和接触的时间最长，对游客关于旅游产品方面意见和需求最了解。导游人员可充分利用这种有利条件，根据自己的接待实践，综合游客的意见，反馈到旅行社有关部门，促使旅游产品的设计、包装、质量得到不断改进、完善，更好地满足游客的需要。

4. 扩散作用

如前所述，导游服务质量对旅游服务质量起着标志性作用，因而导游服务质量的高低在很大程度上决定着旅游产品的使用价值。游客往往通过导游人员带领游客进行旅游活动的情况来判断旅游产品的使用价值。如果导游服务质量高，令游客感到满意，游客会认为该旅游产品物有所值，在满载而归后，还会以其亲身体验向亲朋好友进行义务宣传，从而扩大旅游产品的销路。

反之，若导游服务质量不高，则会导致游客抱怨和不满，并间接影响其周围的人，从而阻碍了旅游产品的销路。由此可见，无论导游服务质量是高还是低，都会对旅游产品的销售起扩散作用。不同的是，质量高时起促销作用，质量低时则起阻销作用。

应当指出的是，我们着重叙述导游服务在旅游服务中的地位和作用，并不意味着其他各项旅游服务就不重要，只是不属于本书论及的范围而已。实际上，旅游服务是一项综合性服务，导游服务只是旅游服务链条中的一个环节，没有其他各项旅游服务的配合，导游服务也无法做好，旅游产品的价值就不可能实现。

任务三　导游服务的原则

任务情境

浪漫的"七夕"之旅

2004 年 8 月 20～26 日，昆明××旅行社导游小黄接待了一个 20 人（10 对夫妻）的"昆明—大理—丽江七日游"团。8 月 21 日下午小黄接到同学发的一条短信："祝福你，明天情人节快乐。"小黄很奇怪，又不是 2 月 14 号，祝福什么的情人节快乐啊！细心的小黄一查日历原来 8 月 22 日是农历"七夕"，可以说是中国的情人节。小黄突然有个想法，要在"七夕"那天给团里的客人一个惊喜。

第二天早晨，小黄让女士先上了车，将所有的男士留下，她突然像变魔术似地从包里拿出一支支包装得很漂亮的红玫瑰并说道："各位先生，今天是农历'七夕'，可以说是中国的情人节，我为每位男士准备了一支红玫瑰送给你们的太太，祝大家情人节快乐！"男士们连声道谢。当男士们每人拿着一支红玫瑰送给他们的太太时，车上的气氛好极了，有的女士感动得都流眼泪了。

离别时，大家拉着小黄的手纷纷向她表示感谢："谢谢你！你让我们度过了一个难忘而又浪漫的'七夕'之旅！"

【任务分析】

本案例主要讨论个性化服务。从服务人员的角度讲，个性化服务就是服务人员针对服务对象（旅游者）的不同个性特点和心理需要，结合具体情境，发挥自己的资源优势所采取的有针对性、灵活性的服务。提供个性化服务在很大程度上取决于导游人员的自觉性及其服务技能水平。

本案例中小黄为游客提供了一次优质的有人情味的个性化服务。小黄的团队成员都是夫妻，她抓住了"七夕"——中国的情人节这个细节，用玫瑰花让游客度过了一个难忘的、浪漫的"七夕"，游客的感动可想而知。可以说这是个高质量的团，是一个成功的个性化服务案例。

 知识链接

知识点一 游客至上原则

使旅游者满意是旅行社生存的首要条件，没有使旅游者满意的服务就不会有更多的旅游者；因此，导游服务的根本是满足旅游者的需要。导游人员应有责任感与使命感，一切以旅游者的利益为出发点，明辨是非曲直，尽职尽责。

知识点二 履行合同原则

导游人员带团要以契约为基础，是否不折不扣地履行旅游合同的内容是评估导游人员是否履行职责的基本尺度。这一标准涉及两个方面：一是受企业内部制订的相关成本、责任等方面的约束；二是按合同规定的相关的服务内容与等级要求。导游人员凡事要满足内外两种要求，设身处地地为公司着想，但同时也要为旅游者着想。

案 例 1-3

事实胜于雄辩

某年冬天，北京导游小路接待了台湾地区的一个5人旅游团。在去餐厅用餐的路上，小路简要地把今后几天的活动日程向大家介绍了一下，没想到却遭到客人的一致反对。"按照我们的计划，第一天应先去北海公园看冰灯，再到天桥看杂耍，吃夜宵，最后回饭店。""这几天的活动安排一定要听我们的，否则我们就要换导游。"导游小路耐心向他们解释了旅行社的安排，并请他们拿出自己的计划来对照。经过对照，导游发现对方计划的安排内容与我方旅行社的安排不同：游客要求的项目是在旅游期限内无法实现的内容。他告诉客人这只是台湾旅行社单方面安排的，事实上有些项目根本无法实现。他根据自己手里的计划一项一项地向游客解释，告诉他们这些安排已充分考虑到他们的要求，对其他要求只要有时间一定尽量满足。在导游的解释和劝导下，游客终于到餐馆用了晚餐。当旅游车路过北海公园时，导游小路又特意请游客下车，去北海公园询问最近是否有冰灯展览，得到的答复是没有。上车后他又向客人解释计划中天桥的一些项目是几十年以前的事情了，现在早已面目全非了。此时，游客们终于相信了导游小路的话，并对刚才过火的言辞表示了歉意。大家都表示愿意按照导游小路的日程安排活动。

【分析与评价】

在接待工作中，导游员手里的计划往往与游客手里的计划不同，导游人员要以契约为基础，遇到计划不相符的情况发生，一定要核实清楚，并向客人做好解释工作。

知识点三　规范化服务与个性化服务相结合原则

规范化服务（又称标准化服务）是指服务质量应达到国家和行业规定的标准；服务程序应按照国家和行业规定的标准进行。个性化服务（又称特殊服务）是指导游人员在按照国家和行业规定的统一标准完成游客与旅行社签订的合同内容之外，针对游客在旅游过程中提出的合理要求而提供的个别服务。导游人员应将规范化服务与个性化服务有机地结合起来，努力满足游客的合理要求。

知识点四　平等待客原则

不管旅游者是来自境外还是境内，是来自东方国家还是西方国家，也不管旅游者的肤色、宗教、信仰、消费水平如何，导游人员都应一视同仁地尊重他们。不应对一些旅游者表现出偏爱，因为每一名旅游者都为旅游付出了同样多的钱，他们要求得到同样的待遇是合情合理的。导游人员想把事情办得人人满意，皆大欢喜，但在短短的几天乃至几周的时间内充分了解并满足不同旅游者的需要是有困难的。因此，除非特殊情况，导游人员应该与旅游者保持等距离接触，对每一个旅游者要同样地友好、礼貌与殷勤。

知识点五　礼貌待客原则

第一是指服务态度上要尊重旅游者；第二是指服务时应使用礼貌用语；第三是指遇事时要表现沉着、镇定、面带笑容，保持理智。一个导游人员如果因控制不住感情而对旅游者发脾气，不管他是否有理，其后果都是严重的。只有在任何情况下都能冷静地、不发泄任何个人情感地处理问题的导游人员才是称职的导游人员。

知识点六　合理且可能原则

在工作中，针对一些旅游团的特殊情况和旅游者的一些个别需求，在合理且可能的情况下，尽量给以满足，使工作更富于人情味，使旅游者更加满意。合理是指遇事将自己摆在旅游者的位置上进行换位思考，设身处地地替旅游者着想，分析旅游者提出的要求是否在情理之中。比如，对旅游团中的老人、病人、儿童给以特别关注是理所应当；当旅游者有一些小事需要帮助时，导游人员在可能的情况下"莫以事小而不为"，应尽量提供帮助。

项目小结

本项目介绍了导游服务产生和发展的历史，阐明了导游服务的概念、类型、性质、特点、原则及导游服务在旅游中的地位和作用，这些是本课程学习的基础。通过这一章的学习，要了解导游工作的起源与发展，对导游服务工作的性质与特点有正确的认识，为今后的学习和实际工作打下基础。

复习思考题

1. 什么是导游服务？
2. 导游服务的类型都有哪些？
3. 导游服务的性质和特点是什么？
4. 导游服务的作用有哪些？
5. 如何理解导游服务的原则？

专题讨论

李林带领一个美国旅游团在国内参观游览，他的英语水平不高，所以很少与游客聊天、讨论问题，但却与其中几位经常大量购物的游客打得火热。有些地方的地陪过多地安排购物次数，游客很有意见，他却说地陪带去的商店里出售的都是本地特产，帮助游客购买各地的特产是地陪的责任。在某一个城市，饭菜量少质差，游客向他诉苦，可他回答说这里物价贵，不能怪地接旅行社，而他每顿饭都喝得满脸通红，游客们就更有微词。游客请求多参观几处景点或品尝当地风味，他都以不在计划之列而拒绝。

旅游团对这次活动很不满意，回国后寄来了几封投诉信，其中不少是针对李林的。当领导找他时，李林很气愤，大叫冤枉，说该旅游团中刁民太多，弄得他筋疲力尽，并说他完全是按照规范化服务原则为旅游团提供全程导游服务的。

讨论

1. 根据上述情况，请分析李林带团时哪些服务做得不到位，违背了哪些导游服务的原则？

2. 随着社会的发展和旅游活动的不断变化，旅游者的要求越来越高。如果你是这名导游员，你将怎样做？

实操问答

导游员出现讲解错误，碰巧被游客发现并当面指出，导游员应该怎么面对？

项目二 导游人员

项目目标

通过本项目的学习，使学生能够了解导游人员的分类，熟悉导游人员的基本职责，理解导游人员的概念、导游人员应具备的素质与修养，掌握出境领队、全陪、地陪和景点景区导游人员的具体职责，增强学生的使命感，使学生明确怎样才能做一名合格的导游人员。

项目分解

任务一 导游人员的分类

任务二 导游人员的职责

任务三 导游人员的素质

任务四 导游人员的修养

任务一　导游人员的分类

任务情境

导游员的职业素质

2013 年国庆黄金周，有媒体曝光，很多游客在云南报团参加香格里拉一日游的时候，都必须参加一个"藏民家访"的自费项目，必须交费 280～380元，并且声称这个是行政性的收费。

大多数游客最终都缴纳了 320 元的"藏民家访"费用，与旅行社签订了旅游合同。不过在丽江开往香格里拉的旅游大巴，快到虎跳峡的时候，一个自称叫扎西土匪（音译）的导游，开始向没有缴纳"藏民家访"费用的游客收取"藏民家访"费用。部分游客迫于无奈，按导游要求缴纳了自费项目的费用，对一些不配合的游客，导游则开始进行人身威胁。

据媒体报道，其他团队的游客都无一例外被导游强迫缴纳"藏民家访"费用。有的游客甚至说，如果不交这笔钱，可能都走不出香格里拉。事件曝光后，迪庆藏族自治州旅游局经过调查认为，导游违反了《导游人员管理条例》相关规定，决定依法吊销其迪庆藏族自治州导游人员上岗从业资格证书和迪庆藏族自治州导游上岗证；对导游段××。（媒体报道视频中出现的第一个导游）处以吊销导游证的处罚；根据《旅行社条例》相关规定，对两家旅行社处以 100000 元罚款，停业整顿 1 个月。

【任务分析】

随着旅游业的发展，各地都在不断完善各项旅游配套服务设施，硬件上去了，可软件却跟不上，以至出现"拉客、宰客没商量"的怪现象。这种行为极大地损害了旅游工作人员的形象，更损害了他所在地区的形象。导游一向被称作是"旅游业的灵魂"和"旅游业最具代表性的工作人员"。在新颁布的《旅游法》的第10章一百一十二条款中，明确提及"导游"的条款多达14项，占了12.5%，从中可以看出导游工作的重要性和特殊地位。

本案例中导游强制胁迫游客消费的做法，也是法律所不允许的，《旅游法》规定"导游及领队不得向旅游者索取小费，不得诱导、欺骗、强迫或变相强迫旅游者购物或参加另行付费旅游项目。"作为导游，应树立职业自豪感，不断提高职业素养，伴随着《旅游法》的出台，导游的形象，不再是试图从游客身上赚回"人头费"的"推销员"，而是美好旅行梦想的承载者。

 ## 知识链接

知识点一　导游人员的概念

导游人员是指依照《导游人员管理条例》的规定取得导游证，接受旅行社委派，为旅游者提供向导、讲解及相关旅游服务的人员。

具有高级中学、中等专业学校或者以上学历，身体健康，具有适应导游需要的基本知识和语言表达能力的中华人民共和国公民，可以参加导游人员资格考试；经考试合格的，由国务院旅游行政部门或者国务院旅游行政部门委托省、自治区、直辖市人民政府旅游行政部门颁发导游人员资格证书。

《旅游法》第四章第三十七条将导游证的申请条件界定为"参加导游资格考试成绩合格，与旅行社订立劳动合同或者在相关旅游行业组织注册的人员，可以申请取得导游证"。在国家旅游局关于执行《旅游法》有关规定的通知中又指出"与旅行社订立劳动合同的人员"是指订立固定期限或者无固定期限劳动合同的人员。导游资格考试成绩合格，但并未与旅行社订立劳动合同的人员申请导游证，应当依法在相关旅游行业组织注册。"相关旅游行业组织"是指设区的市级以上地方依法成立的导游协会、旅游协会成立的导游分会或者内设的相应工作部门。

有下列情形之一的，不得颁发导游证：

① 无民事行为能力人或者限制民事行为能力人；

② 患有传染性疾病的；

③ 受过刑事处罚的，但过失犯罪的除外；

④ 曾被吊销导游证的。

取得了导游证，导游人员才有资格从事导游活动。导游证的有效期限为3年。导游证持有人需要在有效期满后继续从事导游活动的，应当在有效期限届满3个月前，向省、自治区、直辖市人民政府旅游行政部门申请办理换发导游证手续。

导游活动是指导游人员受旅行社委派，陪同旅游者旅行、游览，为旅游者提供向导、讲解和其他旅途服务。导游人员从事导游活动，必须经旅行社委派。未经旅行社委派，不得从事导游活动。

《旅游法》第四十一条指出导游和领队从事业务活动，应当佩戴导游证、领队证，遵守职业道德，尊重旅游者的风俗习惯和宗教信仰，应当向旅游者告知和解释旅游文明行为规范，引导旅游者健康、文明旅游，劝阻旅游者违反社会公德的行为。

补充资料 2-1

《旅游法》关于旅行社导游人员数量的规定

国家旅游局关于执行《旅游法》有关规定的通知指出，旅行社设立时要具备"必要的导游"，其必须持有《导游证》，数量不得低于旅行社在职员工总数的20%且不少于3名，且要与旅行社签订固定期限或者无固定期限劳动合同。

知识点二 导游人员的分类

导游人员由于业务范围、业务内容的不同，服务对象和使用的语言各异，其业务性质和服务方式也不尽相同。即使是同一个导游人员，由于从事的业务性质不同，所扮演的社会角色也随之变换。并且，世界各国对导游人员类型的划分也不尽相同，因而很难用一个世界公认的统一标准对导游人员进行分类。下面是从我国的实际情况出发，分别从不同角度对我国导游人员进行的分类。

（一）按业务范围划分

导游人员分为出境旅游领队、全程陪同导游人员、地方陪同导游人员和景点景区导游人员。

出境旅游领队是依照规定取得领队资格，受组团社委派，从事领队业务的工作人员。组团社是指经国务院旅游行政管理部门批准，依法取得出境旅游经营资格的旅行社。领队业务是指全权代表组团社带领旅游团出境旅游，督促境外接待旅行社和导游人员等方面执行旅游计划，并提供出入境等相关服务的活动。

全程陪同导游人员（简称全陪）是指受组团旅行社委派，作为组团社的代表，在领队和地方陪同导游人员的配合下实施接待计划，为旅游团（者）提供全程陪同服务的工作人员。这里的组团社或组团旅行社是指接受旅游团（者）或海外旅行社预订，制订和下达接待计划，并可提供全程陪同导游服务的旅行社。这里的领队是指受海外旅行社委派，全权代表该旅行社带领旅游团从事旅游活动的工作人员。

地方陪同导游人员（简称地陪）是指受接待旅行社委派，代表接待社实施接待计划，为旅游团（者）提供当地旅游活动安排、讲解、翻译等服务的工作人员。这里的接待社或接待旅行社是指接受组团社的委托，按照接待计划委派地方陪同导游人员负责组织安排旅游团（者）在当地参观游览等活动的旅行社。

景点景区导游人员亦称讲解员，是指在旅游景区景点，如博物馆、自然保护区等为游客进行导游讲解的工作人员。

总之，从业务范围看，海外领队是指率领我国公民到海外旅游并为其提供全程导游服务的工作人员；全程陪同导游人员是率领海外来华游客或我国游客在中国境内旅游并为其提供全程导游服务的工作人员；地方陪同导游人员是接待海外来华游客或我国游客在其工作的地区旅游并为其提供当地导游服务的工作人员；景点景区导游人员是指接待海外来华游客或我国游客在其工作的景区景点旅游并为其提供该景区景点导游服务的工作人员。前两类导游人员的主要业务是进行旅游活动的组织和协调。第三类导游人员既有当地旅游活动的组织、协调任务，又有进行导游讲解或翻译的任务。第四类导游人员的主要业务是从事所在景区景点的导游讲解。

补充资料　2-2

《旅游法》关于领队证的有关规定

《旅游法》第三十九条指出"取得导游证，具有相应的学历、语言能力和旅游从业经历，并与旅行社订立劳动合同的人员，可以申请取得领队证。"

在国家旅游局关于执行《旅游法》有关规定的通知又做出补充"相应的学历，是指大专以上学历；相应的语言能力，是指与出境旅游目的地国家（地区）相对应的语言能力；相应的旅游从业经历，是指 2 年以上旅行社相关岗位从业经历。2013年 10 月 1 日前已取得领队证的人员，在 2016 年 10 月 1 日前，应当具备《旅游法》规定的相应条件。"

（二）按职业性质划分

导游人员分为专职导游人员和兼职导游人员。

专职导游人员是指在一定时期内以导游工作为其主要职业的导游人员。目前，这类导游人员一般为旅行社的正式职员，他们是当前我国导游队伍的主体。

兼职导游人员亦称业余导游人员，是指不以导游工作为其主要职业，而利用业余时间从事导游工作的人员。目前这类人员分为两种：一种是通过了国家导游资格统一考试取得导游证而从事兼职导游工作的人员；另一种是具有特定语种语言能力受聘于旅行社，领取临时导游证而临时从事导游活动的人员。

在西方国家，还有一种导游人员，他们以导游为主要职业，但不是某家旅游公司的正式雇员，而是通过签订合同为多家旅行社服务，他们是一批真正意义上的"自由职业导游人员"。他们构成了西方大部分国家导游队伍的主体。这类导游人员已经在中国出现，人数还不多，但很可能是一种发展方向。

补充资料　2-3

《旅游法》关于不同类型导游收入来源方式的有关规定

《旅游法》的实施，从源头保证了各类导游都有固定的收入渠道，规范了导游与旅行社之间的利益分配关系。《旅游法》第三十八条通过区分两类导游不同收入来源的方式进一步规范了旅行社与导游之间的利益分配关系。对由旅行社聘任的专职导游，要求旅行社必须"依法订立劳动合同，支付劳动报酬，缴纳社会保险费用"，以此维护专职导游作为企业正式员工所拥有的合法利益；而对目前作为导游主体大量存在的、由旅行社临时聘用实现从业的各类社会导游和兼职导游，则要求"应当全额向导游支付本法第六十条第三款规定的导游服务费用"（即在包价旅游合同中载明导游服务费用）。此外，第三十八条第三款还规定，"旅行社安排导游为团队旅游提供服务的，不得要求导游垫付或者向导游收取任何费用。"这条规定也是从源头上规范了市场主体之间的利益分工，从而杜绝了导游和旅行社之间因"买团"和"卖团"行为所产生的一系列利益纠纷，并为下一步彻底杜绝"零负团费"现象，以及为我国导游人员今后走向"自由职业者"道路奠定了坚实的基础。

（三）按导游使用的语言划分

导游人员分为中文导游人员和外语导游人员。

中文导游人员是指能够使用普通话、地方话或者少数民族语言，从事导游业务的人员。目前，这类导游人员的主要服务对象是在国内旅游的我国公民和入境旅游的香港、澳门、台湾同胞。

外语导游人员是指能够运用外语从事导游业务的人员。目前，这类导游人员的主要服务对象是入境旅游的外国游客和出境旅游的我国公民。

（四）按技术等级划分

导游人员分为初级导游人员、中级导游人员、高级导游人员和特级导游人员。

1. 初级导游人员

获导游证一年后，就技能、业绩和资历对其进行考核，合格者自动成为初级导游人员。

2. 中级导游人员

获初级导游人员资格两年以上，业绩明显，考核、考试合格者晋升为中级导游人员。他们是旅行社的业务骨干。

3. 高级导游人员

取得中级导游人员资格四年以上，业绩突出、水平较高，在国内外同行和旅行商中有一定影响，考核、考试合格者晋升为高级导游人员。

4. 特级导游人员

取得高级导游人员资格五年以上，业绩优异，有突出贡献，有高水平的科研成果，在国内外同行和旅行商中有较大影响，经考核合格者晋升为特级导游人员。

补充资料 2-4

国外及台湾地区导游人员分类情况介绍

在国外，特别是旅游业高度发达的国家，导游人员的管理体制早已实现法制化。他们按工作性质把导游分为国际入境导游与国际出境导游两大类。

按职业性质区分，国际入境旅游导游又可以分为四种：专业导游人员、业余导游人员（兼职导游人员）、旅游景点讲解员和义务导游人员、在西方旅游业发达的国家，自由职业导游人员在专业导游人员中占较大的比例，大学师生、政府公务员和其他自由职业者中从事业余导游工作的人很多。

义务导游人员是一些业余旅游活动的爱好者，他们参与导游工作完全是出于个人的爱好与自愿，不计报酬。在所有导游人员中，旅游景点讲解员是水平、级别最高的，对重要的博物馆或景点（如英国的大英博物馆）导游人员的考试极为严格，只有水平很高的导游人员，才能获取在这些景点从事导游讲解的资格。以上四种国际入境旅游导游人员，通常在他们领取的导游执照上注明准许他们活动的范围。

国际出境旅游导游，我们习惯上把他们称为领队，领队也分为职业、业余、义务三种。其中业余领队多半因为熟悉接待国的情况或语言而被临时雇用，义务领队则是从旅游团成员中选择的，他们既是旅游者，又义务为大家服务，从而可享受某些优惠待遇。他们多出现在单位或民间团体组织的旅游团中，原本就是单位、团体的领导人或有威信的工作人员。

在我国台湾地区，导游人员和领队各有两类。导游人员分为专任导游和特约导游。专任导游指长期受雇于旅行业（台湾地区称旅行社为旅行业）执行导游业务的人员；特约导游指临时受雇于旅行业或政府机关、团体为举办国际活动接待国际观光旅游者而临时招聘来执行导游业务的人员。领队分专任领队和特约领队。专任领队指经由其任职的旅行业向"交通部观光局"申请领取领队职业证，执行领队业务的旅行业职员；特约领队指经由"观光领队协会"向"交通部观光局"申请领取领队职业证，临时受雇于旅行业执行领队业务的人员。

知识点三　游客心目中的导游人员

1. 游客之友

导游人员较长时间地陪同游客旅行、游览，同他们朝夕相处，为他们安排各项旅游活动，关心和照顾他们的健康和安全。因此，在游客心目中，导游人员不仅是为他们提供服务的人员，更是既懂礼貌、讲礼节，又尊重人、理解人、热心帮助人的朋友，是可信赖、能与之交流思想感情、共同审美赏景的伙伴。

2. 游人之师

导游人员在进行导游活动时，向游客讲解旅游地点的人文和自然情况，介绍风土人情和习俗，解答游客提出的问题。因此，在游客心目中，导游人员不仅是他们进行旅游活动的组织者、协调人，而且是通晓旅游目的地各方面情况的先生，可从其身上学到很多知识。

3. 国家形象的代表

导游人员虽然受旅行社委派，代表旅行社来安排和接待游客，但是，在外国游客心目中，导游人员不管代表哪个旅行社，总之是中国人的代表，代表国家形象。因此，外国游客往往从导游人员的言行举止、衣着打扮来衡量中国人的道德水准和价值观念，从导游人员的讲解和对问题的处理来看中国的导游水平和旅游服务质量。

形象代表有失"形象"

时逢炎夏，学生们又开始了愉快的假期，师大附中的夏令营活动也开始了。在马老师的带领下，第一站到了南京的中山陵。同学们怀着对孙中山先生的尊敬之情，走进了景区。许多同学一边听着导游讲解，一边在小本子上做记录。马老师看在眼里，不由得为同学们的表现而高兴。因为，这次活动不仅让同学们开阔了视野，还让大家接受了一次爱国主义教育。

突然，马老师眉头紧锁，是什么原因让他的情绪发生了转变呢？原来，由于南京连日的高温，今天最高温度达到了36℃，许多人被炎热的天气折磨得透不过气来。马老师发现，为游客提供服务的导游员们穿着的衣服更是"五花八门"，有长衫、有短裙……真可谓是"导游服饰大荟萃"。只见一位男导游，穿着露双臂的大背心和休闲裤，脚下穿着一双拖鞋，脖子上挂着一条毛巾，看起来更像是街边卖西瓜的生意人，正滔滔不绝地向大家讲解呢！从这位男导游身边过去的游客，都不经意地回头看看，就像是看一个"有吸引力的景点"。在他旁边还有一个女导游，一只手用小扇子扇着风，一只手打着太阳伞，身上穿的更是"通透"，一层薄纱下面的吊带小衫看得清清楚楚，无奈的马老师只能摇头无语。

【分析与提示】

导游员作为旅行社的代表，在游客面前，着装应整洁、大方，符合工作环境的要求。因旅游活动具有涉外性的特点，所以，导游员也是国家形象的代表。当前，我国旅游业的飞速发展吸引了世界各地的游客前来观光、度假，中国导游也有了更多展示自我以及国家形象的机会。在本案例中，导游员不得体的装束无疑是不利于中国导游整体形象乃至国家形象的。在西方国家，人们对着装不得体表示反感，甚至一些社会学家还认为："如果女性衣服太透或过于夸张，会诱导犯罪。"

我国目前有许多旅行社正向着制度化、统一化管理模式过渡，对导游人员的仪容、仪表也提出了很高的要求。如云南丽江，通过导游服饰比赛形式，选出导游员最喜欢的导游服，将东巴文字和本地特色诠释在导游服中，不仅体现了本地文化，也成为旅游中的一道风景。

案例选自：李婳，王哲.导游服务案例精选解析

任务二　导游人员的职责

任务情境

风俗禁忌

在东南亚国家中，泰国可以说是最富特色的旅游胜地。不论景物、文化或风俗，均别具一格，而且带有非常浓厚的佛教色彩。陈先生是位旅游爱好者，他在某国际旅行社报了名，并参加了新马泰三国7日游。由于该旅行社

组团人数不足，在征得陈先生和其他游客同意的前提下，将其他两家旅行社的10名游客也凑集在了同一个旅游团，出发前一天，领队是哪一位还不清楚，直至到达飞机场时，领队宋宁才出现。

宋宁和大家简单认识了一下后，就帮着大家办理登机手续，一路上行程安排得比较合理，陈先生非常满意。在第5天，旅游团到达了陈先生最向往的美丽城市曼谷。湄南河像一条闪光的缎带，系在曼谷市的腰际，把城市分为两半。地接导游按照接待计划，第一站就带游客去了泰国最有名的玉佛寺参观。当所有的游客准备进寺参观时，陈先生被地接导游挡在了门外，一问才知道，原来在泰国参观寺院时必须要穿着整齐，而陈先生只穿了休闲短裤和露肩背心。情急之下，陈先生只能去寺院旁的服装店花高价买一身新衣服。在试穿时，店家的小儿子正在摇篮里玩耍，陈先生本能地用手摸了一下小宝宝的头却惊怒了店主。店主将陈先生赶出了商店，并用泰语说了一大串的话，陈先生感觉这些话一定是在诅咒自己。丈二和尚摸不着头脑的陈先生衣服没买成，自然也就无法进入寺院参观。

在门口等待的时候，陈先生和司机师傅聊天，想了解一下自己到底犯了泰国人什么样的忌讳。司机师傅用不太流利的汉语告诉陈先生："在泰国人的观念中，头部是全身的精灵之地，不可以随便触摸。家长们认为自己家里孩子的头上是有佛光的，如果被别人摸了，佛光也就不见了。只有国王、父母和僧侣才能摸小孩子的头，即使在理发的时候，理发员也要先说一声：'对不起'。"听完了司机的解释，陈先生对自己刚才的无知感到非常抱歉。

可此时的陈先生心里还在想着另一件事，就是要向主管部门投诉旅行社和领队，为什么不在出国前将这些禁忌提前告知游客呢？越想越生气的陈先生拿起电话打到了国内。

【任务分析】

作为出境旅游团，在旅游团出发之前，旅行社必须要为旅游团指定专业的领队，并召开行前说明会。领队在说明会上应将此行可能出现或异国的一些情况向游客进行简单的介绍，可以使大家未雨绸缪，避免因不懂风俗习惯而出现差错。

 知识链接

知识点一 导游人员的基本职责

早在20世纪60年代，在中国国际旅行社召开的第三次翻译导游会议上，根据周恩来总理对外事翻译人员的要求，结合导游工作的实际，提出翻译导游人员要"三过硬"（即思想、业务、外语过硬）和做"五大员"（即宣传员、调研员、服务员、安全员和翻译员），这是对当时翻译导游人员职责的明确概括。

几十年来，我国的旅游业发生了巨大变化，由从前作为外事工作一部分的政治接待部门转变为国民经济中一个产业部门；导游服务的对象也不单纯是外国友好人士和海外华侨，而是海外各阶层的人士和数量更为巨大的我国公民。"五大员"就其精髓而言，至今仍有其现实意义，但内涵和外延已发生了变化。

根据当前我国旅游业发展的实际和各类导游人员的服务对象，导游人员的基本职责可概括如下。

1. 执行计划，带团游览

根据旅行社与游客签订的合同或约定，按照接待计划安排和组织游客参观、游览。

2. 导游讲解，传播文化

导游人员负责向游客导游、讲解，介绍中国（地方）文化和旅游资源。

3. 搞好接待，维护安全

在旅游过程中，导游人员应配合和督促有关单位安排游客的交通、食宿等，保护游客的人身和财物安全。

4. 解答咨询，处理问题

对游客提出的问题或相关咨询，导游人员应耐心解答游客的问询，协助处理旅途中遇到的问题和事故。

5. 反映意见，安排活动

反映游客的意见和要求，协助安排游客会见、座谈等活动。

知识点二　出境旅游领队、全陪、地陪和景点景区导游人员职责

（一）出境旅游领队的职责

出境旅游领队是经国家旅游行政主管部门批准组织出境旅游的旅行社的代表，是出境旅游团的领导者和代言人。因此，出境旅游领队在团结旅游团全体成员、组织游客完成旅游计划方面起着全陪、地陪往往难以起到的作用。其主要职责如下。

1. 介绍情况、全程陪同

出发前向旅游团介绍旅游目的地国家或地区的概况及注意事项；陪同旅游团的全程参观游览活动。

2. 落实旅游合同

监督和配合旅游目的地国家或地区的全陪、地陪，全面落实旅游合同，安排好旅游计划，组织好旅游活动。

3. 组织和团结工作

关心游客，做好旅游团的组织工作，维护旅游团内部的团结，调动游客的积极性，保证旅游活动顺利进行。

4. 联络工作

负责旅游团与旅游目的地国家或地区接待旅行社的联络与沟通，转达游客的意见、要求与建议乃至投诉，维护游客的合法权益，必要时出面斡旋或帮助解决。

（二）全陪导游人员的职责

全陪导游人员是组团旅行社的代表，对所率领的旅游团（游客）的旅游活动负有全责，因而在整个旅游活动中起主导作用。其主要职责如下。

1. 实施旅游接待计划

按照旅游合同或约定实施组团旅行社的接待计划，监督各地接待单位的执行情况和接待质量。

2. 联络工作

负责旅游过程中同组团旅行社和各地方接待旅行社的联络，做好旅行各站的衔接工作。

3. 组织协调工作

协调领队、地陪、司机等各方面接待人员之间的合作关系；配合、督促地方接待单位安排好旅游团（游客）的行、游、住、食、购、娱等旅游活动，照顾好游客的旅行生活。

4. 维护安全、处理问题

维护游客旅游过程中的人身和财物安全，处理好各类突发事件；转达或处理游客的意见、建议和要求。

5. 宣传、调研

耐心解答游客的问询，介绍中国（地方）文化和旅游资源；开展市场调研，协助开发、改进旅游产品的设计和市场促销。

（三）地陪导游人员的职责

地陪导游人员是接待旅行社的代表，是旅游接待计划在当地的执行者，是当地旅游活动的组织者。其主要职责如下。

1. 安排旅游活动

根据旅游接待计划，合理安排旅游团（游客）在当地的旅游活动。

2. 做好接待工作

认真落实旅游团（游客）在当地的接送服务和行、游、住、食、购、娱等服务；与全陪、领队密切合作，做好当地旅游接待工作。

3. 导游讲解

负责旅游团（游客）在当地参观游览中的导游讲解，解答游客的问题，积极介绍和传播中国（地方）文化和旅游资源。

4. 维护安全

维护游客在当地旅游过程中的人身和财物安全，做好事故防范和安全提示工作。

5. 处理问题

妥善处理旅游相关服务各方面的协作关系，以及游客在当地旅游过程中发生的各类问题。

（四）景点景区导游人员的职责

1. 导游讲解

负责所在景区、景点的导游讲解，解答游客的问询。

2. 安全提示

提醒游客在参观游览过程中注意安全，并给以必要的协助。

3. 结合景物向游客宣讲环境、生态和文物保护知识

任务三 导游人员的素质

任务情境

高品质的旅游需要高素质的导游

领队小米一次带团去以色列，旅游团在耶路撒冷住的酒店房间相对较小，属于一种宗教朝圣者入住的酒店，小米担心客人可能会对房间有意见，于是就跟客人解释说这里是《圣经》和基督教的发源地，讲基督教的文化，并且类比中国佛教信徒到佛寺朝拜，居住在寺庙里，条件比酒店简陋很多，但他们追求的是一种心境。客人们对领队非常信服，欣然住下了。

【任务分析】

导游的职业素养和知识是平时积累而来的，这就需要我们去做很多功课。如果导游不能深入了解旅游目的地国家的风俗习惯和文化知识，就很难驾驭得了这份工作。导游既要做杂家，也要做某方面的专家，这就需要有过硬的专业知识和对新鲜事物的敏感度，要有积极的心态，把旅途中的正能量传递给我们的游客，只有这样我们才能让游客通过旅游，品位得到提高。

案例选自：新京晚报.

 知识链接

知识点一 良好的思想品德

联合国教科文组织曾邀集著名专家就"21世纪需要什么样的人才"进行过研讨，专家们一致认为"高尚的品德永远居于首位"。可见，在任何时代、任何国家，人的道德品质总是处于最重要的地位。根据国情，我国导游人员的思想品德主要应表现在下述几个方面。

1. 热爱祖国、热爱社会主义

热爱祖国、热爱社会主义是我国的合格导游人员的首要条件。这是因为，第一，导游人员所从事的工作是我国整个事业的一部分，祖国培育了导游人员，为导游人员创造了良好的工作环境和发挥自己智慧、才能的条件。导游人员应该认识到这一点，摆正位置，正确对待个人、集体和祖国的关系，将工作做好。第二，导游人员的一言一行都与祖国息息相关。正如前面所述，在海外游客的心目中，导游人员是国家形象的代表，游客正是透过导游人员的思想品德和言行举止来观察、了解中国。第三，导游人员向游客介绍和讲解的内容都是祖国灿烂的文化、壮丽的河山、中国人民的伟大创造和社会主义事业的辉煌成就。没有这些丰富的内容，导游工作就成了无源之水、无本之木。

由此可见，导游人员应把祖国的利益、社会主义事业摆在第一位，自觉地维护祖国的尊严、民族的尊严，把热爱祖国与热爱社会主义统一起来，并把这种热爱化为工作的动力。

案 例　2-2

导游员要热爱自己的家乡

某国际旅行社接待了一个100余人的日本旅游团去宁波参观旅游。由于此团的人数较多，到宁波后分成4个小团，分别乘坐A、B、C、D4辆旅游车。在宁波游览期间，A号车上的地陪导游为"讨好"游客，在讲解中，对日本大加赞赏，而对宁波则大放厥词。此车上的日本领队听后脸色凝重。晚上，日本领队召集4辆车上的地陪导游员开会，对A号车上的地陪导游表示了不满与抗议。他气愤地说："宁波是个美丽的地方，我多次带团来宁波。这几年宁波各方面的变化极大。正是因为这地方不错，所以我组织这100多位渴望了解宁波的客人到这里观光，有可能的话，一些游客还打算在这里投资建厂。然而今天，A号车上的地陪导游却当着我的游客的面诋毁宁波，这是对我的不尊重，也是对我工作的不支持。为此，我要求全陪导游立即打电话给宁波地接社，撤换地陪，同时要求该地陪导游向A号车上的游客道歉。"

【分析与提示】

热爱祖国、热爱家乡，是我国合格导游人员的首要条件。这是因为：第一，导游人员所从事的工作是宣传中国、宣传所在城市最好的方法和最有效的途径。在这种良好的工作环境中导游可以将自己的才能和智慧淋漓尽致地发挥出来。在海外旅游者面前，导游员就是国家形象的代表。外国游客正是透过导游员的思想和言行来观察和审视中国。第二，可爱的家乡、秀美的风光是导游员讲解内容的精华所在，没有这些丰富的资源，导游员是不可能提供给游客满意服务的。

本案例充分说明了导游员热爱自己的祖国和家乡的重要性，如果连自己的家乡都不热爱，当然也不会赢得别人的尊重。

案例选自：李娌，王哲. 导游服务案例精选解析.

2. 优秀的道德品质

社会主义道德的本质特征是集体主义和全心全意为人民服务的精神。从接待游客的角度说，旅行社和各接待单位实际上组成了一个大的接待集体，导游人员则是这个集体的一员。因此，导游人员在工作中应从这个大集体的利益出发，从旅游业的发展出发，依靠集体的力量和支持，关心集体的生存和发展。只有这样，导游人员的工作才能做好。导游人员要发扬全心全意为人民服务的精神，并把这一精神与"宾客至上"的旅游服务宗旨紧密结合起来，热情地为国内外游客服务。

3. 热爱本职工作、尽职敬业

导游工作是一项传播文化、促进友谊的服务性工作，因而也是一种很有意义的工作。导游人员在为八方来客提供旅游服务时，不但可以结识众多的朋友，而且能增长见识、开阔视野、丰富知识，导游人员应该为此感到自豪。为此，导游人员应树立远大理想，将个人的抱负与事业的成功紧密结合起来，立足本职工作，热爱本职工作，刻苦钻研业务，不断进取，全身心地投入到工作之中，热忱地为游客提供优质的导游服务。

4. 高尚的情操

高尚的情操是导游人员的必备修养之一。导游人员要不断学习，提高思想觉悟，努力使个人的利益追求与国家利益融合起来；要提高判断是非、识别善恶、分清荣辱的能力；培养自我控制的能力，自觉抵制形形色色的精神污染，力争做到"财贿不足以动其心，爵禄不足以移其志"，始终保持高尚的情操。

5. 遵纪守法

遵纪守法是每个公民的义务，作为旅行社代表的导游人员尤其应树立高度的法纪观念，自觉地遵守国家的法律、法令，遵守旅游行业的规章，严格执行导游服务质量标准，严守国家机密和商业秘密，维护国家和旅行社的利益。对提供涉外导游服务的导游人员，还应牢记"内外有别"的原则，在工作中多请示汇报，切忌自作主张，更不能做违法乱纪的事。

知识点二　渊博的知识

随着时代的发展，现代旅游活动更加趋向于对文化、知识的追求，人们出游除了消遣，还想通过旅游来增长知识、扩大阅历、获取教益，这就对导游人员提出了更高的要求。实践证明，导游人员的导游讲解和日常交谈，是游客特别是团体游客获取知识的主要来源。为了适应游客的这种需要，导游人员知识面要广，要有真才实学，这样，讲解才能以渊博的知识做后盾，做到内容丰富、言之有物。

实践证明，丰富的知识是搞好导游翻译工作的前提。导游人员的知识面越广、信息量越多，就越有可能把导游工作做得有声有色、不同凡响，就会在更大程度上满足游客的要求，从而成为一名优秀的导游人员。

导游应掌握知识包罗万象，下面叙述的是其中一些主要方面的知识。

1. 语言知识

语言是导游人员最重要的基本功，是导游服务的工具。古人曰："工欲善其事，必先利其器。"导游人员若没有过硬的语言能力，根本谈不上优质服务。这就是说，导游人员若没有扎实的语言功底，就不可能顺利地进行文化交流，也就不可能完成导游工作的任务。而过硬的语言能力和扎实的语言功底则以丰富的语言知识为基础。这里所说的语言知识包括外语知识和汉语知识（或少数民族语言知识）。

涉外导游人员至少应掌握并熟练运用一门外语，最好掌握两三门外语。掌握一门外语，了解一种外国文化，有助于接受新思想、新观念，开阔眼界，在传播中外文化中作出贡献。

导游讲解是一项综合性的口语艺术，要求导游人员应具有很强的口语表达能力。不过，导游人员的口语艺术应置于丰富的知识宝库之中，知识宝库是土壤，口语艺术是种子，二者结合就能获得收成——良好的导游效果。

目前，我国已形成一支具有相当规模、会世界各国主要语言的导游队伍，他们承担着接待大量我国游客和世界各国不同层次、不同文化水平游客的任务。诚然，他们中大多数人语言水平较高，能适应工作的需要，但也有人，语言表达能力较差，存在不少问题，需要进一步提高。目前绝大多数导游人员只会一种语言，会双语的人为数不多，懂多种语言的人更少。这种情况不仅不能适应我国旅游业发展的需要，而且也不能顺应当今世界导游人员朝多语种发展的潮流，应当引起我们的重视。

2. 史地文化知识

史地文化知识包括历史、地理、宗教、民族、风俗民情、风物特产、文学艺术、古建园林等诸方面的知识。这些知识是导游讲解的素材，是导游服务的"原料"，是导游人员的看家本领。导游人员要努力学习，力争使自己上知天文、下晓地理，对本地及邻近省、市、地区的旅游景点、风土人情、历史掌故、民间传说等了如指掌，并对国内外的主要名胜亦应有所了解，还要善于将本地的风景名胜与历史典故、文学名著、名人轶事等有机地联系在一起。总之，对史地文化知识的综合理解并将其融会贯通、灵活运用，对导游人员来说具有特别重要的意义，它是一名合格导游人员的必备条件。

导游人员还要不断地提高艺术鉴赏能力。艺术素养不仅能使导游人员的人格更加完善，还可使导游讲解的层次大大提高，从而在中外文化交流中起更为重要的作用。艺术素养也是一名优秀导游人员的必备条件之一。

目前，我国导游人员在这方面存在的主要问题是，知识面较窄，只求一知半解，对其包含的科学内容不进行深入地探究。有的导游人员只满足于背诵导游词，在导游讲解时，单调生硬，激发不起游客的游兴，更有甚者，竞杜撰史实，张冠李戴，胡言乱语，欺骗游客，这不仅有违导游人员的职业道德，而且也有损于我国导游服务的声誉，不利于我国旅游业的发展。

3. 政策法规知识

政策法规知识也是导游人员应必备的知识。这是因为：第一，政策法规是导游人员工作的指针。导游人员在导游讲解、回答游客对有关问题的问询或同游客讨论有关问题时，必须以国家的方针政策和法规作指导，否则会给游客造成误解，甚至给国家造成损失。第二，旅游过程中出现的有关问题，导游人员要以国家的政策和有关的法律和法规予以正确处理。第三，导游人员自身的言行更要符合国家政策法规的要求，遵纪守法。

总之，导游人员应该牢记国家的现行方针政策，掌握有关的法律法规知识，了解外国游客在中国的法律地位以及他们的权利和义务。只有这样，才能正确地处理问题，做到有理、有利、有节，导游人员自己也可少犯或不犯错误。

4. 心理学和美学知识

导游人员的工作对象主要是形形色色的游客，还要与各旅游服务部门的工作人员打交道，导游工作集体三成员（全陪、地陪和领队）之间的相处有时也很复杂。导游人员是做人的工作，而且往往是与之短暂相处，因而掌握必要的心理学知识具有特殊的重要性。导游人员要随时了解游客的心理活动，有的放矢地做好导游讲解和旅途生活服务工作，有针对性地提供心理服务，从而使游客在心理上得到满足，在精神上获得享受。事实证明，向游客多提供心理服务远比功能服务重要。

旅游活动是一项综合性的审美活动。导游人员的责任不仅要向游客传播知识，也要传递美的信息，让他们获得美的享受。一名合格的导游人员要懂得什么是美，知道美在何处，并善于用生动形象的语言向不同审美情趣的游客介绍美，而且还要用美学知识指导自己的仪容、仪态，因为导游人员代表着国家（地区），其本身就是游客的审美对象。

5. 政治、经济、社会知识

由于游客来自不同国家的不同社会阶层，他们中一些人往往对目的地的某些政治、经济和社会问题比较关注，询问有关政治、经济和社会问题，有的人还常常把本国本地的社会问题同出访目的地的社会问题进行比较。另外，在旅游过程中，游客随时可能见到或听到目的地的某些社会现象，也引发他们对某些社会问题的思考，要求导游人员给以相应的解释。所以，导游人员要掌握相关的社会学知识，熟悉国家的社会、政治、经济体制，了解当地的风土人情、婚丧嫁娶习俗、宗教信仰情况和禁忌习俗等就显得十分必要。

6. 旅行知识

导游人员率领游客在目的地旅游，在提供导游服务的同时，还应随时随地帮助游客解决旅行中的种种问题。这时，导游人员掌握必要的旅行知识，对旅游活动的顺利进行显得十分重要。旅行知识有交通知识、通信知识、货币保险知识、卫生防病知识、旅游业知识等，起着少出差错、事半功倍的作用。

7. 国际知识

涉外导游人员还应掌握必要的国际知识，要了解国际形势和各时期国际上的热点问题，以及中国的外交政策和对有关国际问题的态度；要熟悉客源国或旅游接待国的概况，知道其历史、地理、文化、民族、风土人情、宗教信仰、习俗禁忌等。了解和熟悉这些情况不仅有利于导游人员有的放矢提供导游服务，而且还能加强与游客的沟通。

导游人员若熟悉两国文化的差异，就能及早向游客说明来龙去脉，使他们意识到是在异国他乡旅游，不可能事事都与自己的家乡相同，从而使其产生领略异国、异乡风情的游兴，对许多不解之处，甚至一些令人不愉快之处也能理解、谅解并与导游人员配合。

知识点三 较强的独立工作能力和创新精神

培养独立分析、解决问题的能力及创新精神既是工作需要，也关系到个人的发展。对导游人员来说，独立工作能力和创新精神则显得更为重要。导游人员接受任务后，要独立组织游客参观游览，要独立作出决定、独立处理问题。导游人员的工作对象形形色色，旅游活动丰富多彩，出现的问题和性质各不相同，不允许导游人员工作时墨守成规。相反，必须根据不同的时空条件采取相应的措施，予以合理处理。因此，较强的独立工作能力和创新精神，充分发挥主观能动性和创造性，对导游人员具有特殊的重要意义。导游人员的独立工作能力和创新精神主要表现在下述四个方面。

1. 独立执行政策和独立进行宣传讲解的能力

导游人员必须具有高度的政策观念和法制观念，要以国家的有关政策和法律、法规指导自己的工作和言行；要严格执行旅行社的接待计划；要积极主动地宣传中国、讲解中国现行的方针政策，介绍中国人民的伟大创举和社会主义建设的伟大成就以及各地区的建设和发展情况；回答游客的种种询问，帮助他们尽可能全面地认识中国。

2. 较强的组织协调能力和灵活的工作方法

导游人员接受任务后要根据旅游合同安排旅游活动并严格执行旅游接待计划，带领全团人员游览好、生活好。这就要求导游人员具有较强的组织、协调能力，要求导游人员在安排旅游活动时有较强的针对性并留有余地，在组织各项活动时讲究方式方法并及时掌握变化着的客观情况，灵活地采取相应的有效措施。

3. 善于和各种人打交道的能力

导游人员的工作对象甚为广泛，善于和各种人打交道是导游人员最重要的素质之一。与层次不同、品质各异、性格相左的中外人士打交道，要求导游人员必须掌握一定的公共关系学知识并能熟练运用，具有灵活性、理解能力和适应不断变化着的氛围的能力，随机应变处理问题，搞好各方面的关系。导游人员具有相当的公关能力，就会在待人接物时更自然、得体，能动性和自主性的水平必然会更高，有利于提高导游服务质量。

导游工作的性质特殊、人际关系比较复杂，要求导游人员应是一个活泼型、外向型的人，是一个永远精力充沛、情绪饱满的人，是一个具有爱心、与人打交道热情、待人诚恳、富于幽默感的人，是一个有能力解决问题并让人信赖、依靠的人。性格内向、腼腆的导游人员，应主动在实践中不断磨炼自己，培养处理人际关系的能力。

4. 独立分析、解决问题，处理事故的能力

沉着分析、果断决定、正确处理意外事故是导游人员最重要的能力之一。旅游活动中意外事故在所难免，能否妥善地处理事故是对导游人员的一种严峻考验。临危不惧、头脑清醒、遇事不乱、处理果断、办事利索、积极主动、随机应变是导游人员处理意外事件时应具备的能力。

服务技能可分为操作技能和智力技能两类。导游服务需要的主要是智力技能，即导游人员同领队协作共事，与游客成为伙伴，使旅游生活愉快的带团技能；根据旅游接待计划和实情，巧妙、合理地安排参观游览活动的技能；选择最佳的游览点、线，组织活动，当好导演的技能；触景生情、随机应变，进行生动精彩的导游讲解的技能；灵活回答游客的询问，帮助他们了解旅游目的地的宣讲技能；沉着、果断地处理意外事件的应急技能；合情、合理、合法地处理各种问题和游客投诉的技能等。

一名优秀的导游人员应具有指挥家的水平，也要有演员的本领。作为一名高明的指挥，一上台就能把整个乐队带动起来并能调动全场听众的情绪，导游人员要有能力随时调动游客的积极性，使他们顺着你的导游思路去分析、判断、欣赏、认识，从而获得旅游的乐趣和美好的享受；作为演员，导游人员要熟练地运用丰富的知识、幽默的语言、抑扬顿挫的语调、引人入胜的讲解以及有节奏的导游活动来征服游客，使他们沉浸在欣赏美的愉悦之中。

语言、知识、服务技能构成了导游服务三要素，缺一不可。只有三者和谐结合才称得上是高质量的导游服务，导游人员若缺乏必要的知识，势必"巧媳妇难为无米之炊"。但语言表达能力的强弱、导游方法的差异、导游技能的高低，会使同样的题材产生不同的甚至截然相反的导游效果：有的平淡无奇、令人昏昏欲睡，使旅游活动失去光彩；有的则有声有色、不同凡响，让游客获得最大限度的美的享受。技能高超的导游人员对相同的题材能从不同角度讲解，使其达到不同的意境，满足不同层次和不同审美情趣的游客的审美要求；而技能低劣者的导游讲解或语言干巴巴，或"百病一方"，只有一种导游词，有的甚至只能当哑巴导游，不但自己难堪，还会引起游客不满。

导游人员的服务技能与他的工作能力和掌握的知识有很大的关系，需要在实践中培养和发展。一个人的能力是在掌握知识和技能的过程中形成和发展的，而发展了的能力又可促使他更快、更好地掌握知识和技能并使其融会贯通，运用起来得心应手。因此，导游人员要在掌握丰富知识的基础上，努力学习导游方法、技巧，并不断总结、提炼，形成适合自己特长的导游方法、技巧及自己独有的导游风格。

知识点五 竞争意识和进取精神

21 世纪是知识经济的时代，其主要特征是，以智力资源为主要依托，把知识作为第一生产要素。导游服务是一种高智能的服务，它以导游人员的智力资源为主要依托。因此，导游人员只有不断充实、更新知识，不断进取，才能面向充满竞争的新世纪的挑战。

在中国加入世界贸易组织后，中国旅游业更加开放，不仅已有外国旅游企业进入中国旅游市场，外国导游人员也可能来到中国。另外，随着改革的深入，面对国际国内旅游市场的激烈竞争，目前的导游管理体制也将发生变化。随着一年一度的导游考试的进行，导游人员的队伍也在不断扩大。因此，导游人员应有居安思危、优胜劣汰的思想准备。只有树立强烈的竞争意识，将压力变为动力，不断开拓进取，才能在新世纪的导游事业中立于不败之地。

知识点六　身心健康

导游工作是一项脑力劳动和体力劳动高度结合的工作，工作纷繁，量大面广，流动性强，体力消耗大，而且工作对象复杂，诱惑性大。因此，导游人员必须是一个身心健康的人，否则很难胜任工作。身心健康包括身体健康、心理平衡、头脑冷静和思想健康四个方面。

1. 身体健康

导游人员从事的工作要求他能走路会爬山，能连续不间断地工作；全陪导游人员、地陪导游人员和旅游团领队要陪同旅游团周游各地，变化着的气候和各地的水土、饮食对他们都是一个严峻的考验。

2. 心理平衡

导游人员的精神要始终愉快、饱满，在游客面前应显示出良好的精神状态，进入"导游"角色要快，并且能保持始终而不受任何外来因素的影响。面对游客，导游人员应笑口常开，绝不能把丝毫不悦的情绪带到导游工作中去。

3. 头脑冷静

在旅游过程中，导游人员应始终保持清醒头脑，处事沉着、冷静、有条不紊；处理各方关系时要机智、灵活、友好协作；处理突发事件以及游客的挑剔、投诉时要干脆利索，要合情、合理、合法。

4. 思想健康

导游人员应具有高尚的情操和很强的自控能力，抵制形形色色的诱惑，清除种种腐朽思想的污染。

总之，一名合格的导游人员应精干、老练、沉着、果断、坚定，应时时处处显示出有能力领导旅游团，而且工作积极、耐心、会关心人、体谅人，富于幽默感，导游技能高超。加拿大旅游专家帕特里克·克伦在他的《导游的成功秘诀》一书中对导游人员的素质作了精辟的结论：导游人员应是"集专业技能和知识、机智、老练圆滑于一身"的人。

知识点七　仪容、仪表

导游人员作为旅行社的代表，要保持与其行业特点、企业形象相一致的仪容、仪表和仪态。

在游客面前，导游人员的仪容要求即容貌修饰上要得体，要与所在工作岗位、身份、年龄、性别相称，不能引起游客的反感。仪表要求导游人员的服饰整洁端庄，要与周围的环境、场所协调，不能过分华丽，与从事的工作不相宜。仪态要求导游人员站有站姿，坐有坐相，举止端庄稳重，落落大方，不要给游客傲慢或轻浮之感。

仪容、仪表、仪态虽然表现的是导游人员的外部特征，然而却是其内在素质的体现，它与导游人员的思想修养、道德品质和文明程度密切相关。

任务四　导游人员的修养

任务情境

走上百家讲坛的女导游

赵英健，现任清东陵文物管理处副处长、高级导游员，中国紫禁城学会、中国清宫史学会、河北省博物馆学会会员。她没有过深的资历，导游出身，却走上了央视名牌栏目《百家讲坛》。她终日困于清东陵方圆百里之地，却让联合国世界遗产委员会专家回国后念念不忘，专门写信表示赞赏。

"要给游客一碗水，导游自己必须有一桶水"。赵英健自己回忆，刚上班时，一般的导游人员每人每天带2～3个团，而她的最高纪录却是半天就带4个团。她以"特有成就感"来形容自己的工作热情。正是凭着对本职工作和东陵博大历史文化的深深热爱，赵英健多年来学习和研究了大量旅游专业知识，探索了不同层次的游客心理，写下了几万字的读书笔记和心得体会，为做好导游服务打下了坚实的基础。她为了将正史与野史巧妙结合起来，使自己的讲解更有知识性和趣味性，在学习了大量清史资料的同时，还遍访了本地守陵人的后裔，丰富了自己的知识积累。

【任务分析】

人们常常把导游员称为上知天文、下知地理的"杂家"。在本案例中，赵英健正是这样一个典型的代表。她刻苦钻研，不满足于现状，大量走访和实际调查，收集素材，因团而宜，针对游客的需求不同、层次不同而采取不同的讲解方式。一改导游人员只能"背词"，不能言之有物、言之有理的印象。《百家讲坛》编导孟庆吉评价赵英健说：她表达能力强、学术根基深，具有人格亲和力。

作为一名优秀的导游人员，具备一定的文化修养是最起码的条件。在游客心目中，导游员不仅是"学者"、"老师"还是"万事通"。所以，活到老、学到老，善于钻研、勤学好问的治学态度和精神，有利于导游人员养成一个好习惯，凡事都要弄懂、弄清楚，不能不懂装懂，更不能敷衍了事，要为每一位游客负责。

随着时代的发展，人们已不满足于食、住、行、游、购、娱这几项最基本的旅游要求了，还想通过旅游活动增长见闻、获取知识。这就对导游人员提出了更高的要求。只有像赵英健一样，知识面广，具有真才实学，在讲解时以渊博的知识为后盾，才能征服游客，从而，获得更多的机会。

知识链接

知识点一　情操修养

情操是以某一或某类事物为中心的一种复杂的、有组织的情感倾向，如爱国心、求知欲等。在我国的日常用语中，有人也把它解释为情感与操守（坚定的行为方式）的结合。

导游人员的情操是以导游服务为中心而展开的对国家、集体（旅行社与其他接待单位）、游客、个人的情感倾向。导游人员要通过导游服务工作实践的不断磨炼来培养和加强下述几个方面的情感倾向。

1. 对国家，导游人员首先要树立爱国心

爱国心即热爱祖国、热爱社会主义。为此，导游人员应努力将个人的利益与国家的利益融合起来，把从事的导游服务工作与社会主义建设事业结合起来，要有历史使命感和社会责任感。

2. 对集体，导游人员要树立集体主义精神

旅游接待不是一项孤立的工作，而是需要旅行社和其他各接待单位通力协作共同完成的事业，导游服务只是其中的一部分。没有旅行社产品设计人员和销售人员的努力，导游服务就没有服务的对象；没有内勤人员和其他各接待单位的支持和协助，导游服务就不可能做好。所以，导游人员应将自己置于集体之中，培养和树立集体主义思想意识。融于集体，依靠集体，通力协作，导游人员的聪明才智才能得到充分发挥。

3. 对游客，导游人员要树立全心全意为人民服务的思想

要热情友好地接待游客，细心周到地为他们服务，想游客之所想，急游客之所急，使他们高兴而来，满意而去。

4. 对个人，导游人员要热爱自己的工作

只有具有远大事业理想的人，才能奋发图强，才能使生活丰富多彩、充满活力，才能使工作有目标、有方向。当然，通向理想的道路是不平坦的，既要有脚踏实地的作风和迎着困难上的勇气，又要有百折不挠、坚忍不拔的精神。导游人员为了实现理想，应有大无畏的气概，勇于实践，勇于创造，使自己成为有理想、有道德、有文化、有纪律的人。

知识点二　道德修养

道德是一种社会意识形态，是在一定的社会中调整人们之间以及个人与社会之间关系的行为规范的总和。它以善和恶、正义和非正义、公正和偏私、诚实和虚伪等道德观念来评价人们之间的关系；通过各种形式的教育和社会舆论的力量使人们形成一定的信念、习惯、传统而发生作用。社会经济基础在不断变化，道德标准随之变化。

职业道德则是把一般的社会道德标准与具体的职业特点结合起来的职业行为规范或标准。不同的职业有其不同的职业道德，但各行业的职业道德准则和行为规范都必须与社会公德一致，而不应相悖。

中国旅游业经过几十年的发展，在实践的基础上，经过不断总结和完善，已形成了旅游一线员工的职业道德规范。

（一）职业道德

旅游一线人员的职业道德是社会主义道德的基本要求在旅游工作中的具体体现，它不仅是每个导游人员在业务工作中必须遵循的行为准则，也是人们用以衡量导游人员的职业道德行为和导游服务质量的标准。旅游一线员工职业道德的内容如下。

1. 爱国爱企、自尊自强

爱国爱企、自尊自强是社会主义各行各业人员一项共同的道德规范和基本要求，具有普遍的指导意义，对导游人员自然也不例外。它要求导游人员在其业务工作中以主人翁的姿态出现，坚持祖国利益高于一切，时时处处以国家利益为重，为国家为企业的发展多做贡献；在工作中，要维护国家和民族的尊严，有自尊心和自信心，要勇于开拓、勇于实践、自强不息。

2. 遵纪守法、敬业爱岗

遵纪守法、敬业爱岗也是社会主义各行各业人员一项共同的道德规范。不过，由于所在行业不同，从事的职业各异，除要遵守国家的法律、法令外，不同行业和职业的人还要遵守本行业的法规和所在单位的纪律。导游人员也应同其他职业的人员一样，必须遵守国家的法律、法令，自觉地执行旅游行业和所在旅行社的各项规章制度，遵守旅游行业的纪律，执行导游服务质量标准，敬业爱岗。

3. 公私分明、诚实善良

公私分明、诚实善良对从事第三产业的人员尤为重要，因为第三产业主要是为其他产业提供服务的，在服务中必须公私分明、诚实待客。旅游业是第三产业中的一个重要产业，导游人员在工作中要不谋私利、公私分明，无论是对来自游客方面，还是对来自其他方面的诱惑，都应有较强的自控能力，自觉地抵制各种精神污染；对待游客要真诚公道，信誉第一，服务中要做到"诚于中而形于外"，不弄虚作假，不欺骗游客。

4. 克勤克俭、宾客至上

克勤克俭、宾客至上是服务行业一项基本的道德规范，是服务人员的基本服务标准。导游人员在工作中要兢兢业业、尽心尽责，充分发挥主观能动性、积极性和创造性；导游人员要有很强的服务意识，要一切为游客着想，主动热情地为游客提供优质的导游服务，把令游客满意作为衡量自己工作的唯一标准。

5. 热情大度、清洁端庄

热情大度、清洁端庄既是服务人员的待客之道，也是服务人员应具备的基本品德，它体现了服务人员的一种高雅情操。导游人员要将热情友好贯穿于整个导游服务过程中，不管游客对导游人员有何想法和看法，导游人员要始终如一地为游客着想，关心他们并为他们排忧解难。导游人员接待游客时要仪表整洁，讲文明、懂礼貌、笑口常开、举止大方，使游客有舒心、满意之感。

6. 一视同仁、不卑不亢

一视同仁、不卑不亢是爱国主义、国际主义在导游服务中的具体体现，是国际交往、人际关系的一项行为准则。导游人员在态度上、行为上对待任何游客都要一个样，决不能厚此薄彼，切忌以地位取人，以钱财取人，以貌取人和以肤色取人。导游人员在工作中要维护自己的人格、国格，坚持自己的信念、要谦虚谨慎，但不妄自菲薄；为客服务，但不低三下四；热爱祖国，但不妄自尊大；学习先进，但不盲目崇洋。

7. 耐心细致、文明礼貌

耐心细致、文明礼貌是服务人员最重要的业务要求和行为规范之一，是衡量服务人员工作态度和工作责任心的一项重要标准。导游人员对待游客要虚心、耐心、体贴入微。导游服务要有针对性，要根据游客的心理和需要提供个性化服务，时刻注意游客的反映，帮助游客解决旅途中的问题；导游人员要尊重每一位游客，特别要尊重他们的宗教信仰、民族风俗和生活习惯，对游客要笑脸相迎、彬彬有礼、落落大方。

8. 团结服从、大局不忘

团结服从、大局不忘是正确处理各方面关系的行为准则，是集体主义原则在服务工作中的具体体现。旅游接待服务是由许多环节组成的综合性服务，每一个环节的服务质量如何，都会对整个接待服务产生影响。导游服务虽是旅游接待服务中的重要一环，然而必须以旅游接待整体为重，以国家旅游业为重。导游人员在业务工作中要团结协作、顾全大局；要个人利益服从集体利益，局部利益服从整体利益，眼前利益服从长远利益；要发扬主人翁精神，工作中与有关接待单位和人员密切配合、互相支持。

9. 优质服务、好学向上

优质服务、好学向上是衡量服务人员工作优劣、是否有进取心的一项最重要、最基本的标准，也是服务人员职业道德水准的最终体现。优质服务应该是规范化与个性化相结合的服务，是高效率的服务，应该是高附加值的服务。导游人员要端正服务态度，树立全心全意为人民服务的思想，在服务中尽心、尽力、尽职、尽责，对工作精益求精；导游人员要勤于学习、善于学习，不断提高自己的业务水平，锲而不舍，不断进取。

（二）行为规范

为了保护国家利益、维护祖国的尊严和我国导游队伍的荣誉，为了确保导游工作顺利完成，发展我国的旅游事业，每个导游人员都必须有很强的法纪观念，时时处处遵纪守法。几十年来，我国旅游界不仅形成了适合我国国情和导游工作特点的导游人员职业道德，也形成了一套导游人员的行为规范，即导游人员行为必须遵守的纪律和守则。

1. 忠于祖国，坚持"内外有别"原则

导游人员要严守国家机密，时时、事事以国家利益为重。带团旅游期间，不随身携带内部文件，不向游客谈及旅行社的内部事务及旅游费用。

2. 严格按规章制度办事，执行请示汇报制度

① 导游和领队应当严格执行旅游行程安排，不得擅自变更旅游行程或者中止服务活动，在旅行、游览中，遇有可能危及游客人身安全的紧急情形时，经征得多数游客的同意，可以调整或者变更接待计划，但应当立即报告旅行社。

② 在旅行、游览中，应当就可能发生危及游客人身、财物安全的情况，导游人员应当向游客作出真实说明和明确警示，并按照旅行社的要求采取防止危害发生的措施。

3. 自觉遵纪守法

① 导游人员严禁嫖娼、赌博、吸毒；也不得索要、接受反动、黄色书刊画报及音像制品。

② 导游人员不得套汇、炒汇；也不得以任何形式向海外游客兑换、索取外汇。

③ 导游人员不得向游客兜售物品或者购买游客的物品；不偷盗游客的财物。

④ 不得向旅游者索取小费，不得诱导、欺骗、强迫或者变相强迫旅游者购物或者参加另行付费旅游项目。

⑤ 导游人员不得收受向游客销售商品或提供服务的经营者的财物。

⑥ 导游人员不得营私舞弊、假公济私。

4. 自尊、自爱，不失人格、国格

① 导游人员不得"游而不导"，不擅离职守，不懒散松懈，不本位主义，不推诿责任。

② 导游人员要关心游客，不态度冷漠，不敷衍了事，不在紧要关头临阵脱逃。

③ 导游人员不要与游客过分亲近；不介入旅游团内部的矛盾和纠纷，不在游客之间拨弄是非；对待游客要一视同仁，不厚此薄彼。

④ 导游人员有权拒绝游客提出的侮辱其人格尊严或者违反其职业道德的不合理要求。

⑤ 导游人员不得迎合个别游客的低级趣味和在讲解、介绍中掺杂庸俗下流的内容。

5. 注意小节

① 导游人员不要单独去游客的房间，更不要单独去异性游客的房间。

② 导游人员不得携带自己的亲友随旅游团活动。

③ 导游人员不与同性外国旅游团领队同住一室。

知识点三 学风修养

古人云：人要"活到老、学到老。"学海无边，永无止境。人的知识需要不断

充实、丰富，需要随时更新、扩展，以适应不断发展着的时代。

导游工作是一项知识密集型的服务工作。导游人员不能只将导游工作看作是谋生的手段，更应将其看成一种事业。无论将其作为自己的事业还是将其作为谋生的手段，导游人员都应该精益求精、有所作为，为游客提供优质导游服务，帮助他们获得美的享受，努力使他们满意而归。

学习须讲究治学的态度。

1. 治学要勤奋，贵在坚持

"书山有路勤为径，学海无涯苦作舟"、"业精于勤"，这些是古人做学问的经验总结。著名歌唱家胡松华的治学经验是"磨璞见玉，砺剑生辉"。这些说明了做学问很难、很苦，治学必须勤奋、刻苦，而且须长期坚持。只有坚持，才有知识的积累；只有坚持，才有可能获得真才实学。怕苦畏难者、虎头蛇尾者，终将一事无成。

古人云"天道酬勤"，又曰"勤能补拙"，自然规律决不会亏待勤奋者。你若想从自然界、从社会得到优惠，就得努力学习，就得刻苦钻研，就得奋斗不息。

学习要做到以下五"勤"。

勤动眼：要博览群书，要注意观察。

勤动嘴：外语要多读、多说；求知识要不耻下问，而且要多问。

勤动手：要作摘记，写心得；多作总结，写文章。

勤动腿：多跑图书馆，多请教他人，多去实践，多进行调查研究。

勤动脑：多思考，多记忆，多回忆，多比较，多问几个为什么。

五勤之中，勤动脑为要。大脑越动越聪明，凡事问个为什么不仅可去伪存真，获得真才实学，还可少犯错误，少闹笑话。

2. 治学要博览群书，不耻下问

若想获得知识，就得向书本学习，向社会学习，要在实践中学习。

书本是一个人知识的重要来源。古人云："行万里路，破万卷书"、"开卷有益"，这是很有道理的。一个人若想获得各方面的知识，就要博览群书，各种各样的书都应该读一点，努力使自己的知识结构合理。一个人的知识渊博定会使其生活充实、情趣高雅，会使人生更加丰富多彩。博览群书、丰富知识对应该是"杂家"的导游人员来说则具有特别重要的意义。

古人又云："三人行，必有我师焉"，劝诫后人要"谦虚请教，不耻下问"，就是要我们向社会学习，要虚心地向周围的人学习。人间处处有学问，看你是不是个有心人，看你能不能虚心求教。对他人的长处视而不见者必定学不到活的知识，学不到正在不断更新、不断丰富的新知识。

我们还要在"战争中学习战争"，即要在实践中学习。人的知识和技能不是先天的，一名成功的导游人员不是一开始就是优秀的导游人员。只要勇于实践，善于总结，就能积累起丰富的经验，就会熟能生巧，导游人员的导游技能、语言技能就会逐渐日臻完善。

3. 治学要严谨，循序渐进

学习，首先要严格要求自己，要脚踏实地去学，去追求真理，反对弄虚作假。

学习，要实事求是，要"知之为知之，不知为不知"，绝不能不懂装懂。不懂就是不懂，装懂就意味着永远不懂，每一个求知者必须懂得这个道理。

学习，无捷径可走，必须像老子说的那样"千里之行，始于足下"，从头一步一步地学起。一个人初作导游，往往感到无所适从，不得要领。对他而言，唯一的办法就是将主要景点一个一个地搞清楚，不求多，但求通，要精于了解，娴于表达，若持之以恒，定能成功。在现实生活中，"空中楼阁"不存在，好高骛远者、一开始就贪大求全者定将无所作为。

4. 治学要精思明理，不图虚名

学习，要集中精力，要有强烈的求知欲，要沉浸在学习之中，切忌"身在曹营心在汉"，更不能胡思乱想。

学习，要刻苦钻研，要善于消化，辨明是非；要对所学知识加以选择，去伪存真，去粗存精；要对学到的知识进行再加工、再创造，融会贯通，为我所用。

求知者必须脚踏实地，而且要永不满足。不要学到一点知识就飘飘然起来，到处卖弄，哗众取宠，图虚名者不能获得真才实学。

导游工作需要的知识既广又杂，而且在不断丰富、不断更新，所以一名导游人员的知识永远达不到"够"的标准。加拿大旅游专家帕特里克·克伦曾告诫导游人员："你的知识永远不会饱和，不可能万事精通。"因此，他要求导游人员"不断地更新知识，多读书，多了解世界的发展状况。"

知识点四　文化修养

一个人的文化素养在人生道路上起着决定性的作用。一个文化素养高的人，当事业出现低潮或失败之际，不仅能毫不气馁，而是能正视现实，发扬其文化素养之长，敢于投入到更激烈竞争的事业中去一显身手；事业成功之时，也不居功自傲、故步自封，而是能居安思危，不忘"资本"的积累。当今社会需要这样的人，旅游业需要文化素养高的导游人员。

文化修养的内涵丰富，知识、艺术鉴赏能力、兴趣爱好、审美情趣、礼节礼貌等都属文化修养的范畴。我国的导游人员要重视自我修养，要"吾日三省吾身"，强调"慎独"；要培养高尚的情趣和美好的情操，努力使自己成为一名衣着整洁、举止端庄、谈吐文雅、文质彬彬、落落大方、严于律己、真诚待人的受游客欢迎的导游人员。

专题讨论

【讨论内容】

导游职业道德是一般社会道德在导游职业中的具体化，包括导游职业道德规范和导游人员行为规范。组织一次座谈，谈一谈如何成为旅游者心目中的合格导游，导游员应该具备什么样的职业道德。

专题讨论评价表

	评价项目与内容	小组评价	教师评价	企业评价
课前准备 (20分)	下发案例资料			
	分组准备			
	相关知识准备			
程序完整 (30分)	分组讨论			
	各组代表发言			
	其他同学补充发言			
服务规范 (20分)	能正确运用导游服务标准			
应变能力 (10分)	遇事情绪稳定、思维敏捷、考虑问题周到，能够及时妥善处理突发事件和特殊问题			
职业素养 (20分)	认识到职业道德是做好导游工作的前提和重要保障，养成工作中恪守职业道德和行为规范的职业习惯			
总成绩				

项目小结

本项目介绍了导游人员的概念、分类，阐述了导游人员的基本职责、应具备的素质和修养，并明确了出境领队、全陪、地陪、景点景区导游人员的具体职责。通过这一章的学习，要做到理论联系实际，真正理解如何才能成为一名合格的导游人员。

复习思考题

1. 什么是导游人员？按业务范围分，导游人员可分为哪几种类型？
2. 成为导游人员的资格条件有哪些？
3. 地陪、全陪、出境领队的具体职责是什么？
4. 导游人员应具备哪些素质和修养？

综合案例

几位年轻的游客一下火车就拿着行李乘车来到旅行社，他们强烈"抗议"地陪导游的所作所为，并且要求旅行社赔偿其经济损失和处分导游员。事情经过如下。

这几位年轻的游客参加旅行社组织的某地八日游活动，按照旅游合同规定，游客用餐自理，往返行程为"一飞一卧"（去时乘飞机，返时乘火车）。游客抵达目的地后，他们对当地导游员的讲解及安排游览活动等有意见，时常当着大家的面向地陪提意见。为此，地陪心里憋着一股气。此后，游客对地陪的意见越来越大，双方矛盾也越来越尖锐。一天，由于这几位年轻的游客在吃午餐时喝了一点酒，过了集合时间，于是地陪采取"报复"手段，不等他们吃完饭，就擅自让旅游车开走，致使他们只能报警，通过当地公安部门的帮助才找到了旅游车……

讨论

1. 一名合格的导游人员应具备哪些素质，这位地陪导游缺乏什么素质？

2. 在导游工作中，面对游客提出的意见，导游员应采取什么态度对待？

项目三　导游服务工作相关知识

项目目标

　　成为一名优秀的导游需要储备丰富的知识与职业经验。通过对本项目的教学，使学生能够熟悉常用的交通、邮电知识和货币、保险知识，掌握旅游卫生知识及旅游活动中常见急症的应急措施。从而更好地为今后从事的职业岗位打好坚实的基础。

项目分解

任务一　交通、邮电知识
任务二　货币、保险知识
任务三　旅游卫生知识及其他

任务一　交通、邮电知识

任务情境

　　情境一
　　机票根据不同的季节、节假日会有浮动或打折情况，那么儿童购买机票有哪些规定呢？
　　情境二
　　在导游带团过程中，有时旅游者会要求导游帮助邮寄一些物品，此时，导游应该注意判别哪些物品禁止邮寄或者禁止在邮件内夹带？

【任务分析】
　　情境一，不满两周岁的婴儿乘机按成人票价的10%购买婴儿票；年龄满两周岁，但不满12周岁的儿童按成人票价的50%购买儿童票。购买儿童票时，应提供儿童、婴儿出生年月的有效证件，如出生证、户口簿等。
　　情境二，《邮政法实施细则》规定禁止寄递或者在邮件内夹带下列物品：①法律规定禁止流通或者寄递的物品；②反动报刊书籍、宣传品或者淫秽物品；③爆炸性、易燃性、腐蚀性、放射性、毒性等危险品；④妨害公共卫生物品；⑤容易腐烂的物品；⑥各种活的动物；⑦各种货币；⑧不适合邮寄条件的物品；⑨包装不妥可能危害人身安全、污染或者损毁其他邮件、设备的物品。前款物品只有符合原邮电部特准交寄规定并确保安全的可以收寄。

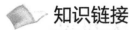 知识链接 ....

（一）航空客运

1. 航班

民航的客运飞机主要有 3 种形式，即班期飞行、加班飞行和包机飞行。其中，班期飞行是按照班期时刻表和规定的航线，定机型、定日期、定时刻的飞行；加班飞行是根据临时需要在班期飞行以外增加的飞行；包机飞行是按照包机单位的要求，在现有航线上或以外进行的专用飞行。此外，还有不定期航班与季节性航班飞行。

航班分为定期航班和不定期航班，前者是指飞机定期自始发站起飞，按照规定的航线经过经停站至终点站，或直接到达终点站的飞行。在国际航线上飞行的航班称为国际航班，在国内航线上飞行的航班称为国内航班。航班又分为去程航班和回程航班。

目前国内航班的编号是由执行任务的航空公司的两个英语代码和四个阿拉伯数字组成。其中，第一个数字表示执行该航班任务的航空公司的数字代码，如 "1" 和 "4" 代表中国国际航空公司；"2" 和 "5" 代表中国东方航空公司；"3" 和 "6" 代表中国南方航空公司；"7" 代表海南航空公司；"8" 代表厦门航空公司和四川航空公司；"9" 代表上海航空公司和深圳航空公司。第二个数字表示该航班的终点站所属的管理局或航空公司所在地的数字代码，第三个和第四个数字表示该航班的具体编号，并且，第四位数字若为单数表示去程航班，双数则为回程航班。如 SZ4301 是西南航空公司自成都至广州的飞机，CA1501 是中国国际航空公司自北京至上海的飞机。

我国国际航班的航班号是由执行该航班任务的航空公司的两字英语代码和三个阿拉伯数字组成。其中，中国国际航空公司的第一个数字为 9，其他航空公司第一个数字以招待航班任务的该航空公司的数字代码表示。前者如中国国际航空公司北京至新加坡的航班为 CA977，至东京的航班为 CA919；后者如中国东方航空公司上海至新加坡的航班为 MU545，至大坂为 MU515。目前，我国航空运输飞国际航线的航空公司有中国国际航空公司、中国东方航空公司、中国南方航空公司。

2. 班次

班次是指在单位时间内飞行的航班数。班次是根据往返量需求与运能来确定的。

国内航空公司代码及标志

代码	航空公司	标志	代码	航空公司	标志
CA	中国国际航空公司 Air China		HU	海南航空股份有限公司 Hainan Airlines	
MU	中国东方航空股份有限公司 China Eastern Airlines		SC	山东航空公司 Shandong Airlines	
CZ	中国南方航空股份有限公司 China Southern Airlines		3U	四川航空公司 Sichuan Airlines	
4G	深圳航空公司 Shenzhen Airlines		FM	上海航空公司 Shanghai Airlines	
MF	厦门航空公司 Xiamen Airlines		XW	港龙航空公司 Ganglong Airlines	

来源：中国网

　　班期表上用阿拉伯字母 1～7 表示星期一到星期日，用"＊"号表示次日的航班时刻，"BW"表示该航班隔周飞行等。世界各国对航班飞机的出发和到达时刻，统一使用 24 小时制，用连写四个阿拉伯数字来表示。如："1020"指上午10:20 分。

民航客舱等级和餐饮供应说明

国际航空运输中，通常用英文字母表示客舱等级

F＝头等舱 First Class

C＝公务舱 Business Class

Y＝经济舱 Economy Class

K＝平价舱 Thrift

国际航空运输中，通常用符号表示餐饮供应。如刀叉图案，是表示在该航段飞行期间供应正餐；杯碟图案，表示在该航段飞行期间有早餐或点心供应。

3. 民航发展基金

民航发展基金由原民航机场管理建设费和原民航基础设施建设基金合并而成。它属于政府性基金，收入上缴中央国库，纳入政府性基金预算，专款专用。自2012年4月1日起施行，执行至2015年12月31日。

在中国境内乘坐国内、国际和地区（香港、澳门和台湾，下同）航班的旅客（以下简称"航空旅客"），应当按规定缴纳民航发展基金。

航空旅客按照以下标准缴纳民航发展基金：乘坐国内航班的旅客每人次50元；乘坐国际和地区航班出境的旅客每人次90元（含旅游发展基金20元）。

符合下列条件之一的航空旅客免征民航发展基金：持外交护照乘坐国际及地区航班出境的旅客；年龄在12周岁以下（含12周岁）的乘机儿童；乘坐国内支线航班的旅客。〔国内支线航班，是指使用以下机型飞机执飞的航班：大篷车（机型代码208）、DONIER328（机型代码D38）、ATR-72（机型代码AT7）、CRJ-200（机型代码CRJ）、ERJ145（机型代码ERJ）、新舟60（机型代码MA60）、运12（机型代码YN2）〕

4. 电子客票

许多航空公司提供"电子客票"，有时也叫"无纸化客票"。选择电子客票，旅客的购买记录保留在航空公司的订座系统内，旅客不会收到纸制客票。购买电子客票比纸制客票更方便，比邮寄纸质客票风险更小，在旅行前或旅行期间不会丢失或被偷窃。然而，为了证明旅客的订座和票价，旅客应该保留一张电脑生成的行程单。除此旅客应写下确认号码作为订座证明。可通过航空公司网站办理电子客票的订购等操作。

旅客购票后，如要求改变航班、日期或舱位等级，航空公司及其销售代理人应根据实际可能积极办理。航班取消、提前、延误、航程改变或不能提供原定座位时，航空公司应优先安排旅客乘坐后续航班或签转其他航空公司的航班。因航空公司的原因，旅客的舱位等级变更时，票款的差额多退少不补。旅客要求改变航空公司，应征得原航空公司或出票人的同意，并在新的航空公司航班座位允许的条件下予以签转。

补充资料 3-2

醉酒旅客不能乘机

按照有关规定，醉酒旅客不得乘坐民航客机，这主要是为旅客自身的安全考虑。首先酒后乘机对乘机者健康不利，酒后高空飞行易突发心脑血管疾病；其次，醉酒乘客行为失常，不易控制自己的行为，对客舱其他旅客的安全构成隐患。所以，旅客如果准备坐飞机出行，应慎饮酒。如果旅客已经喝了很多酒，请联系机场医务处，医生将检查该旅客是否适合登机，或者采取解酒措施。

来源：中国民航局

5. 行李大小限制

托运行李的重量每件不能超过 50 千克，体积不能超过 40 厘米×60 厘米×100 厘米，超过上述规定的行李，须事先征得航空公司的同意才能托运。自理行李的重量不能超过 10 千克，体积每件不超过 20 厘米×40 厘米×55 厘米。随身携带物品的重量，每位旅客以 5 千克为限。持头等舱客票的旅客，每人可随身携带两件物品，每件随身携带物品的体积均不得超过 20 厘米×40 厘米×55 厘米。超过上述重量、件数或体积限制的随身携带物品，应作为托运行李托运。各航空公司对国际航班行李重量的规定不甚相同。

每位旅客的免费行李额（包括托运和自理行李）：国内航班持成人或儿童票的头等舱旅客为 40 千克，公务舱旅客为 30 千克，经济舱旅客为 20 千克。持婴儿票的旅客无免费行李额。各航空公司对国际航班免费行李额的规定不甚相同。构成国际运输的国内航段，每位旅客的免费行李额按适用的国际航线免费行李额计算。

旅客对逾重行李应付逾重行李费，国内航班逾重行李费率以每千克按经济舱票价的 1.5％计算，金额以元为单位。各航空公司对国际航班逾重行李费率和计算方法不相同，旅客须按各航空公司规定办理。

 补充资料　3-3

液体、凝胶及喷雾类物品的种类

液体、凝胶及喷雾类物品包括：饮品（如矿泉水、饮料、汤及糖浆）；化妆品（如乳霜、护肤液、护肤油、香水）；喷雾及压缩容器（如剃须泡沫及香体喷雾）；膏状物品（如牙膏）；隐形眼镜药水；凝胶（如头发定型及沐浴用的凝胶产品）以及任何稠度相似的溶液及物品。

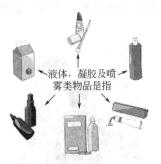

液体，凝胶及喷
雾类物品是指

携带危险品取消登机资格

为了保障民用飞机和旅客的生命财产安全，除特许者外，严禁旅客随身携带或在交运行李中夹带枪支、警械、弹药、爆炸物品、易燃易爆品、剧毒物品、氧化剂、腐蚀品、放射性物质、易传染病毒的物品及强磁性物品。如果携带上述物品，将被取消登机资格，情节严重的要移交公安部门处理。

来源：中国民航局

（二）铁路客运

1. 旅客列车种类

目前，我国现行铁路列车运行图将旅客列车分为动车组列车、特快旅客列车（含直达特快旅客列车）、快速旅客列车和普通旅客列车（含普通旅客快车和普通旅客慢车）。

旅客列车，根据其运行速度、运行范围、设备配置、列车等级及作业特征等基本条件的不同，主要分为13类。

（1）高速动车组旅客列车　高速动车组旅客列车指运行于时速250千米/小时及以上客运专线上的动车组列车。

（2）城际动车组旅客列车　城际动车组旅客列车指在城际客运专线上运行，以"公交化"模式组织的短途旅客列车，列车开行最高速达到250～350千米/小时。

（3）动车组旅客列车　动车组旅客列车是指运行于既有铁路线的动车组列车，列车开行最高速度达到200～250千米/小时。

（4）直达特快旅客列车　列车由始发站开出后，沿途不设停车站，即（一站）直达终点站的超特快旅客列车，列车运行速度一般可达160千米/小时。

（5）特快旅客列车　特快旅客列车是目前我国铁路运营线上运行速度较快的旅客列车，区间运行速度常达到 140 千米/小时。特快旅客列车有跨局运行和管内运行之分。

（6）快速旅客列车　快速旅客列车的运行速度仅次于"直达"和"特快"旅客列车，一般区间运行速度为 120 千米/小时，快速旅客列车也分跨局运行及局管内运行之分。

（7）普通旅客列车　普通旅客列车可分为普通旅客快车和普通旅客慢车，又可分为直通的和管内的普通旅客列车。列车的运行速度一般在 120 千米/小时以下。

（8）通勤列车　为方便沿线铁路职工上下班（就医、子女上学）而开行的旅客列车。

（9）临时旅客列车　依据客流的需求或特殊需求（救灾），临时增开的旅客列车。

（10）旅客列车　依据旅游客流的需求，在大中城市和旅游点之间不定期开行的旅客列车，其车次前冠以"Y"符号。

温馨提示　3-2

火车列次开头字母的含义

1. "T"（特）是特快列车。

2. "D"（动）是动车组列车。

3. "S"（深）是广深铁路公司开行的旅客快车。

4. "G"（高）是广深线上的高速列车（时速 200 千米/小时）。

5. "Z"（直）是特快直达列车（中途停站很少甚至不停站）。

6. "K"（快）是快速列车。

7. "Y"（游）是在大城市和旅游城市之间开行的旅游列车。

8. "L"（临）是在春节、寒暑假、国庆长假客运繁忙时加开的临时旅客列车。

9. "X"（行）是专门集中装运某一方向行李、包裹的行包专列，亦属于旅客列车。

10. "N"（内）是管内快速列车（该车次只在一个铁路局内运行）。

11. A 是管内临时客车。

12. 没有字母的四位车次是普通列车。

13. 1×××为跨 2 局以上的普快列车。

14. 5×××为管内普快列车。

15. 6×××和 7×××为慢车。

来源：《百科知识》

2. 车票种类

车票是旅客乘车的凭证。火车车票中包括客票和附加票两部分。客票部分为软座、硬座。附加票部分为加快票、卧铺票、空调票。附加票是客票的补充部分，除儿童外，不能单独使用。

（1）加快票　旅客购买加快票必须有软座或硬座客票。发售加快票的车站，必须是所乘快车或特别快车的停车站；发售需要中转换车的加快票的中转站，还必须是有同等级快车始发的车站。

（2）卧铺票　旅客买卧铺票时，卧铺票的到站、座别必须与客票的到站、座别相同，但对持退票的旅客，卧铺票只发售到中转站。乘坐快车时还应有加快票。卧铺票必须和客票的到站、座别相同，但中转换车的旅客，卧铺票只发售到换车站。买卧铺票的旅客在中途站开始乘车时，应在买票时向车站说明。为了维护卧车的正常秩序，每个卧铺只能由持票本人使用，大人带小孩或小孩和小孩，可共用一个卧铺。

（3）站台票　接送旅客的人应购买站台票，站台票当日使用一次有效。对经常进站接着旅客的单位，车站可根据需要发售定期站台票。随同大人进站身高不足1.1米的小孩及特殊情况经车站同意进站的人员，可不买站台票。未经车站同意无站台票进站者，加倍补收站台票款。

（4）儿童票　随同成人旅行身高1.2～1.5米的儿童，享受半价客票、加快票和空调票。超过1.5米时应买全价票。每一成人旅客可免费带领一名身高不足1.2米的儿童，超过一名时，超过的人数应买儿童票。儿童票的座别应与成人车票相同，其到站不得远于成人车票的到站。免费乘车的儿童单独使用卧铺时，应购买全价卧铺票。

（5）学生票　在普通大专院校，军事院校，中小学和中等专业学校、技工学校就读，没有工资收入的学生、研究生，家庭居住地和学校不在同一城市时，凭附有加盖院校公章学生证（小学生凭书面证明），每年可享受四次家庭至院校（实习地点）之间的半价硬座客票。新生凭录取通知书、毕业生凭学校书面证明可购买一次学生票。华侨学生和港澳台地区学生，按照上述规定同样办理。华侨、港澳台学生如要求在国内参观、游览或探亲访友时，凭县以上教育机关证明，每年可购买两次学生票。当学校所在地有供养学生的直系亲属一方（指父或母），另一方在外地，学生到外地探亲时；学生因退学、休学、复学、转学时；学生从学校至实习地点或从实习地点回学校时均不享受学生票待遇。

（6）伤残军人票　现役革命伤残军人，凭中国人民解放军总后勤部签发的《革命伤残军人证》；非现役革命伤残军人，凭省、市、自治区民政部门签发的《革命伤残军人证》，可购买半价软、硬座客票及附加票。《革命伤残军人证》仅限于中华人民共和国民政部颁发的统一式样。

补充资料　3-4

铁路客票对号入座

国际上对待这一问题大概有以下四种模式。一是"预订座位制"。很多欧洲国家，车票不指定座位，座位需要单独预订（有的国家收手续费，有的国家免费）。

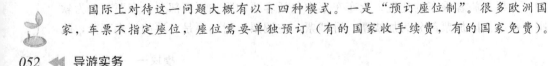

二是"双轨制"。很多国家和地区的铁路列车分为对号入座和非对号入座两种。对号入座车一般较为高级，如高铁列车。高铁列车也出售部分站票，站票有的打折（我国台湾地区），有的不打折（如法国）。非对号入座车一般是普通列车。如印度的低档列车，上车随便找座，而且票价极为低廉，火车通常挤得满满当当，有时火车顶上也坐着人。三是"一车两制"。如日本和我国台湾地区的高铁列车，划定有的车厢为指定席，有的车厢为自由席。这两座席位车内设置完全一样。指定席对号入座，自由席车票上不划定座位，乘客上车找座。相应的，指定席票价也更高一点。四是全部列车对号入座，但也出售无座票，无座票不打折。目前我国实行的就是这种模式。

来源：新华网

3. 车票有效期

车票票面上印有"限乘当日当次车，×日内有效"的字样。"限乘当日当次车"，就是要按票面指定的日期，乘坐指定的列车。"×日内有效"，指的就是车票有效期。广州到北京车票的有效期是 6 天，广州到上海的有效期是 5 天，上海到北京车票的有效期是 4 天。铁路规定，各种车票的有效期以指定乘车日起至有效期最后一日的 24 时止计算。

各种车票有效期，从指定乘车日起到有效期最后一天的 24 点止计算。以上海到北京的车票为例，如果车票上指定的乘车日期是 2 月 4 日，票面上注明"4 日内到有效"，就是说持有这张车票的旅客，必须在 2 月 7 日 24 点以前到达北京。如果客票改签后提前乘车，有效期就要从实际乘车日起计算。比如 2 月 4 日的车票改签在 2 月 2 日上车，那就必须在 2 月 5 日 24 点以前到达北京。如果改晚乘车，有效期仍然按原票指定的乘车日起计算，也就是说，2 月 4 日的车票改签为 2 月 5 日时，旅客仍必须在 2 月 7 日的 24 点以前到达北京。

因列车满员、晚点、停运等铁路责任不能按客票有效期到站时，车站可适当延长客票的有效期，延长天数从客票有效期终了的次日起计算。旅客因病，在客票有效期内出具医疗证明或经车站证实，可按医疗目数延长有效期，但最多不能超过 10 天。卧铺票不能延长，但可以办理退票手续。同行人同样办理。卧铺票则必须按照指定的乘车日期和车次使用。

4. 退票

（1）退票地点　自 2013 年 9 月 1 日起，铁路部门将调整火车票退票和改签办法，实现火车票全国通退通签，同时实行火车票梯次退票方案。即旅客退票和改签由原来的票面指定的开车时间前仅能在购票地车站或票面乘车站办理，改为在票面指定的开车时间前，可到任意一个车站办理。

（2）退票时间和费用　为方便更多旅客购票出行，铁路部门将实施梯次退票方案。即：票面乘车站开车前 48 小时以上的，退票时收取票价 5％的退票费；开车前 24 小时以上、不足 48 小时的，退票时收取票价 10％的退票费；开车前不足 24 小时的，退票时收取票价 20％退票费。

5. 改签

2013 年 10 月发布了火车票改签新规定：车票只能改签一次。卧铺票、往返票以及联程票是不接受改签业务的，改签火车票不能改变车票的身份信息、出发地、目的地以及车票种类，只能改签车票的时间。

（1）改签条件　普通列车火车票改签须在开车前办理，如遇特殊情况，需持相关证明并经站长同意在开车后 2 小时内办理。若为动车的车票，则不受上述限制。动车乘客没有赶上动车组列车的话，车票并不作废，还可以去办理改签手续。普通列车改晚乘车签证手续，事实上与客票有效期无关。改签的条件为：①票还没有过期，即该车次还没有开车。②所需改签到的日期的车次的车票必须已经发售，且必须还有剩余票额。

（2）改签手续费　改签后的车次票价高于原票价时，核收票价差额；改签后的车次票价低于原票价时，退还票价差额。旅客中途下车恢复旅行（含中转）办理签证或在列车上办理变更席位、铺位时，签证或变更后的车次、席（铺）位票价高于原票价时，核收票价差额；签证或变更的车次、席（铺）位票价低于原票价时，票价差额部分不予退还。

（3）改签时间限制　旅客如果是在 12306 火车票网上预订的火车票，并且还未换取纸质车票，旅客可以在火车出发前两小时，在网上办理火车票改签业务。如果已经换取纸质车票，或是在车站购买的纸质车票，旅客必须在火车出发前两小时到火车站办理改签手续。普通列车火车票的改签需在列车发车前办理，如有特殊情况，可持相关证明征求站长同意后，延迟至开车后 2 小时内办理。团体票旅客改签火车票则需要在列车发车前 48 小时之前办理。

（4）学生票改签　学生旅客如果是在火车票网上购买的火车票并且尚未换取火车票，那么学生旅客可以在火车尚未出发前 2 小时内选择在网上办理火车票改签业务，否则只能到火车站办理改签业务。学生旅客在办理改签业务时，一定要在列车出发前 2 小时前办理，如果学生票的票价改签后比原票价格高，那么学生旅客需要缴纳缺少的金额，如果学生票的票价改签后比原来的票价低，那么学生旅客会得到相应的差额退款。

6. 旅客随身携带品的有关规定

旅客免费携带物品的重量和体积要求是：儿童（含免费儿童）为 10 千克，外交人员为 35 千克，其他旅客为 20 千克。每件物品外部尺寸长、宽、高之和不超过 160 厘米。杆状物品不超过 200 厘米，重不超过 20 千克。残疾人旅行时代步的折叠式轮椅可免费携带并不计入上述范围。

（1）禁止带入车内的物品　国家禁止或限制运输的物品；法律、法规、规章中规定的危险品、弹药和承运人不能判明性质的化工产品；动物及妨碍公共卫生（包括有恶臭等异味）的物品；能够损坏或污染车辆的物品；规格或重量超过规定的物品。

（2）限量携带的物品　气体打火机 5 个，安全火柴 20 小盒；不超过 20 毫升指甲油、去光剂、染发剂；不超过 100 毫升的酒精、冷烫精；不超过 600 毫升的摩丝、发胶、卫生杀虫剂、空气清新剂；军人、武警、公安人员、民兵、猎人凭法规规定的持枪证明佩带的枪支、子弹；初生雏 20 只。

（三）水路客运

我国的水路客运分为沿海航运和内河航运两大类。按照运营形式又可分为水路游览运输和水路旅客运输两种形式。水路交通的最大特点是运载力大、价格低廉。

（1）客轮等级　客轮分为普通客轮、游轮、豪华游轮三种。

① 普通客轮等级。航行在沿海和内河的普通客轮大小不等，设备、设施和服务也有差别，但大都将舱室分为不同的等级。如大型客轮的舱室一般分为二等舱（2 人）、三等舱（48 人）、四等舱（812 人）、五等舱（1224 人），还有散席（无床位）。

② 游轮等级。随着水路客运向旅游方向的发展，客轮在设备方面有了较大的改进，大多游轮的舱室分为一等舱（1 人，套间）、二等舱（2 人，带卫浴、彩电）、三等甲（24 人，带卫浴）、三等乙（46 人，带卫浴）、四等舱（612 人）。

③ 豪华游轮等级。豪华游轮已成为集运输、食宿、游览、娱乐、购物等为一体的豪华旅游项目。豪华游轮按照内部设施和装修档次、服务的不同，予以不同的星级。根据 1995 年《内河涉外游轮星级的划分及评定》中的有关规定，豪华游轮的等级有三星、四星和五星。三星级的标准与三星级饭店的标准相同，而四星、五星级豪华游轮在船体设计上更为新颖、客房设计更加舒适且人性化、公共娱乐设施更为齐备。

（2）船票　普通客轮的船票分成人票、儿童票和优待票（学生票、残疾军人票），且分为一等、二等、三等、四等、五等和散席几个级别。游客在购买船票时，须认清船票，并按船票票面所注明的"船名"、"日期"、"开航时间"和"码头编号"，提前 40 分钟检票上船。旅客购买了船票后，因故改变行程或行期，需要退票时，应在开船时间前 2 小时办理，团体票应在规定开船前 24 小时办理，超过规定时限不能退票。退票按票面价的 20% 收取退票费。

（3）旅客携带品的有关规定　水路客运的行李规定。乘坐沿海和长江客船，每一成人随身携带物品不得超过 30 千克，儿童不得超过 15 千克；每件物品体积不得超过 0.2 立方米，长度不超过 1.5 米，重量不超过 30 千克。行李包裹托运应凭船票提前一天或开船前两小时向上船码头行李房办理。船舶托运行李时，每件行李、包裹的重量不能大于 50 千克，长度不能超过 2.5 米，体积不能超过 0.5 立方米。托运的行李中不得夹带违禁物品，以及有价证券、贵重物品等。

禁止携带上船的物品有：法令限制运输的物品；有臭味、恶腥味的物品；能损坏、污染船舶和妨碍其他旅客的物品；爆炸品、易燃品、自燃品、腐蚀性物品、杀伤性物品以及放射性物质。

我国造价 1.8 亿元内河豪华游轮在重庆港开航

我国大型内河豪华游轮"总统旗舰"号 2011 年 4 月 7 日在长江三峡上游的重庆港开航。这艘五星级万吨游轮将于 8 日清晨起航，沿长江三峡国际黄金旅游线顺水而下，直至三峡工程所在地湖北宜昌。

耗资 1.8 亿元打造的"总统旗舰"号全长 135.2 米、宽 19.6 米，上下 6 层，排水量 1.2 万吨，接近三峡航道通行许可最大值。该船有 187 套房间，374 个床位，房内有各种先进设施齐备、独立阳台可让游客随时欣赏到长江三峡的壮丽景观。

据介绍，"总统旗舰"号作为中国第四代长江游轮，开创了将游船作为旅游目的地的新时代，游客们不仅可以"坐船游览长江三峡"，更能"在长江三峡享受游轮"。该船不仅面对欧美高端客户，而且还将满足国内高端消费需求。

"总统旗舰"号引进外籍管理团队，第一次在中国内河游轮上采用远洋邮轮服务标准。该船采用了世界内河先进的抗沉技术，拥有双壳船底和 22 个独立密封舱，能够保证意外情况下的船体安全。最先进的适航降噪技术和减震技术，还使该船具有很高的舒适性。

在环保性能方面，"总统旗舰"具有先进的生活垃圾处理设备和动力污染处理设备，能满足保护长江的要求。

世界闻名的三峡是长江旅游资源精华区。三峡工程竣工后，高峡出平湖，水面更宽广，景色更秀丽。如今的三峡旅游，在奇特的自然景观、古老的历史文化与民俗风情中，又添加了现代水利工程、移民文化这样的元素。

来源：新华网

近年来，为了适应经济的飞速发展，邮电业不断革新，为了使老百姓得到实惠，邮电部门在原有业务基础上开展了一系列新的业务，真正做到了"取之于民，用之于民"。

1. 邮件种类

邮件分为国内邮件和国际邮件。国内邮件按处理时限分为普通邮件和特快专递邮件。普通邮件是按一般时限规定传递处理的邮件，分为函件和包裹两类。函件分为信函、明信片、邮简、印刷品、邮送广告和盲人读物等。函件按寄递区分为本埠函件和外埠函件。包裹分为普通包裹、快递包裹、特快专递包裹（EMS）。特快专递邮件是通过专门组织的收寄、处理、运输和以最快速度投递的邮件。

国际邮件按内件性质分为函件、包裹和特快专递邮件三类，其中函件包括信函、明信片、航空邮简、印刷品、盲人读物、印刷品专袋和小包。按运输方式分为航空邮件、水陆路邮件和空运水陆路邮件。按处理手续分为平常邮件和给据邮件。按邮局承担的责任分为保价邮件和非保价邮件。挂号函件、保价函件和包裹可以附寄回执（寄往某些国家的普通包裹除外）。按传递时限可分为普通邮件、全球优先函件、特快专递邮件。

2. 邮件资费

邮件资费因重量和性质不等而各不相同。国际函件资费：信函 20 克及 20 克以下 2.20 元；明信片 1.60 元；印刷品 20 克及 20 克以下 1.50 元；盲人读物免费，上述函件的航空附加费每 10 克加 0.70 元；挂号费每件 4.50 元。寄往澳大利亚、印度、巴基斯坦、日本及东南亚诸国的函件减低资费，例如水陆路信函 20 克及 20 克以下每件的资费为 1.90 元，明信片为 1.30 元。寄往港澳台地区的函件资费：信函 20 克及 20 克以下 0.60 元；明信片 0.40 元；印刷品 20 克及 20 克以下 0.30 元；盲人读物免费，航空附加费每 10 克加 0.20 元；挂号费每件 2.20 元。

3. 禁止邮寄的邮件类型

各类邮件禁止邮寄的有爆炸性、易燃性、腐蚀性、毒性、酸性和放射性的各种危险物品以及麻醉药物和精神药品，国家法令禁止流通或寄递的物品等。

温馨提示 3-3

国内普通邮件资费

编号	项目	计费单位	资费标准/元	
			本埠（县）	外埠
1	信函	重量在 100 克及以内的，每重 20 克（不足 20 克，按 20 克计）	0.80	1.20
		100 克以上部分，每增加 100 克加收（不足 100 克，按 100 克计）	1.20	2.00

编号	项目	计费单位	资费标准/元	
			本埠（县）	外埠
2	明信片	每件	0.80	
3	印刷品	重量在 100 克及以内的	0.40	0.70
		100 克以上部分，每增加 100 克加收（不足 100 克，按 100 克计）	0.20	0.40
4	邮简	每件	0.80	1.20
5	回音卡	每件	0.80	
6	挂号费	每件	3.00	
7	回执费	每件	3.00	
8	盲人读物	按平常邮件寄递	免费	
9	保价费	每笔保价金额在 100 元及以内的	1.00	
		每笔保价金额在 100 元以上的	按照保价金额的 1% 收取	
10	存局候领手续费	函件每件	1.00	
		包裹每件	3.00	
11	撤回邮件或更改收件人名址手续费	每件	3.00	
12	使用电报（传真）办理查询、撤回、更改收件人名址电报费	每件加收	2.00	

任务二　货币、保险知识

任务情境

情境一

世界各国或地区发行的货币大约有 150 多种，作为导游应该了解在我国境内能收兑的外币现有多少种？

情境二

2012 年 10 月 2 日，游客李某参加了 A 旅行社组织的"桂林双飞六日游"，在游泳过程中李某被风浪卷走。死者家属将 A 旅行社起诉到北京市朝阳区人民法院。2012 年 3 月 2 日，A 旅行社按照旅游局的有关规定向北京的一家保险公司投保了旅行社责任保险，保险单规定，国内旅游和出入境旅游每人赔偿限额 20 万元；保险期限 12 个月。请问谁来承担游客李某的赔偿责任？

【任务分析】

情境一，在我国境内能收兑的外币有：澳大利亚元（AUD）、加拿大元（CAD）、巴林第纳尔（BHD）、巴西雷亚尔（BRL）、丹麦克朗（DKK）、欧元（EUR）、港币（HKD）、印度卢比（INR）、印尼盾（IDR）、日本元

（JPY）、马来西亚林吉特（MYR）、澳门元（MOP）、尼泊尔卢比（NPR）、新西兰元（NZD）、挪威克朗（NOK）、俄罗斯卢布（RUB）、菲律宾比索（PHP）、新加坡元（SGD）、南韩元（KRW）、瑞典克朗（SEK）、瑞士法郎（CHF）、泰铢（THB）、阿联酋迪拉姆（AED）、英镑（GBP）、美元（USD）、越南盾（VND）、南非兰特（ZAR）、埃及镑（EGP）、土耳其里拉（TRY）和卡塔尔里亚尔（QAR）。台湾地区发行的新台币，可按内部牌价收兑。

情境二，本案中的保险条款不属于强制保险，双方签订的保险合同是合法有效的，因此对双方均有约束力。因此A旅行社应根据旅行社责任保险的相关内容支付李某家属死亡赔偿金20万元、处理事故费用2万元。

 ## 知识链接

知识点一 货币知识

1. 外汇

外汇是指以外币表示的可用于国际结算的一种支付手段，它包括外国货币（钞票、铸币等）、外币有价证券（政府公债、国库券、公司债券、股票、息票等）、外币支付凭证（票据、银行存款凭证、邮政储蓄凭证等）、特别提款权以及其他外汇资产。

我国对外汇实行由国家集中管理、统一经营的方针。在我国境内，禁止外汇流通、使用、质押，禁止私自买卖外汇，禁止以任何形式进行套汇、炒汇、逃汇。

我国境内居民通过旅行社组团出境旅游，都有资格在银行兑换外汇。2002年9月国家外汇管理局在全国范围内正式启动了境内居民个人购汇管理信息系统，将出境游个人零用费由旅行社代购调整为由旅游者自行购买。其兑换标准为：赴香港、澳门地区可兑换1000美元的等值外汇；赴香港、澳门地区以外的国家和地区可兑换2000美元的等值外汇。

外国旅游者来华携入的外币和票据金额没有限制，但入境时必须据实申报。在我国境内，外国旅游者可持外汇到中国银行及各兑换点兑换成人民币，但要保存好银行出具的外汇兑换证明（俗称水单，其有效期为半年）。离境时，人民币如未用完，可持水单将其兑换回外汇，最后经海关核验申报单后可将未用完的外币和票证携出。

2. 旅游支票

旅行支票是银行或旅行支票公司为方便旅游者，在旅游者交存一定金额后签发的一种面额固定的、没有指定的付款人和付款地点的定额票据。购买旅行支票后，旅游者可随身携带，在预先约定的银行或旅行社的分支机构或代理机构凭票取款，若丢失，可在遗失所在地的银行办理挂失手续，即可免受损失，旅行支票比带现金旅行更安全、便利。

世界上流通的旅行支票和票面内容各不相同，各自有自己的标记，但都具有初签和复签两项内容及相应的空白位置。初签是持票人购买支票时，当着旅行支票或代售机构经办人员的面签的名，作为预留印鉴；复签是持票人在兑付或使用旅行支票时，当着兑付机构经办人员的面签的名。付款机构将两个签名核对无误后方予付款，以防假冒。

购买旅行支票时，购买人除向银行交纳票面金额款外，还要交纳票面金额 1% 的手续费。中国银行在兑付旅行支票时收取 7.5‰ 的贴息。

3. 信用卡

是一种非现金交易付款的方式，是简单的信贷服务。信用卡由银行或信用卡公司依照用户的信用度与财力发给持卡人，持卡人持信用卡消费时无需支付现金，待账单日时再进行还款。除部分与金融卡结合的信用卡外，一般的信用卡与借记卡、提款卡不同，信用卡不会由用户的账户直接扣除资金。

信用卡的种类很多，按发卡机构的性质分为信用卡（银行或金融机构发行）和旅游卡（由旅游公司、商业部门等发行）；按持卡人的资信程度分为普通卡和金卡（白金卡）；按清偿方式的不同分为贷记卡和借记卡；按流通范围不同分为国际卡（如外汇长城万事达卡、维萨卡）和地区卡（牡丹卡、人民币长城万事达卡）。为避免经营风险，发卡机构往往对其发行的信用卡规定 1～3 年的使用期限，并规定每次取现和消费的最高限额。

贷记卡是指持卡人无需事先在发卡机构存款，就可享有一定信贷额度的使用权，即"先消费，后还款"。境外发行的信用卡一般属于贷记卡。借记卡是持卡人必须在发卡机构存有一定的款项，用卡时需以存款余额为依据，一般不允许透支，即"先存款，后消费"。中国银行发行的人民币长城卡及国内其他各行发行的人民币信用卡均属借记卡。

中国银行于 1986 年 6 月发行了人民币长城信用卡，中国工商银行于 1989 年 10 月发行了人民币牡丹卡。我国目前受理的主要外国信用卡有以下 7 种：万事达卡、维萨卡、运通卡、大莱卡、JCB 卡、百万卡和发达卡。

补充资料 3-6

小长假出游信用卡助你降低成本

2013 年端午节假期为 6 月 10～12 日，这个上半年最后一个小长假恰逢高考结束，白领阶层的"放松游"，准大学生们的"毕业游"，都可以使得这大好季节不受辜负。各大银行目前的信用卡旅游优惠政策，让你在愉快出游的同时降低成本。

中国工商银行　　机票分期手续费低至 6.8 折

12 月底前，使用牡丹信用卡通过南航官方网站（www.csair.com）订购机票满 600 元及以上，并在线办理 3 期、6 期分期付款享手续费低至 6.8 折。

商户：南航　　　日期：12 月底前

新快提醒：参与本次活动的客户必须是通过工商银行已经开通工银 E 支付功能的信用卡或已开通个人网上银行电子商务功能的 U 盾、口令卡或工银密码器用户，支付权限参照工行电子银行对各类支付方式的限额控制

招商银行　　三亚自由行 3 天 1199 元起

通过携程网电话专线或网址预订，以招商银行信用卡全额支付持卡人及同行人员的订单费用，可尊享广州出发三亚 3 天 1199 元起，4 天 1399 元起，包三亚往返经济舱机票，全城五星级酒店住宿

商户：携程网　　　日期：7 月 10 日前

新快提醒：报价包含广州至往返经济舱机票，全城五星酒店住宿。不包含：往返机票税及机场建设费、单房差、政府价格调节基金及其他私人消费。活动期间因受航空、酒店等季节调价影响而引起的产品价格变动，以携程旅行网公告为准。

广发银行　携程联名卡专享线路买一送一

凭广发-携程信用卡的携程卡号预订并全额支付广发信用卡专享线路，每单可享受一份"买一送一"优惠

商户：携程网　　　日期：即日起至 8 月 31 日

新快提醒：持卡人必须同行，活动期内每卡限参加一次"买一送一"活动；不同行程组合及实时成交价格请以携程网站实时信息为准；活动专享线路名额有限，先到先得。

来源：南方网

知识点二　保险知识

保险是一种风险转移机制，即个人或企业通过保险将一些难以确定的事故转移给别人去负担，以付出一笔已知的保险费为代价，就可将损失转移给保险公司承担。旅游保险是保险业中的一项业务，是保险业在人们旅游活动中的体现，旅游者可以通过办理保险部分地实现风险转移。办理保险本身虽不能消除风险，但保险能为遭受风险损失的旅游者提供经济补偿。

旅游保险是指投保人（旅游者或旅游经营者）根据合同的约定，向保险人（保险公司）缴纳一定数额的保险费，保险人对合同约定的在旅游活动中可能发生的事故因其发生所造成的财产损失承担赔偿保险金责任，或当被保险人在旅游活动中疾病、伤残、死亡时承担赔偿保险金责任的商业保险行为。投保人与保险人之间的旅

游保险关系需要以契约或合同的形式加以确定才能生效,具有法律的效力。

（一）旅游保险的种类

旅游保险根据不同的标准,可分为国内旅游保险和涉外旅游保险;旅游人身保险和旅游财产保险;强制保险和自愿保险等。目前旅游保险有下列几种。

1. 旅游救助保险

中国人寿、中国太平洋保险公司与国际（SOS）救援中心联手推出的旅游救助保险险种,将原先的旅游人身意外保险的服务扩大,将传统保险公司的一般事后理赔向前延伸,变为事故发生时提供及时的、有效的救助。

2. 旅游求援保险

这种保险对出国旅游十分合适,有了它的保障,游客一旦发生意外事故或者由于不谙当地习俗法规引起了法律纠纷,只要拨打电话,就会获得无偿的救助。

3. 旅客意外伤害保险

旅客在购买车票、船票时,实际上就已经投了该险,其保费是按照票价的5%计算,每份保险的保险金额为人民币2万元,其中意外事故医疗金1万元。保险期从检票进站或中途上车上船起,至检票出站或中途下车下船止,在保险有效期内因意外事故导致旅客死亡、残废或丧失身体机能的,保险公司除按规定付医疗费外,还要向伤者或死者家属支付全数、半数或部分保险金额。

4. 旅游人身意外伤害保险

现在多数保险公司都已开设这种险种,每份保险费为1元,保险金额1万元,一次最多投保10份。该保险比较适合探险游、生态游、惊险游等。

5. 住宿旅客人身保险

该险种每份保费为1元,一次可投多份。每份保险责任分三个方面:一为住宿旅客保险金5000元,二为住宿旅客见义勇为保险金为1万元,三为旅客随身物品遭意外损毁或盗抢而丢失的补偿金为200元。在保险期内,旅客因遭意外事故、外来袭击、谋杀或为保护自身或他人生命财产安全而致身死亡、残废或身体机能丧失、或随身携带物品遭盗窃、抢劫等而丢失的,保险公司按不同标准支付保险金。

（二）旅行社责任保险

为了保障旅游者的合法权益,促进旅游事业的健康发展,国家旅游局于2001年5月15日发布了《旅行社投保旅行社责任险规定》,该规定自2001年9月1日起施行。

根据《旅行社投保旅行社责任险规定》,旅行社从事旅游业务经营活动,必须投保旅行社责任保险。所谓旅行社责任保险,是指旅行社根据保险合同的约定,向保险公司支付保险费,保险公司对旅行社在从事旅游业务经营活动中,致使旅游者人身、财产遭受损害应由旅行社承担的责任,承担赔偿保险金责任的行为。

《旅行社投保旅行社责任险规定》明确了旅行社投保责任险的金额和保险期限。旅行社投保责任险的金额不低于国内旅游每人责任赔偿限额8万元，入、出境游每人责任赔偿限额16万元。国内旅行社每次事故和每年累计责任赔偿限额人民币200万元，国际旅行社每次事故和每年累计责任赔偿限额人民币400万元。保险期限为一年。

（三）旅行社责任保险的投保范围

旅行社责任保险的投保范围包括：旅游者人身伤亡赔偿；旅游者因治疗支出的交通、医药费赔偿；旅游者死亡处理和遗体遣返费用赔偿责任；对旅游者必要的施救费用，包括必要时近亲属探望需支出的合理的交通、食宿费用，随行未成年人的送返费用，旅行社人员和医护人员前往处理的交通、食宿费用，行程延迟需支出的合理费用等赔偿；旅游者行李物品的丢失、损坏或被盗所引起的赔偿；由于旅行社责任争议引起的诉讼费用；旅行社与保险公司约定的其他赔偿。

有下列情形之一的，旅行社不承担赔偿责任：旅游者在旅游行程中，由自身疾病引起的各种损失或损害，旅行社不承担赔偿责任；由于旅游者个人过错导致的人身伤亡和财产损失，以及由此导致需支出的各种费用，旅行社不承担赔偿责任；旅游者在自行终止旅行社安排的旅游行程后，或在不参加双方约定的活动而自行活动的时间内，产生的人身、财产损害，旅行社不承担赔偿责任。

（四）旅游保险的索赔与理赔

在旅游活动过程中发生了属于保险责任范围内的事故，造成被保险人的人身伤亡或财产损失时，被保险人或收益人有权依照旅游保险合同的规定向保险人要求赔偿经济损失并给付相应赔偿金，这种行为就是索赔。索赔有效期为两年（自其知道保险事故发生之日起）。

理赔是指保险人受理索赔申请人的索赔申请，对保险责任范围内发生的旅游安全事故进行调查，核定后处理有关保险赔偿责任的程序和工作，理赔工作是旅游保险的重要组成部分，直接关系到索赔申请人的利益和保险职能的发挥。

（五）旅行社应承担的法律责任

旅行社违反责任险的规定，未投保旅行社责任保险的，由旅游行政管理部门责令限期改正；有违法所得的，没收违法所得；逾期不改正的，责令停业整顿15～30天，可以并处人民币5000元以上2万元以下的罚款；情节严重的，还可吊销其《旅行社业务经营许可证》。

旅行社投保的责任范围小于旅行社责任险规定要求，或者投保的金额低于规定基本标准的，由旅游行政管理部门责令限期改正，处以警告；逾期不改正的，处以人民币5000元以上1万元以下的罚款。

旅行社违反上述规定，拒不接受旅游行政管理部门的管理和监督检查，由旅游行政管理部门责令限期改正，给予警告；逾期不改正的，责令停业整顿3～15天，可以并处人民币 3000 元以上 1 万元以下的罚款。

补充资料 3-7

事故频发，旅游保险该谁来买单？

[中国江苏网] 2013 年 7 月 31 日讯　韩亚空难事件逐渐平息，关于旅游保险渐渐成为了人们关注的焦点。买保险是为了安全，不买保险是因为没必要？

记者采访了许多有暑期旅游计划的市民，就买不买旅游保险的问题展开调查。"出去旅游肯定要买保险的哇，不然出了事怎么办。"崔阿姨这样说，大部分被采访者的观点和她一样，认为旅游买保险是必需的。也有小部分人出于侥幸心理不愿意购买旅游保险，理由是"事故属于小概率事件，专门为此支付高额的投保费用没有必要。"

旅行社代办是主流，尊重客户意愿。

记者连线春秋旅行工作人员，据了解，旅行社一般都会推荐客户购买旅游保险，由旅行社代办，愿意购买的客户交钱给旅行社统一购买。"长线和出境游基本 100% 的游客都会购买旅游意外险，短线游就不一定了。"工作人员说。

小贴士：

从 2001 年 9 月 1 日起，国家旅游局不再强制旅行社为游客购买旅游意外保险，建议游客可自行联系保险公司或通过旅行社与保险公司联系，按各自需要投保旅游保险。

旅游意外伤害保险：旅客在购买车票、船票时，实际上就已经投了该险，其保费是按照票价的 5% 计算的，每份保险的保险金额为人民币 2 万元，其中意外事故医疗金 1 万元。保险期从检票进站或中途上车上船起，至检票出站或中途下车下船止，在保险有效期内因意外事故导致旅客死亡、残废或丧失身体机能的，保险公司除按规定付医疗费外，还要向伤者或死者家属支付全数、半数或部分保险金额。

旅游游人身意外伤害保险：现在多数保险公司都已开设这种险种，每份保险费为 1 元，保险金额 1 万元，一次最多投保 10 份。该保险比较适合探险游、生态游、惊险游等。

住宿旅客人身保险：该险种每份保费为 1 元，一次可投多份。每份保险责任分 3 个方面：一为住宿旅客保险金 5000 元，二为住宿旅客见义勇为保险金为 1 万元，三为旅客随身物品遭意外损毁或盗抢而丢失的补偿金为 200 元。在保险期内，旅客因遭意外事故、外来袭击、谋杀或为保护自身或他人生命财产安全而致身死亡、残废或身体机能丧失、或随身携带物品遭盗窃、抢劫等而丢失的，保险公司按不同标准支付保险金。

来源：中国江苏网

任务三　旅游卫生知识及其他

任务情境

情境一

据悉，游客们与携程订的韩国之旅本该于 2013 年 4 月 5 日傍晚 17 点由上海乘邮轮出发去往济州岛，再前往首尔，但当天出发后却因遭遇风浪又折返回吴淞码头，直到 7 日早上才抵达韩国，再加上修改了行程取消了济州岛之行，游客对旅行社和船方的补偿不满意。抵达上海后，游客在船上维权近10 小时，拒绝下船。

游客：旅程中大风大浪，九成游客都晕船，吐得一塌糊涂。船方还擅自取消济州岛行程，也没有广播通知。

邮轮方面：根据国际惯例，邮轮公司碰到因天气等不可抗力原因导致的延误，通常都会采取类似措施。

情境二

林女士一家参加了市区某旅行社的一日游。旅程的最后，她们来到澄海某度假村游泳。正在畅游之际，林女士感到手臂一阵刺痛，原来一条拇指般粗的蜈蚣咬中了她的手臂，林女士被吓得大叫起来并拼命甩掉了手臂上的蜈蚣，随后林女士便被团友们搀扶到一旁休息。旅行社经理将林女士送到市区医院，医生开了一些消炎药便让她回家静养。然而，旅行后回家不久林女士便感到手臂疼痛、头晕、呕吐，只好再次去医院，接诊的医生经过诊断后告诉她，如果不是及时赶来，毒性很快便会深入脑部，那时后果将不堪设想。

情境三

一辆载有 32 名中国游客、1 名中国领队以及 1 名韩国导游的韩国旅游大巴在 2012 年 7 月 11 日深夜在韩国水原附近的高速路上追尾一辆大货车，韩国司机当场死亡，该旅游团是由广东江门市大方旅游国际旅行社台山营业部所组织的一批来自台山市区的游客，韩国警方及消防局把该团客人分别送往韩国 5 家医院进行救治。除韩国导游和中国领队腿部骨折外，其他客人均为皮外伤。

【任务分析】

情境一：目前邮轮旅游刚在国内兴起，不少游客的需要与国际邮轮旅游实质服务还有偏差，因此容易造成双方在认识上的不相同，引起纠纷。

情境二：旅游活动中，如果不慎被咬伤，应立即采取急救，在有条件的情况下要及时到附近医院就医。

情境三：旅游过程中有时会伴随突发事件，作为当事人一定要保持头脑清醒、沉着冷静，以积极的态度来应对。

人们外出旅游时，由于对新环境、气候等因素的不适应，容易引起身体不适和疾病的发生。旅游者生病不仅给自身带来痛苦，使其游兴大减，还会给导游人员的工作带来很多麻烦。为了保证旅游的顺利进行，导游人员应重视旅游者的卫生和健康，掌握一些旅游常见病及急症的防治知识。

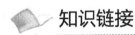 知识链接

知识点一　晕车、晕船、晕机

晕车是由于脑部在环境中收到错误的讯息所致。唐诺波斯基博士指出：为了使身体平衡，我们的感觉器官不断地收集外界的讯息，并送到内耳，犹如电脑一般，内耳会组织这些讯息，进而输送至大脑。当我们的平衡系统发现内耳所接收到的讯息与眼睛所接收到的有出入时，便会发生晕车、晕船或晕机。晕车、晕船和晕机医学上统称为运动病。

晕车、晕船或晕机的症状有头晕、冒汗、肤色苍白、恶心，最后可能呕吐。一旦感到症状出现时，并不容易制止。凡是有这些问题的旅游者应注意以下问题：旅行前应有足够的睡眠，睡眠足、精神好有助于提高对运动刺激的抗衡能力；乘坐交通工具前半小时口服晕车药或用止痛膏贴于肚脐上；乘坐交通工具前不宜过饥或过饱，只吃七八分，尤其不能吃高蛋白和高脂肪食品，否则容易出现恶心、呕吐等症状；在乘坐交通工具时不要紧张，要注意保持精神放松，不要总想着会晕，最好找个人跟你聊天，分散注意力；旅途中尽量不要看窗外快速移动的景物，尽量坐比较平稳且与行驶方向一致的座位，头部适当固定，避免过渡摆动；使交通工具内适当通风，保持空气流通和新鲜；有恶心、呕吐等征兆时，可做深呼吸，如条件允许可用热毛巾搽脸或在额头放置凉的湿毛巾。发生晕车、晕机、晕船时，最好静卧休息或尽量将座椅向后放平，闭目养神，千万不能在车厢内走动，否则会加重症状。

知识点二　腹泻

旅行时发生腹泻会带来很大麻烦，因此，旅游者应注意饮食卫生，养成良好的个人卫生习惯，时刻牢记"病从口入"。当腹泻病症发生时应适当地服用氟哌酸、黄连素一类的药物，实在找不到药物的情况下，可以将大蒜拍碎服下。如不慎染上急性腹泻，应立刻采取治疗措施。但切记作为导游人员无论大病小病都不要向旅游者提供任何药物，如有需要可带旅游者去医院进行治疗。

知识点三　失眠

部分旅游者对入睡环境很敏感，再加上温度湿度的变化、噪声的影响、光感和气味的变化，造成入睡困难，这就是平常所说的"择床"。此外，旅途中由于过度兴奋或疲劳也会引起失眠。

克服旅游失眠，首先应保持愉快的心情，尽可能保持平时的饮食、起居、睡眠习惯，不要过度疲劳或兴奋。每到一处新地方，应尽快地适应当地的气候环境，克服生疏感，睡前不要喝浓茶和咖啡，可选择一杯热牛奶帮助入睡。如果失眠严重，睡前可服用一些镇静安眠药助眠。

知识点四 中暑

中暑是夏季旅游常见的突发病症，尤其在湿热无风的山区中开展登山活动时，由于身体无法靠汗液蒸发来控制体温人就会中暑。

中暑的主要症状为：头痛、眩晕、烦躁不安、脉搏强而有力，呼吸有杂音，体温可能上升至 40℃ 以上，皮肤干燥泛红。如果不及时救治，中暑的人可能很快会失去意识，导致意外发生。

旅行中为了预防中暑，可准备一些防暑药物，如：藿香正气水、十滴水、清凉油、仁丹等，还应准备一些清凉饮料、太阳镜、遮阳帽等防暑装备。一旦有人中暑，应尽快将其移至阴凉通风处，将其衣服用冷水浸湿，裹住身体，并保持潮湿，或不停扇风散热并用冷毛巾擦拭患者，直到其体温降到 38℃ 以下。通过以上救治措施，中暑者的体温如已下降，则改用干衣物覆盖，并使其充分休息否则重复以上措施，并尽快送医院救治。

知识点五 虫咬皮炎和蜂蛰蛇咬

虫咬皮炎往往是由臭虫、跳蚤、蚊子、蜈蚣等昆虫叮咬或接触其毒毛所致的皮肤炎症反应。多见于暴露部位皮肤，表现为出小血点、丘疹、风团等，常可见皮疹中央有虫咬痕迹，伴有不同程度的瘙痒或疼痛。一般采取的方法有涂花露水、防蚊油、清凉油、风油精等，剧痒者应及时赴医院就诊。

对蜂蛰要注意预防，发现蜂巢应绕行。如有人误惹了蜂群而招致攻击，唯一的办法是用衣物保护好自己的头颈，反向逃跑或原地趴下，千万不要试图反击，否则只会招致更多的攻击。如果不幸已被蜂蛰，可用针或镊子挑出蜂刺，但不要挤压，以免剩余的毒素进入体内，然后用氨水、苏打水甚至尿液涂抹被蛰伤处中和毒性，用冷水浸透毛巾敷在伤处，可减轻肿痛，然后赴医院就诊。

野外旅游活动中，如果旅游者不慎被蛇咬伤，应立即采取急救，否则毒在3～5分钟就会被吸收。首先要包扎伤肢，在咬伤肢体近侧约5～10厘米处用止血带或橡胶带等绑扎，然后用手挤压伤口周围，将毒液排出体外，再用肥皂水和清水清洗周围皮肤，有条件的可采取 0.1‰ 高锰酸钾反复冲洗伤口，然后送到附近医院。

知识点六 外伤出血

在旅游中如被刀等利器割伤，可用干净水冲洗，然后用清洁的布或手巾等包裹住。轻微出血可采用压迫止血法，一小时过后每隔10分钟左右要松开一下，以保障血液循环。如仍出血不止，可用布条或带子扎紧止血，一般扎在出血部位的上方，每半小时放松一下，直至血止住。

项目小结

导游相关知识是旅游从业人员接待服务过程中必不可少的业务知识，主要包括旅游活动中涉及的交通邮电知识、货币保险知识和旅游卫生知识等，这些知识的掌握能够提高学生的导游业务水平，为其今后从事导游工作奠定必要的基础。

复习思考题

1. 机票丢失后应如何处理？
2. 如何办理火车的退票、改签手续？
3. 什么是旅游保险？旅行社责任险的投保范围包括哪些？
4. 作为导游员如何预防和处理旅游活动中旅游者的晕机、腹泻、中暑等突发疾病？

综合案例

2013年2月26日，外国游客乘坐的一个热气球在埃及古城卢克索附近着火、爆炸，并最终坠毁，造成至少19名外国游客丧生，其中有9名香港游客。遇难的9名香港游客中，有6名通过保险代理，自行购买了招商局保险有限公司的保险计划。但死者购买的旅游保险的保单已详细列明，"空中活动"不属于保单的承保范围之内。另外3名遇难的游客则是通过涉事旅行社胜景游购买的其他保险有限公司承保的保险计划。胜景游表示，热气球活动在承保范围之内，包括人身意外（最高赔偿额50万港元），遗体运返（赔偿额为运送费用）及抚恤保障（最高赔偿额5万港元）。此次旅游是经过旅行社推介，游客自己选择自费热气球活动，涉事旅行社与热气球公司已经有几年的合作经验，也都是选择与当地有热气球相关牌照的公司合作。

讨论

1. 遇难的9名游客是否可以得到赔偿？
2. 涉事旅行社是否有责任？

实训题

学生们通过角色转换的方式进行旅游卫生知识的急救训练。

模块二
服务流程

项目四 地陪服务程序与质量标准

项目目标

地陪导游服务是确保旅游团在当地参观游览活动的顺利进行的重要因素。通过本项目教学，使学生了解地陪导游人员的工作流程和服务规范，熟悉地陪导游工作各环节的工作技巧与要领，做好旅游团的迎送工作，严格按照接待计划，安排参观游览活动中的导游讲解工作和计划内的食宿、购物、文娱等活动的安排，妥善处理各方面的关系和出现的问题。根据服务流程和规范，提高地陪导游带团的技能，争取达到较好的工作效果。

项目分解

任务一	服务准备
任务二	迎客服务
任务三	入住酒店服务
任务四	核对、商定日程
任务五	参观游览服务
任务六	其他服务
任务七	送客服务
任务八	后续工作

任务情境

情境一

2013年4月底，北京某旅行社接到一单任务，西安旅游团、16人将于5月2日下午乘高铁到达北京。旅行社通知导游李琳，这个团由她负责接待，李琳作为刚从旅游院校毕业的学生，这是第一次独立带团，心里不免有些紧张，作为一名地陪导游接团前到底该做些什么呢？

情境二

某地接社导游小张于12月15日下午15:30带团赶到故宫售票处，正在她准备买票的时候，售票窗口"嘭"一声关上了。她急忙询问原因，售票人员告诉她：故宫开始实行淡季时间表，下午15点30分停止售票。由于客人明天上午就要乘飞机飞往杭州，将无缘紫禁城，小张努力地解释和恳请，最终也没能带客人进去。这是什么原因造成的呢？

【任务分析】

情境一，地陪导游的工作烦琐而细致，也是最锻炼人的工作，要将整个旅游团队的吃、住、行、游、购、娱安排得井井有条，需要提前做好安排和准备，从接到旅行社委派开始就要进入带团的状态。

情境二，导游员在上团之前一定要做好充分准备，才能在引领的过程中起到良好的效果，对熟悉的景点要进行温习，更新常规知识；对不熟悉或刚开放的新景点，一定要到实地考察熟悉，掌握第一手的资料，如概况、开放时间、售票处、特色、管理条例等。

上述两种情境，都需要做好接团前的服务准备工作，"工欲善其事，必先利其器"，对地陪导游，做好接团前的准备工作，是完成导游服务任务和提高导游服务质量的基础。

知识链接

《导游服务质量（GB/T 15971—1995）国家标准》中指出："地陪服务是确保旅游团（者）在当地参观游览活动的顺利，并充分了解和感受参观游览对象的重要因素之一。"地陪导游服务程序是指地方陪同导游人员（以下简称为地陪）从接受了旅行社下达旅游团接待任务起，到旅游团离开本地并完成善后总结工作为止的工作程序。

做好接团前的准备工作，是地陪提供良好服务的重要前提，是完成导游服务任务和提高导游服务质量的基础。

接受旅行社委派

根据《旅游法》第四十条规定，导游人员和领队为旅游者提供服务必须接受旅行社委派，不得私自承揽导游和领队业务。"委派"就是旅行社明确导游、领队带团任务，导游、领队按照旅行社的任务和指示，为旅游者提供导游、领队服务。旅行社将旅游产品成功销售给游客后，根据与游客签署的旅游合同所承诺的内容，由旅行社计调部门编制团队接待计划，再委派具有导游资质的导游人员负责团队的接待工作。一般情况下，旅行社需提前一周通知导游人员，安排接团计划。

知识点二 熟悉接待计划

旅游团队接待计划（表 4-1）是组团社委托各地接待社组织、落实旅游团活动的契约性文件，是导游人员了解该团基本情况和安排活动日程的重要依据。

导游人员在接受旅行社委派的接团任务后，应在团队抵达前根据旅行社要求提前到旅行社领取团队接待计划和相应的接团物品，对团队接待计划进行详细的解读，并对团队组成情况和相关事宜进行全面了解。一名合格的导游人员应当在拿到"团队接待计划"后，认真阅读计划，从中获取团队信息。

地陪在接受任务后，通过阅读分析接待计划，了解、掌握旅游团的以下情况：

1. 组团社信息

组团社是接受旅游团或海外旅行社预订，制订和下达接待计划，并可提供全程陪同导游服务的旅行社。

① 组团社名称（计划签发单位）、所在地、传真号码及基本情况。

② 计划签发旅行社的组团人、计调人员信息、联络人姓名、电话号码或其他联络方式。

③ 组团社标志或提供给团队成员的标志物。

2. 旅游团队信息

① 旅游团的种类（全包价、半包价、单项服务等）。

② 团队的等级（VIP 团、豪华团、标准团、经济团等）。

③ 旅游团的名称、代号、电脑序号。

④ 领队、全陪的姓名、联络方式及电话号码。

⑤ 结算方式和收费标准（如豪华团、标准团、经济团等）。

⑥ 用车、用房、用餐标准等。

⑦ 旅游团队是否有特殊要求。

⑧ 旅游团游客基本信息

3. 团队人数

表示方法为整数位是成人，小数位是儿童，加号后面是全陪。例如：25.3＋1，表示 25 名成人、3 名儿童、1 名全陪。

① 旅游团游客来自的客源地、国别、使用何种语言，及当地的风俗习惯、热门话题。

② 每位旅游者的姓名、性别、职业、年龄（有否高龄老人和儿童）、宗教信仰、民族等。

③ 旅游者中具有共性的特征，包括职业、宗教信仰、文化层次社会地位、兴趣爱好等方面。

4. 交通情况

① 旅游团队抵达和离开所乘坐的交通工具（飞机、火车、汽车等）。

② 掌握抵达和离开本站的具体时间、地点。

③ 熟悉机场、车站的设施情况。

④ 熟悉旅游团队的票务情况、机票种类、订座记录编号等。

⑤ 如果交通方面出现变化，应及时核实、报告旅行社，适当调整接待计划。

5. 旅游行程安排

旅游行程安排是团队接待计划中的重点内容，导游人员须掌握行程安排，根据每天的行程安排设计导游讲解、行车路线，提前熟悉和落实相关事宜，如发现行程安排有不合理的地方，可征得旅行社计调人员同意，在不减少旅游活动项目的前提下做适当的调整。

① 掌握接待计划中安排的参观景点位置、行车路线、景点中的导游线路、景点概况、开放关闭时间、门票价格（成人、儿童、老年人、特殊证件等）、景点及周围洗手间的分布、售票处的位置等。

② 对接待计划中不熟悉的景点和活动项目，地陪应事先了解景点的概况、行车路线、游览线路等，以便游览活动的顺利进行。

③ 掌握接待计划中安排的文娱活动的项目名称、内容、特色、时间安排、活动地点、票务等，提前与旅行社计调和演出单位取得联系，核实人数、订位、购票等工作。

④ 如团队活动有非常规游览项目或特殊活动安排时，应事先熟悉活动项目内容、场地安排、行车路线、联系人员、语言、知识准备等情况。

补充资料 　4-1　　　　　　　　　　　　　　　　　　　　　　

表 4-1　国内旅游团队接待计划表

青岛市旅行社统一接待计划表

组团社名称及团号			来自国家地区或城市		全陪	
地接社团号					地陪	
总人数	人	男	人	用车情况	司机：	导游借款
儿　童	人	女	人			

时　间	游览项目及景点	用　餐		入住宾馆
D1 　月　日　时　分		早餐：		
		中餐：		
		晚餐：		
D2 　月　日　时　分		早餐：		
		中餐：		
		晚餐：		
D3 　月　日　时　分		早餐：		
		中餐：		
		晚餐：		
D4 　月　日　时　分		早餐：		
		中餐：		
		晚餐：		
D5 　月　日　时　分		早餐：		
		中餐：		
		晚餐：		
D6 　月　日　时　分		早餐：		
		中餐：		
		晚餐：		
D7 　月　日　时　分		早餐：		
		中餐：		
		晚餐：		
订票计划	飞机：			
	火车：			
	轮船：			
备注				

线路：　　　　　　　　　　　　　　　　　　　　　　NO：

签发日期：　　　年　月　日　　　　签发人：　　　　导游签名：

知识点三　落实接待事宜

《导游服务质量标准》要求："地陪在旅游团抵达的前一天，应与有关部门或人员落实、检查旅游团的交通、食宿、行李运输等事宜。"

1. 掌握有关联系方式

地陪应随身携带接待旅行社、预订的宾馆、餐厅车队、购物商店等部门及主要联系人的联系方式、电话号码，以及组团社联络人员、全陪、旅游车司机等人员的联络方式、电话号码。

2. 落实旅游车辆相关事宜

① 与为该团提供交通服务的车队或汽车公司联系，确认司机姓名、车型、车号等。

② 接待大型旅游团队时，旅游车上应粘贴编号或醒目的标记。

③ 确定与司机的接头地点并告知活动日程和具体时间。

3. 落实住房事宜

① 熟悉该团下榻的饭店名称、位置、概况、服务设施和提供的服务项目（如：距市中心的距离、附近有何购物娱乐场所、交通状况等）。如不熟悉酒店位置，需提前询问清楚酒店详细地址、行车路线及停车场情况，如有可能，在上团前导游人员应实地探访团队下榻酒店，熟悉酒店环境。

② 向饭店销售部或总服务台确认该团所使用客房的数量、类型、时间、价格是否与旅游接待计划相符合，以及房费内是否含早餐等，了解酒店设施情况。

③ 向饭店提供该团抵离店时间、交通方式、在饭店内的主要活动及具体安排。

4. 落实用餐事宜

① 熟悉团队活动期间所涉及的所有餐厅名称、位置、行车路线、停车场等情况。

② 提前与有关餐厅联系，确认该团日程表上安排的每一次用餐情况，包括：用餐时间、团号、用餐人数、餐饮标准、特殊要求以及陪同人员人数等。

③ 落实餐厅一般分为两个阶段，第一个阶段是在团队抵达本站前对用餐预订进行核实，第二阶段是在团队用餐的前一天或当天上午与餐厅联系，再次确认用餐人数和具体到达时间，以便餐厅做好接待准备工作。

④ 有些旅行社为了方便旅游团，除了由计调人员预订、安排用餐外，还为导游人员提供多家定点餐厅的联系方式，团队用餐可由导游根据每天行程安排，选择定点餐厅，要求导游具备灵活的组织协调能力，合理安排用餐。

5. 落实行李运送事宜

不同的旅行社根据旅游团的人数多少而决定是否配备行李车。如果需要使用行李车，地陪应了解落实为该团提供行李服务的车辆和司机，掌握其联系方式，提前与之联络，确认集合出发地点，并告知旅游团抵达的时间、地点，说明运送行李过程中的注意事项及特殊要求等。

6. 与全陪进行联系

提前与全陪进行联系，约定接团的时间和地点，防止漏接或空接事故的发生。

7. 其他项目落实

① 国内团抵达前一天与团队全陪取得联系，核实团队、交通、特殊要求等信

息，并预报本地气候情况，提醒游客注意事项等。

② 经由本地的入境旅游团，地陪要与全陪取得联系，约定接团的时间和地点，共同前往接站位置。

③ 掌握并落实旅游团队住宿、餐饮、用车、计划外活动等特殊要求。

④ 了解旅游团中是否有需要特殊照顾的残障人士、高龄游客等。

知识点四 物质准备

在带团过程中，导游人员应准备相应物品以顺利完成接待任务，确保导游服务质量。

（一）服务用品

服务用品是指按照一定的要求，在带团过程中必须携带，用于对客服务的用品。

1. 团队接待计划

它是指导导游人员开展导游接待服务的基本文件，在充分熟悉接待计划的前提下，随身携带一份加盖旅行社公章的接待计划，不得丢失。

2. 相关票证

地陪需要领取的票证、单据、表格。主要有：门票结算单、餐饮结算单、住宿结算单、集体合影照相单、旅游购物商店签单、旅游车结算单、游客意见反馈表等。到旅行社财务预支部分现金，用于支付不能签单结算的费用。

3. 必备证件、物品

主要包括导游证、胸卡、导游旗、接站牌、接待计划、导游图等物品，如图4-1所示。

(a)

(b)

图 4-1 导游旗、导游证

（二）个人用品

个人用品是指导游人员为保证或提高接待质量，自行携带的物品。主要包括形象用品、通信工具以及其他生活用品。

带团需要的十八般武器

导游带团要做周密准备，虽然是件不起眼的事情，但它影响到带团的方方面面，就拿需要准备的物品来说，就林林总总，归纳了"十八般武器"。

（1）大型旅行袋　带团的时候准备旅行袋是必需的，不过为什么这里特别提出要"大型"的呢？很多新入行的朋友可能也见过，多数导游的旅行袋都是挑的不太大也不太小的，刚合适装出门所需要的各种证件和衣服就行了。其实，一个导游是否优秀，从旅行袋的大小就能看出来。因为导游首先必须注重仪表，比较注重仪表的导游往往能获得客人的欢迎。因此，旅行袋大一点，就能装得多一点，带的东西就可以更加详细复杂一点，虽然给自己增加了不少的麻烦，但是为工作提供了很多的便利，这也是刚刚入行的时候学到的一个诀窍。

（2）衣物　对衣物的准备是很有技巧的。首先，得看行程有多少天，至少得准备行程天数乘以70％以后的数字的衣物。举例来说，如果是7天团，至少得准备4～5套衣服，如果是4天团，至少准备两套以上，如果不怕麻烦的话，尽量做到能够一天一换。为什么要带这么多的衣物呢？这也是为了保证形象问题，试问，客人喜欢看到自己团上的导游每天都以崭新的面孔出现在自己面前，而且天天换衣服，能让人感觉很爱干净，注重仪表，给人以非常舒服和良好的印象，跟客人的亲和力也好了很多。衣物的种类要包括内衣裤、袜子、衬裤、外裤、外套（厚薄两种）、毛衣（夏季也要带，有些地方气候变化很大的）、帽子（遮阳和保暖两种）、风裤（运动品商店有出售，其质地可以挡风）、防水外套（下雨时穿）、雨衣（或雨伞）、鞋子（旅游鞋、运动鞋各一双，在不同路面情况下使用）。

（3）手机、充电器、备用电池和电话簿。

（4）手表　可以随时预算时间，以及通知客人时间和规定客人的游览时间。

（5）闹钟　早上起床时使用，避免因为宾馆不叫早（甚至有些地方的宾馆没有叫早服务）而发生影响行程。当然，现在手机都有这个功能。

（6）导游旗和旗杆　导游旗是公司发下来的，一定得保管好，一些公司甚至要求导游给押金。旗杆尽量购买专用的，粗一点比较好，这样不至于被风吹弯，看上去整洁和专业。

（7）计算器　用来计算资金的使用，付款时要自己算一下，避免付错。

（8）手电筒　万一遇到夜晚行车时，需要检修车辆。

（9）墨镜　遮挡阳光，必要时可以帮助我们避开"某些人"的不必要的关注。

（10）笔记本和笔　记录团队每天的行程中的各种情况，比如餐食条件、宾馆情况、自己的收获、付出的款项、明天需要注意的事情等。

（11）名片夹　带团中经常都会遇到别人发名片给你的情况，准备名片夹是非常合适的。

（12）激光笔　它给我们的工作带来意想不到的方便，比如在博物馆中讲解时，由于多数博物馆都有玻璃护罩，所以无法很准确地将自己想介绍的东西指给客人看，这时，镭射笔就派上了大用场。

（13）哨子：经常有导游为了喊客人以至于喉咙嘶哑，如果有哨子的话，就方便多了。首先告诉客人哨子长响一声是集合，短响两声是赶快，客人就很好召集了。不要觉得这样不礼貌，这种方式对多数客人十分有效。

（14）随身小包　个人认为，腰包最合用。一来取东西方便，一些小型的而使用频率又高的物品都可以放在其中。二来不容易丢失。另外，挎包也可以，不过，一定得采用斜挎的方式来背，这样不论是坐还是站，都可以不用取下，坐下来的时候，移到前面就可以了。而背包是最容易丢失的，因为一旦坐下来，就得取下背包，人非完人，肯定会有失误，一旦发生了丢失，可能会给带团工作带来诸多的麻烦。

（15）书籍　无聊的时候翻翻书也挺好的，既可以消磨时间，又可以学习东西。不过，如果是跟带团有关的书籍，还是尽量不要在客人的面前看。否则，客人会以为你在临时抱佛脚！

（16）压缩饼干和巧克力　带团最佳食物之一，当导游有时吃饭无法按时，自己带点吃的，又不伤身体，保持能量。

（17）常备药品　人吃五谷生百病，导游的工作本来就辛苦，路上生病是常常遇到的，但又不能丢下工作，因此吃点药是需要的。不过绝对不能拿自己的药给客人吃，一旦发生问题，是你的全责。

（18）话筒和电池　虽然司机会准备，但是有可能发声质量不好或者中途坏掉，因此，很多导游都会自己准备一个备用。最好是准备一个无线话筒，这样可以不受连接线的限制，即使是要和最后一排的客人做游戏，也完全不受影响。如果使用领夹式麦克风或者头戴式麦克风，还可以把自己的双手解放出来，在讲解中用不夸张的手势加强自己讲解词的感染力。最舒服的是，在景区里面也可以使用（规定不得使用扩音器的景点除外）。

（19）零钱　收自费景点费用时，方便找客人零钱。

（20）小礼物　比如脸谱、中国结、明信片等。在车上做活动时给客人点小礼物，更有纪念意义，也能充分调动客人的积极性。

摘自：新浪微博

知识点五　形象准备

在旅游者的审美过程中，导游人员一方面扮演着美的传递者，另一方面又是旅游者所面对的审美对象。因此，在旅游过程中，导游人员自身美不是个人行为，在宣传旅游目的地、传播中华文明方面起着重要作用，也有助于在旅游者心目中树立导游人员的良好形象。因此，地陪在上团前要做好仪容、仪表方面（即服饰、发型和化妆等）的准备。尤其是炎炎夏日，更要打扮得体。

导游员的服饰、化妆和发型必须适合自己的身份，必须方便工作；要适合自己的身体特征和年龄，也要显示出自己追求的风格，力求烘托出自己独特的气质、风度和形象。导游员的服饰打扮要整洁、大方、自然、卫生，不要浓妆艳抹、花枝招展，也不能衣冠不整、邋里邋遢。

案例 4-1

被冷落的导游

导游员小苏，青春妙龄，长得亭亭玉立，楚楚动人，家境颇为殷实。而她本人则爱好打扮，服饰总是处在时代前列。

一次，小苏接了一个来自境外的旅游团，旅游团成员多为30岁左右的女士。小苏认为，第一印象十分重要，因此，她精心挑选了一套真丝连衣裙，以十分高贵的形象出现在旅游者面前时。她的出现，顿时使旅游团中的女士们黯然失色。再加上在游览期间，小苏名牌"行头"不断变换，更使旅游团中的女士们成了她的反衬者。在游览过程中，苏小姐讲解生动形象，为人亲切，服务周到，只是不知为什么，那些年轻的女性旅游者，总不愿与她在一起。小苏自己也有一种被冷落的感觉。

【分析与提示】

18世纪的西欧，一些上层贵族的妇女在物色仆人时，除手脚勤快外，还需相貌丑陋，其目的是让仆人成为自己的反衬者，和自己形成强烈的对比，使"美者益美，丑者益丑"。

从事服务行业的导游员如果在上团时，穿着讲究，打扮入时，使旅游者成为其陪衬者，极易引起旅游者的反感。在本案例中，小苏作为导游员，恰恰就犯了这样的错误，引起了旅游团中女性客人的反感，受到冷落。

那么，在实际工作中，导游员应怎样着装才是正确的呢？我们认为，导游员着装应做到"四要"：要和自己的身体、性别、年龄相符；要和季节、气候相适；要和职业相合；要和旅游团类型、旅游团所处场合一致。作为导游员既要反对穿着太"时髦"、"太刺眼"、"太引人注目"，又要反对"太土气"、"太懒散"、"太不显眼"。总之，要着装得体，正如英国的导游专家帕特里克·克伦教授所说的："穿着得体比浓妆艳抹更能表现出趣味的高雅和风度的含蓄。"

知识点六 知识准备

导游人员的工作是以丰富的知识为基础，高超的语言技能为手段，为旅游者提供各种服务项目。因此，在旅游开始前，导游人员应根据旅游团的计划和旅游团的性质和特点准备相应知识。

① 根据接待计划上确定的参观游览项目，就翻译、导游的重点内容，做好外语和介绍资料的准备。

② 接待有专业要求的团队要做好相关专业知识、词汇的准备。

③ 做好当前的热门话题、国内外重大新闻、旅游者可能感兴趣的话题等方面的准备。

导游人员应具有良好的心理素质，拥有良好的心理状态，是导游接待工作的必要条件。充分的心理准备，能够帮助导游人员克服许多工作中出现的困难和障碍。导游人员在接团前的心理准备主要有以下两个方面。

1. 准备面临艰苦复杂的工作

在做准备工作时，导游人员不仅要考虑到正规的程序要求提供给旅游者热情的服务，还要有充分的思想准备考虑对特殊旅游者如何提供服务。不能只考虑到按规定的工作程序要求为旅游者提供热情服务的方面，还要考虑到遇到问题，发生事故时应如何去面对、去处理，对需要特殊服务的旅游者应采取什么措施等各种思想准备。有了这些方面的心理准备，地陪就会做到遇事不慌，遇到问题也能妥善迅速的处理。

2. 准备承受抱怨和投诉

由于导游工作手续繁杂，工作量很大，工作内容极为复杂，有时可能遇到下述情况：导游人员已尽其所能热情周到地为旅游团服务，但还会有一些旅游者挑剔、抱怨、指责导游人员的工作，甚至提出投诉。对这种情况，导游人员也要有足够的心理准备，冷静、沉着地面对。只有对导游工作有爱，才会无怨无悔地为旅游者服务。

知识点八　联络畅通准备

① 地陪要备齐并随身携带与有关接待社各个部门、行李员、车队、餐厅、饭店、剧场、商店、机场、车站等单位联系的电话号码。

② 地陪上团前要检查自己的手机是否好用，电力是否充足，以保证与旅行社之间的联络畅通。

任务二　迎客服务

任务情境

　　小盈在西藏做导游已经有两年时间了，在高原地区带团非常辛苦，但她每次都能轻松应对，事半功倍。这次她又要接待一个40人的新加坡团队。小盈像往常一样经过精心准备来到机场接客人，拉萨贡嘎机场人头攒动，有好几个航班即将到达，接机的人也是很多，小盈穿一套漂亮的藏族服装，心想如何能在第一时间顺利地接到自己的客人，为他们留下良好的第一印象呢？

【任务分析】

　　接站是地陪导游员带团工作的重要环节，虽然短暂却至关重要。漂亮的接团等于成功了一半，因为旅游者初到目的地总是怀有新奇、疑虑甚至挑剔的心理，导游人员如果善于把握游客这一阶段的心理特征，以规范的程序、优雅的仪态和超前的工作方式迎接游客，就能较快消除与游客的陌生感，激起他们旅游的兴趣，为整个旅游活动的顺利进行奠定良好的基础。

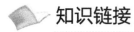

知识链接

《导游服务质量国家标准》要求："在接站过程中，地陪服务应使旅游团（者）在接站地点得到及时、热情、友好的接待，了解在当地参观游览活动的概况。"

接站服务在地陪服务程序中至关重要，因为这是地陪在旅游者面前的第一次亮相，争取给旅游者留下良好的第一印象，这一阶段的工作直接影响着以后接待工作的质量。

知识点一　旅游团抵达前的准备工作

接团当天，地陪应提前到达旅行社，全面检查准备工作的落实情况。

1. 落实旅游团所乘交通工具抵达的准确时间

接团当天，地陪提前到旅行社证实或打电话询问旅游团计划有无变更。出发前，向机场（车站、码头）问讯处确认旅游团所乘坐交通工具到达的准确时间。一般情况下应在飞机抵达前的2小时，火车、轮船预定到达时间前1小时向问讯处询问。

地陪接团应提前30分钟到达机场、车站。到达后再次核实交通工具的抵达时间，做到三核实：即计划时间、时刻表时间、问讯时间，并在出站口持旅行社标志（接站牌、导游旗等）等候迎接旅游团。

2. 与旅游车司机联系

得知该团所乘的交通工具到达的准确时间以后，地陪应与旅游车司机联系，与其商定出发时间，确定会合地点，确保提前半小时抵达接站地点。

地陪人员与司机应提前掌握机场、火车站等接站地点周围的停车场分布情况，掌握不同停车场停靠车型的情况（大车、小车）、公共交通（机场大巴、公交车、轻轨）情况等。

在前往接站地点途中，地陪要把该旅游团的日程安排介绍给司机。

如需要使用音响设备讲解，地陪应事先调试音量，以免发生噪声。到达机场（车站、码头）后应与司机商定旅游车停放位置。

3. 与行李员联系

如已安排行李员，地陪应在旅游团出站前与行李员取得联系，告知其该团行李送往的地点，了解行李抵达饭店大体所需时间。

4. 再次核实该团所乘交通工具抵达的准确时间

地陪提前半小时抵达接站地点后，要马上到问讯处再次核实旅游团所乘飞机（火车、轮船）抵达的准确时间。如所接班次晚点，若晚点时间不长，地陪可留在接站地点继续等候，迎接旅游团；若晚点时间较长，地陪应立即与旅行社有关部门进行联系，听从安排，重新落实接团事宜。

5. 迎候旅游团

在旅游团出站前，地陪应持本社导游旗或接站牌，站在出口处醒目的位置，热情迎接旅游者。接站牌上应写清旅游团的团名、团号或者领队、全陪的姓名；接小型旅游团或无领队、无全陪的旅游团时，要写上旅游者的姓名、单位或客源地。地陪也可以从组团社的社旗或旅游者的人数及其他标志，如所戴的旅游帽、所携带的旅行包或上前委婉询问，主动认找旅游团。

知识点二　旅游团抵达后的服务

1. 与全陪或领队联系

在确认旅游团所乘交通工具抵达后的等待期间，地陪可与团队的全陪、领队通过电话取得联系，告诉其出站位置、自己的体貌特征和接站标志等，了解团队情况。

2. 认真核实防止错接发生

旅游者所乘班次的客人出站时，地陪要设法尽快找到所接旅游团。地陪可高举接站牌站在醒目的地方，以便旅游团的领队和全陪前来联络；同时也可根据接待计划中旅游团的主要特征，如旅游者的民族特征、衣着特征、语言特征、组团社的标记以及旅游团队统一的标志物等作出判断。找到旅游团后，为防止错接，地陪应及时与领队、全陪接洽，核实该团的客源地、组团社或交团社的名称、领队及全陪姓名、旅游团人数等。如该团无领队和全陪，地陪需及时向出站游客询问、核对团员、客源地及团员姓名等，无任何出入才能确定是自己应接的旅游团。并持旅行社标志站在出站口显著位置迎候客人，及时发现和召集游客，把先行出站的游客安排在指定位置集合。

3. 核实人数

旅游团得到确认后，地陪还要立即与领队和全陪核实准确到站人数，如因故出现人数增加或减少与计划不符的情况，要及时通知旅行社有关部门，以便争取时间变更预定项目的数量，避免经济损失。入境旅游团人数如有变化，应及时通知地方接待旅行社。

4. 清点人数、行李，协助处理问题

地陪向游客问好，简单介绍机场、火车站设施情况，提醒全陪或领队清点人数，询问游客是否提取到全部托运行李，清点行李物品，询问游客是否需要短暂休息，去洗手间等。协助处理接站环节出现的问题，如托运行李损坏、丢失，物品遗忘在飞机、火车上，换汇等。

5. 集合登车

上述工作完成后，地陪应提醒旅游者带齐手提行李和随身物品，引导其前往乘车处。为确保团队的安全，地陪应高举导游旗，以适当的速度走在团队的前面引导旅游者；同时还要请全陪或领队走在旅游团的最后照顾旅游者。

抵达停车场前与旅游车司机取得联系，请其打开旅游车空调、行李箱门。将旅游团带领到停车场旅游车旁，指导和协助游客将大件行李放置在行李箱中，提醒游客将贵重物品随身携带。

如果有行李车为旅游团运送行李，应当由全陪、领队、地陪与行李员认真对行李进行清点、交接，写明旅游团下榻酒店，并在行李运送单上签字。

旅游者登车时，地陪应恭候在车门旁，微笑注视并协助旅游者上车就座。（见图 4-2）待所有旅游者上车后，地陪礼貌地清点人数（不可用手指点人，要默数，与客人点头致意）并检查放在行李架上的物品是否放稳，确认无误，待旅游者坐稳后请司机开车。

图 4-2　集合等车

 案例　4-2

小马失前蹄

小马刚刚大学毕业，来到青年旅行社不到半年的时间，平时工作很积极，可是前不久干了一件事，同事们开玩笑地说："小马也有马失前蹄的时候啊！"

前几天，小马去机场接从甘肃来的 16 名散客，这个团没有全陪，所以小马很早就到机场等候了，他高举着"欢迎甘肃 16 名游客"的接站牌。不久航班到了，他也陆续地接到了客人，清点人数之后便热情地招呼大家上车了。驱车到了市区预订好的酒店，小马忙去帮大家办理入住手续，酒店只给了他 7 个标准间的房卡，小马以为酒店少给了，酒店服务员却说："没错，的确是订了 7 间标房。"这可让小马纳闷了：明明 16 位客人啊，难道有人钻空子？小马只好给旅行社打电话向计调询问，经过一番周折，拿到了 14 名乘客的准确名单。当小马向旅行团员宣布完名单后，果真有一对夫妇惊讶不已。这对夫妇经过一通电话，才最终明白，他们是由另一家地接社接待，专门接他们的导游因为没接到客人，以为临时取消，便贸然离开了，这对夫妇也来自甘肃，看到小马的接站牌就跟着来了。

【分析与提示】

错接事件绝不是偶然，如果地接社、组团社、全陪导游、地陪导游等各方面把工作做得细致些，是不会出现错接的。这个案例中地接社、组团社、地陪导游和游客皆有责任。小马的问题也不少，第一，工作马虎，在没有全陪的情况下，接到游客一定要核对游客名单；第二，接站牌一定要准确，有针对性；第三，小马应积极协助错接的游客找到自己的地接社。另一位地陪在没有接到游客的情况下，应该及时报告旅行社，详细了解情况，不可一走了之。

摘自：赵冉冉编著. 新导游必看的120个带团案例

知识点三　赴饭店途中服务

地陪带领旅游者离开机场（车站、码头）前往所下榻饭店的途中是地陪第一次在全体旅游者面前较为正式地展示自己的业务水平和个人魅力，也是地陪给全团留下良好第一印象的重要环节。地陪在此过程中要做好以下几方面的工作。

1. 致欢迎辞

致欢迎辞是地陪第一次与旅游者进行信息交流和情感交流。成功地完成这个环节，能够使地陪在旅游者面前树立良好的形象和较好的威信，激发其游兴，为建立良好的对客关系，保障旅游计划的顺利实施奠定了基础。

致欢迎辞应把握好时机，因为旅游者初到一地，对周围环境充满了新奇感，左顾右盼，精神不易集中，这时讲解，往往效果不好。一般应在旅游者摆放好物品、各自归位、静待片刻、等大家情绪稳定下来后，再开始致欢迎辞。

欢迎辞内容应视旅游团的性质及其成员的文化水平、职业、年龄及居住地区等情况而有所不同。欢迎辞要求有激情、有特点、有新意、有吸引力，给旅游者以亲切、热情、诚恳、可信之感，要避免华丽的辞藻堆砌，也要避免简单敷衍，缺乏对旅游者的尊重。

通常，欢迎辞一般包括如下内容。
① 代表所在旅行社、本人及司机欢迎旅游者光临本地。
② 介绍自己的姓名及所属旅行社。
③ 介绍司机姓名、所属旅游汽车公司、车牌号码。
④ 表达提供优质服务的诚挚愿望，希望合作，欢迎提出宝贵建议等。
⑤ 预祝旅游活动愉快顺利。

 补充资料　4-2

欢迎辞示例

女士们、先生们：

大家好！欢迎你们来到北京，"有朋自远方来，不亦乐乎"，很荣幸认识大家，更荣幸成为大家此行导游。

首先让我代表北京××旅行社欢迎各位朋友的到来，来到首都北京参观游览。请允许我做一下自我介绍：我姓×，叫××，是北京××旅行社（旅游公司）的专职（兼职）导游员。这位驾车的司机先生姓×，叫××，是××汽车公司的职员。

他驾驶的汽车是××产的××牌大巴车，××色，车牌号码为×××××，请各位注意识别。接下来在北京的行程就由我和×师傅共同为大家服务，相信我们默契的配合，热情周到的服务，会让大家在北京渡过一个快乐、难忘而有意义旅途。真诚地希望我们今天的服务能够使大家满意。

我们的车虽然不大，但却容纳了五湖四海的宾朋，有道是"千里有缘来相会"，既然我们能够从13亿人中，从960万平方公里的土地上，于同一时刻走到一起，相聚在北京，相聚在这小小的车厢里，这就是缘分！所以，我建议大家能够相互认识一下好不好？（游客每人做自我介绍，导游顺便夸赞游客的家乡，或小做调侃，以活跃气氛，增强与客人感情！）

好，从现在起，我们大家就算认识了，相信各位朋友都能十分珍惜，人生旅程中这段同行的缘分，在今天的旅游活动中彼此关照，进一步地加深我们的友谊。

我们已经驱车离开首都机场，驶上了被誉为"国门第一路"的首都机场高速公路，半小时后我们将进入市区到达你们居住的酒店。想必在座大多数都是第一次来北京，对北京比较陌生，但不要紧，首都人民非常的热情和好客，在这里你体会到"宾至如归，在家千日好，出门也不难"的感觉。北京作为中国的首都，在地理位置上"北枕居庸，西拥太行，东临渤海，南俯中原，诚天府之国"，北京地形是西北高，东南低，符合一句古诗"一江春水向东流"的意境。作为中国历史上封建王朝辽、金、元、明、清的都城，其设计规划体现了中国古代城市规划的最高成就，被称为"地球表面上，人类最伟大的个体工程"，在这几天的行程中你不仅可以近距离地接触这座古城，更能够看到它今天的发展和变化。俗话说："眼见为实"，在接下来的几天中让我带着大家一起走进北京。

大家尽可能地放松身心在北京尽情享受旅游的乐趣，我们一定会尽力为大家做好各种服务，希望在北京的这些日子能够成为你旅途中最美好的回忆。

我们今天的路线，是这样安排的：到达酒店后请大家稍事休息，中午我们在酒店用餐，下午我们将参观2008年北京奥运会的心脏——奥林匹克公园，近距离参观北京奥运会主体育场——鸟巢、水立方和奥林匹克森林公园，晚上在指定餐厅品尝北京烤鸭。

我和司机先生将努力工作，使大家有个成功的旅行，祝大家旅游愉快！

2. 调整时间

这个环节是针对刚刚入境的国际旅游团而言。地陪在致完欢迎辞后要介绍两国的时差，请旅游者将时间调整为本地时间，并说明在今后的旅游活动中将按照本地时间作为作息时间标准。

3. 首次沿途导游

首次沿途导游是地陪接到旅游团队后的第一次导游讲解。旅游者初到异地，充满了强烈的好奇心。所以，地陪必须做好首次沿途导游，这个环节既可以满足旅游者的好奇和求知欲；又是一次显示导游人员知识、导游技能和工作能力的大好机会。精彩成功的首次沿途导游会使旅游者产生信任感和满足感，从而在他们的心目中树立起导游人员的良好第一印象。

首次沿途导游的内容可以视路途的远近合理组合，一般可以讲解以下内容。

（1）当地概况　包括当地的历史、地理、人口、民族、文化传统、社会生活、风物特产、经济发展等。

（2）风光导游　地陪在为旅游团做沿途风光导游时，应选择有代表性的景物。讲解时要注意触景生情、点面结合、简明扼要；要"眼疾嘴快"，善于察言观色、随机应变、见人说人、见物说物，即注意使讲解速度与旅游车进行的速度一致，准确地对景物进行描述。

（3）风情介绍　地陪在进行沿途风光介绍时，可向旅游者介绍当地的政治、经济、历史、文化、风土民情、风物特产及注意事项，还可以适时地介绍市容市貌及城市发展概况。可以说，风情介绍是对风光导游的必要补充，是在风光导游的基础上进一步发挥和延伸。

（4）行程安排　简要地介绍一下旅游团在本地的行程安排。

（5）介绍下榻的饭店　在旅游车快到下榻的饭店时，地陪应向旅游者介绍该团所住饭店的基本情况：饭店的名称、位置、距机场（车站、码头）的距离、星级、规模、发展历史、提供的服务项目、主要设施和设备及其使用方法、入住手续及注意事项。

4. 宣布入住后的活动安排

抵达饭店后，地陪应在旅游者下车前及时宣布入住后的活动安排，包括活动内容、集合时间、地点、活动要求、注意事项，并提醒旅游者记住所乘车辆的车牌号码、颜色、车型、顺序号等便于识别的记号。

5. 车上其他服务

① 发放旅游宣传品、景点介绍、旅游图、纪念品等。

② 讲解注意事项：如饮食安全、卫生、财物安全、地方风俗、团队活动注意事项等。

任务实训

【实训目标】

通过本任务的实训，使学生初步熟悉接团前的准备工作，掌握认找旅游团的基本方法、程序和技巧，能够在各种情况下迅速、准确地找到旅游团，并做好赴饭店途中的各种服务。

【实训步骤】

一、实训准备

1. 接待计划表、团员名单、接站牌、导游旗等。

2. 根据情境材料中的角色进行分组。

3. 可在导游模拟实训室或模拟导游车开展实训。

二、实训内容

1. 准备接待计划、落实旅游车、酒店住宿、用餐等情况；认找旅游团，首次沿途导游。

2. 实训案例导入

[案例1] 2013 年 5 月 1~7 日，承德国旅接待一个来自广东的 23 人旅游团，团队成员为 9 男 14 女，其中有 3 个小孩，全陪为一女性导游员。5 月 1 日早 8 点去首都机场接团，由承德国旅负责团队旅游期间的各项安排。1 日下午开始游览承德市内景点，3~4 日游览木兰围场，5 日早晨前往北戴河，7 日下午首都机场送团。请为该团准备接待计划、落实旅游车、酒店住宿、用餐等。

[案例2] 早上 8:30 分，在北京 T3 航站楼，导游小郭等在航站楼的接站处，等候迎接从湖南来的 16 名夕阳红游客，其中年龄最小的 56 岁，年龄最长的 72 岁，随团有一名全陪和一名陪同护理人员，司机老张在停车场等候。小郭将怎样开始自己的迎接工作呢？

[案例3] 地陪小丁到机场迎接从美国远道而来的游客，接待计划和团员名单中显示是 8 名游客，3 男 5 女，可是来的却是 10 名游客，领队告诉他临时增加了客人。针对这种情况小丁将如何做？

[案例4] 接待从湖北黄冈中学来的 28 名教师团，他们一直向往北京，一直在教材里讲首都，今天是第一次来。作为地陪的你将为他们致欢迎辞。并介绍当地风土人情。

三、实训总结

1. 学生互评。

2. 教师点评。

3. 企业打分。

4. 汇总实训成绩。

实训评价表

评价项目与内容		小组评价	教师评价	企业评价
课前准备 （10分）	下发计划准备			
	分组准备			
程序完整规范 （30分）	接团服务准备规范,落实接待事宜			
	导游接站的基本程序			
	旅游团标识识别、找认旅游团			
	核实人数及应对变化的订餐、订房、订票等			
	熟练清点行李、引导登车			
欢迎辞表达 （20）	沿途导游讲解能力			
	欢迎辞的内容丰富			
服务规范 （20分）	导游语言表达能力 导游服务创新能力 导游协调沟通能力			
应变能力 （10分）	遇事情绪稳定、思维敏捷、考虑问题周到,能够及时妥善处理突发事件和特殊问题			
职业素养 （10分）	工作积极态度 团队合作意识			
总成绩				

任务三　入住酒店服务

任务情境

北京巴士旅行社的地陪导游员陈敏接到一个团队接待计划，该团来自某市的摄影协会，一行12人，其中8男4女。来北京的目的是参观并拍摄北京皇家古建筑及皇家园林。从机场接到游客已经是晚上，陈敏一路上热情洋溢地介绍北京，游客的激情完全被调动起来了，她相信已经给游客留下了较好的第一印象。但是，真正的考验还在后面，计调刚打来电话，原来预定的酒店因为维修，需要调整到同标准的另一家酒店。如何安排好游客入住，这是陈敏面临的问题。

【任务分析】

当旅游团抵达饭店后，地陪应尽快协助全陪、领队办理入店手续，使旅游者尽早进入房间休息。能否让旅游者尽早进房，并取得行李，也是检验地陪工作能力的一个标志。酒店调整需要与领队、全陪商议，并告知和安抚游客，安排好游客顺利的入住、吃好第一顿饭，保证游客得到良好的休息，是地陪应该做的事情。

知识链接

知识点一　介绍酒店情况

介绍酒店主要讲下榻酒店的位置、星级标准、设施情况、建筑特色等，尤其应对酒店设施的使用加以说明，提示工作可以在旅游团抵达酒店前的旅游车上完成。还要提示游客在进入房间后将室内设施全面地看一遍，如有破损的物品及时请客房部给予更换。

1. 介绍房间中的收费项目和免费项目的使用

（1）长途电话　如果游客需要在房间拨打国内长途或国际长途需到酒店前台办理开通业务，费用计入个人消费。

（2）网络　一般酒店均会配置网络设施，但开通有些是要付费的，如客人需要，请其向酒店了解后再使用。

（3）自费酒水、食品　三星级以上的酒店房间里会配备冰箱、吧台等设施，会摆放小吃、酒水等物品，每个房间除免费的矿泉水外，其余均是要付费的，提醒游客一定要注意。

（4）卫生间里的标价物品　除房间里会摆放收费物品外，在卫生间也会摆放，如个人洗漱用具套装、药物洗涤用品、安全套等，也要对游客做出提示，请游客看好价格后再行使用。

（5）收费电视节目　在一些星级酒店中还会设置收费电视节目，电视上会放置使用说明及收费标准，提醒游客在进行电视选台时要注意看清说明，如果由于误操作遥控器产生费用应由游客承担。

（6）洗衣服务　要洗的衣物放入洗衣袋内，提醒游客注意收费标准。

2. 介绍饭店设施

进入饭店后，地陪应向全体游客介绍饭店内的服务设施和分布情况。

（1）介绍外币兑换处、中西餐厅、娱乐场所、商品部、公共洗手间等设施的位置，并讲清住店注意事项，指明电梯和楼梯的位置。

（2）说明游客所住楼层和开启房锁的方法　目前各大酒店门锁多为感应式钥匙（房门磁卡），磁卡的种类繁多，大体分为插卡式、感应式。对此，地陪应当向游客讲解使用方法，以利于游客顺利打开房门。

（3）中央控制台　进入房间后，应将房卡插入电槽，房间内会通电，多数电器的控制开关一般由设置在床头附近的中央控制台控制。

（4）电视　了解电视开关情况，电视有台式和壁挂式，要清楚电源开关的位置。

（5）保险柜　三星级以上的酒店会在门厅的壁橱里安置保险柜，供游客存放贵重物品，提示游客在使用保险柜时注意保密，并牢记密码。

（6）卫生间内设施　如冷热水、吹风机、体重秤等。

（7）电源插座　包括电压指数和几头插座。

知识点二　协助办理入住手续

① 旅游者抵达下榻饭店后，地陪可在饭店大堂内指定的位置让旅游者集中等候。

② 尽快向饭店总服务台讲明团队的名称、订房单位，提供旅游团名单，协助领队和全陪办理入住登记手续，帮助填写入住登记表。拿到房间钥匙后，请领队分发住房卡。

③ 地陪要掌握领队、全陪和团员的房间号，并将与自己联系的方法告知全陪和领队，以便有事时尽快联系。

知识点三　照顾行李进房

行李到达后，地陪要负责核对行李的件数，督促饭店行李员按照房间分配情况，及时将行李送至旅游者的房间。

知识点四　宣布当日或次日活动安排

在旅游者进入房间之前，地陪应向全团宣布有关当天或第二天活动的安排、集合的时间、地点。如该团中有提前入住的旅游者，必须通知他们次日的出发时间及活动安排。

知识点五　带领旅游团用好第一餐

第一次用餐是地陪为旅游者提供的又一项第一次服务，本次服务质量的好坏也影响着今后工作的开展。因此地陪应仔细安排好这项工作。

① 提前了解旅游者在用餐方面的特点和要求，认真记录。连同就餐人数、用餐标准、具体用餐时间通知给餐厅的工作人员。

② 虽然地陪已将用餐的时间、地点、用餐方式和注意事项通知给旅游者，但因为是第一次用餐，地陪最好亲自带领旅游者进入餐厅，引导旅游者就座。

③ 待旅游者落座后，地陪应向旅游者介绍就餐的相关规定及费用标准。

④ 在用餐过程中，地陪要经常到旅游者餐桌前帮助旅游者解决一些问题，征求旅游者对第一餐的意见，协助餐厅工作人员做好用餐服务。

知识点六　落实叫早事宜

地陪在结束当天活动离开饭店之前，应与领队商定第二天的叫早时间，并请领队通知全团旅游者，地陪则应将叫早的时间、房号和叫早的方式通知饭店总服务台或楼层服务台。

知识点七　协助处理旅游者入住后的临时性问题

旅游者进入房间后，可能会发生一些临时性问题。因此，地陪应在本团旅游者居住区内停留一段时间，处理这些临时发生的问题，如：客房质量问题、行李投错问题、旅游者要求调换房间及提出个人需求等，地陪要协助饭店有关部门处理此类问题。

案例 4-3

饭店设施陈旧

经过近六个小时的颠簸，小张带领的旅游团总算抵达了目的地。当团队中的旅游者拖着疲惫的身躯下了车，走进了即将入住的饭店。这是一家建造于 30 年前的计划经济时代专用于接待国内一些领导干部的饭店。该饭店占地面积大，环境也很幽雅，是一家地地道道的老饭店。然而旅游者进入客房不久，就有几位游客跑来找到小张抱怨，这个说客房冷气不足，那个说客房太潮湿，还有的说客房没热水，纷纷要求换房。这时恰逢旅游旺季，小张非常清楚这段时间饭店的客房出租率是非常高的。怎么办呢？他先来到反映有问题的几间客房，发现冷气不够是因为刚进客房，冷气才打开，且温度开关没有调到位；没有热水是因为热水龙头坏了；而客房潮湿则是因为这间房紧挨山崖。小张想：水龙头坏了可以修，客房不一定要换；但潮湿房一定要换。于是，小张来到饭店销售部，销售部人员开始声称没有空余客房，但在小张一再地要求下，最后，销售部人员在请示经理后，终于让小张为旅游者换了客房，使问题圆满地得以解决。

【分析与提示】

旅游团入住饭店后，随时可能发生各类临时性问题。本案例中出现的事情，是很多导游员都曾遇见过的。因此，地陪在带领旅游团入住饭店后，不要急于离开，按照导游服务规范要求，应处理好旅游者入住后各类临时问题。本案例中，小张在遇到这些问题后，没有推诿，立即着手调查，将旅游者的事当成自己的事，与饭店进行协商，最后解决了旅游者的实际问题。

2014 世界最佳酒店排名

近日，全球最大的旅游网站 TripAdvisor 公布了 2014 年"旅行者之选"世界最佳酒店排名。此次共设 7 个种类，除了最佳酒店，还有经济型酒店、家庭式旅店、全家游酒店、奢华酒店、浪漫酒店和小型酒店。

"我们对上榜的酒店表示热烈祝贺！与往年大多数获奖酒店都集中在北京、上海、香港等大城市不同的是，今年中国区跻身 Top25 的酒店出现了很多'新面孔'，我们欣喜地看到一些来自'小城市'如贵阳的凯宾斯基酒店，洛阳的克里斯汀酒店，杭州温德姆至尊豪廷大酒店，苏州的万豪酒店和青岛的海尔洲际酒店能脱颖而出，带给中国的酒店行业新鲜血液和动力！这些酒店从住宿，景区观光和饮食就餐方面为客人提供了美好的旅行体验，他们的辛劳付出同时也得到了客人们的充分肯定。"网站总裁郑嘉丽说。

同以往一样，此次"旅行者之选"世界最佳酒店名单的挑选基于 TripAdvisor 全球百万用户的真实点评和客观评价，在此次 2014 年的年度评选中，全球共有7123 家酒店入选，中国有多达 123 家酒店入选，而中国香港的奕居酒店，不仅获得最佳酒店排名的世界第二、亚洲第一、中国第一，同时也获得最佳奢华酒店排名中国区第一、亚洲第三及世界第十四名的好成绩，是中国获得最多奖项的酒店。

摘自：新闻中心网

任务四　核对、商定日程

任务情境

旅行社导游 Simon 接待了从澳大利亚来的 4 对夫妇，看着客人用完餐后回房休息，他才松了口气。今天中午刚吃过午饭，Simon 就和司机师傅商定好去机场的时间了，在提前做好航班问询工作后，Simon 顺利地接到了游客。从致欢迎辞到协助游客办理入住，再到和团队用第一餐，客人脸上的笑容说明他做得不错。准备离开饭店的时候忽然感觉还少干了什么事，梳理一遍今天的工作，Simon 一拍脑袋想起来了，赶紧去找领队。Simon 到底忘了什么事情呢？

【任务分析】

地陪在接受旅行社下达的接待任务时，旅行社的计调部门已将该团的参观游览内容明确规定在旅游协议书上，并已安排好该团的活动日程。即便如此，地陪也必须与领队、全陪进行核对、商定日程的工作（若无领队和全陪，地陪应与全体旅游者进行这项工作），做到万无一失。

知识链接

《导游服务质量标准》要求："旅游团（者）开始参观游览之前，地陪应与领队、全陪核对、商定本地节目安排，并及时通知到每一位旅游者。"

知识点一　核对、商定日程的必要性

1. 导游服务集体成员之间合作的开始

核对、商定日程是旅游团抵达后的重要程序，地陪在接到旅游团后，应尽快与领队、全陪进行这项工作。

2. 组团旅行社与地接旅行社工作的再次确定

团队接待计划是旅行社产品的重要组成部分，由地方接待社负责编制。接待计划的编制是在接受组团社委托后，根据组团社的要求进行的一项细致的工作，组团社与地接社在服务内容方面应保持一致性，地陪与全陪、领队间的接待计划确认即是对双方旅行社工作的再次确认。

3. 对游客消费权益的尊重

地陪必须认识到，旅游者提前支付了一笔费用参加旅游团，也就是购买了旅行社产品，作为消费者有权审查产品是否合格。日程安排是旅行社产品的一个重要部分，因此旅游者有权审核该团的活动计划和具体安排，也有权提出修改意见。导游人员与旅游者商定日程，既是对旅游者的尊重，也是一种礼遇。

4. 对组团社派出工作人员（全陪、领队）职权的尊重

全陪、领队向团队游客宣布接待计划是其重要的工作职责之一，也是树立其权威和形象的重要时机，而全陪、领队向游客通报的活动安排应建立在与地陪核对确认的基础上。领队希望得到他国导游人员的尊重和协助，商定日程并宣布活动日程是领队的职权。

5. 对特殊团队核定接待计划具有重要意义

某些专业旅游团除参观游览活动外，还有其他特定的任务（如参观工厂、学校、幼儿园、居委会等），因此商定日程显得更为重要。

知识点二　核对商定日程的时间、地点

在旅游团抵达后，地陪应抓紧时间尽早进行核对、商定日程的工作，这是与领队、全陪合作的开始。如果团队抵达后是直接去游览点的，核对商定团队行程的时间、地点一般可选择在机场或行车途中；如果团队是先前往饭店的，一般可选择在饭店入住手续安排好后的一个时间，地点宜在公共场所，如饭店大厅等。

知识点三　核对商定日程的原则

核对、商定日程时，要遵循以下原则。

① 宾客至上原则；

② 服务至上原则；

③ 主随客便原则；

④ 合理而可能原则；

⑤ 平等协商原则。

日程的安排既要符合大多数旅游者的意愿，又不宜对已定的日程安排做大的变动。因为变动过大，可能会涉及其他部门的工作安排。

知识点四　核对商定日程时，可能出现的问题及处理措施

1. 领队或旅游者提出小的修改意见或增加新的游览项目时

① 地陪及时向旅行社有关部门反映，对"合理又可能"满足的项目，应尽力予以安排。

② 需要加收费用的项目，地陪要事先向领队或旅游者讲明，按有关规定收取费用。

③ 对确有困难而无法满足的要求，地陪要详细解释、耐心说服。

2. 领队或旅游者提出的要求与原日程不符且又涉及接待规格时

① 一般应予婉言拒绝，并说明我方不便单方面不执行合同。

② 如确有特殊理由，并且由领队提出时，地陪必须请示旅行社有关部门，视情况而定。

3. 领队（或全陪）手中的旅行计划与地陪的接待计划有部分出入时

① 要及时报告旅行社，查明原因，分清责任。

② 若是接待方的责任，地陪应实事求是地说明情况，并向领队和全体旅游者赔礼道歉。

案　例　4-4

差点自掏腰包

杨涛是个热情好客的北京小伙，做地陪也已经多年了。几天前，杨涛接待了来自重庆的 28 人旅游团，这几天游客们玩得很尽兴，杨涛也很有满足感。可是今天到旅行社报账时，却被经理狠狠地批评了一顿，并说要不是看你是老导游早就让你掏腰包了。到底是怎么回事呢？原来，几天前，杨涛接待来自重庆的游客，旅游团到饭店后，他就与全陪商谈日程安排。在商谈的过程中，他发现全陪手中的计划表上的游览点比自己接待任务书上所确定的游览景点多了两个，且全陪坚持要按他手上的景点来安排行程。为了让全陪和游客满意，杨涛答应了。结果他挨了批评还差点自掏腰包。

摘自：车秀英主编. 导游服务实务

【分析与提示】

旅行社下达的任务单上游览景点与游客手中计划不一致，这种情况出现有两种原因：一是双方在洽谈过程中发生误会；二是对方旅行社为掩盖克扣游客费用的事实而采取的一种手段。导游员碰到这类问题，正确的处理方法是：及时与旅行社联系，请旅行社负责人指示应按照哪份计划实施接待。如果确认按乙方旅行社计划单

上规定景点游览，需要婉转地向游客表达，并尽可能讲解规定景点之外的景点。如果游客愿意自费游览不能安排的景点，在收取费用后，应满足要求。

任务五　参观游览服务

任务情境

　　2013年4月底，北京某旅行社接到一单任务，西安旅游团16人，将于5月2日下午乘高铁到达北京。旅行社通知导游李琳，这个团由她负责接待，具体游览项目及行程安排如下表所示。

××旅行社团队接待计划表

团号：BJ20130502　　　　　　　　日期：2013年5月2～7日

组团社：××旅行社　　　　　　　　人数：13.3＋1人

车队：××汽车公司　　　　　　　　司机：李师傅　联系电话：1234567

全陪：王小姐　　　　　　　　　　　地陪：李琳　联系电话：7654321

抵达时间	5月2日乘高铁G656 15:38分抵达北京		
日	行程安排	餐厅	备注
D1	接站：北京西站接站，沿途观北京市容，入住酒店，在酒店共用晚餐，晚上导游通知第二天集合时间	晚餐：××	下榻：××酒店 7个标准间 2名儿童不占床
D2	早餐后，看世界上最大的城市中心广场——天安门广场、瞻仰毛主席遗容（若开放），观英雄纪念碑（1.5小时），游览皇家宫殿建筑群——故宫（2小时），游景山公园；黄包车游老北京胡同，参观恭王府，参观北京最古老的、位列规划中的25片旧城保护区的南锣鼓巷。晚上在东华门小吃街品尝全国各地名小吃，逛王府井步行街、天主大教堂、王府井百货大楼等著名建筑景观（1.0小时）（晚餐自理）	早：酒店 中：×× 晚：××（小吃）	如有儿童超高，需补交门票差价
D3	早餐后乘车前往世界闻名的万里长城（八达岭）（约3小时），八达岭长城游客众多，建议乘坐观光缆车 12:00安排午餐。 13:00抵达明十三陵，游览我国明朝十三陵（约2小时）；参观明皇蜡像宫，自愿参加门票自理。 17:00参观奥林匹克公园、"鸟巢"、国家游泳中心——"水立方"外景（1.0小时）。晚上自费欣赏冰上杂技舞蹈秀——幻光极光	早：酒店 中：×× 晚：烤鸭	娱乐：杂技
D4	早餐后游世界上最大的祭天建筑群——天坛公园（1.5小时）午餐后，参观圆明园遗址公园、游世界上最美的皇家园林——颐和园（2小时）	早：酒店 中：×× 晚：涮羊肉	购物：2个购物定点商店
D5	5月6日乘G655高铁10:05分返回西安	早：酒店	
说明	门票单：　　购物单：2张　　餐单：6张 房单：1张　　意见表：13份		
旅行社联系电话：010-12345678			

组团人：×××　　　　　　联系方式：12345678　　　　　　日期：2013年4月28日

【任务分析】

参观游览活动是旅行活动中最重要的部分，是旅游者购买的旅游产品的核心内容，也是导游服务的中心环节。因此，地陪必须按照标准要求，认真准备、精心安排、热情服务、生动讲解。使旅游者详细了解参观游览对象的历史背景、景观特色、艺术价值、形成原因，以及旅游者感兴趣的其他问题。

 知识链接

《导游服务质量标准》要求："参观游览过程中的地陪服务，应努力使旅游团（者）参观游览全过程安全顺利。应使旅游者详细了解参观游览对象的特色、历史背景等及其他感兴趣的问题。"

知识点一　出发前的服务

1. 提前到达出发地点

出发前，地陪与旅游车司机进行联系，应提前 10 分钟到达集合地点，在约定的位置等候旅游者，并做好车内的各项准备工作。地陪提前到达的目的如下。

① 地陪可利用这段时间礼貌地招呼早到的旅游者，表现出导游人员对工作的认真负责，会给旅游者留下很好的印象。

② 听取旅游者的意见和要求，回答旅游者的提问，可以建立友好和谐的对客关系。

③ 在时间上留有余地，以身作则遵守时间，应付紧急突发事件，提前做好出发前的各项准备工作。

2. 核实实到人数

登车前，地陪要核实旅游者是否全部到达。若发现有旅游者未到，地陪应向全陪、领队或其他旅游者问明原因，并设法及时找到；若有的旅游者愿意留在饭店或不随团活动，地陪要问清情况，得到旅游者本人和领队的确认后，进行妥善安排，必要时报告饭店有关部门。

3. 落实旅游团的当天用餐

地陪要提前落实本团当天的用餐，对午、晚餐的用餐地点、时间、人数、标准、特殊要求等逐一落实并予以确认。

4. 提醒注意事项

出发前，地陪应向旅游者预报当日的天气，游览景点的地形特点、行走路线的长短等情况，必要时提醒旅游者带好衣服、雨具，换上舒适方便的鞋。同时提醒旅游者带好房卡，并详细记下下榻饭店的地址、通信方式等，以备旅游者一旦走失能够安全返回饭店。

5. 准时集合登车

旅游者登车前，地陪应礼貌地清点人数，恭候在车门一侧，热情招呼对方，微笑着协助旅游者上车。上车后，地陪还要再次清点人数，并妥善地安置好旅游者随身携带的物品。待所有旅游者坐稳后，宣布出发。

知识点二 途中导游服务

《导游服务质量标准》要求："在前往景点途中，地陪应相机向旅游者介绍本地的风土人情、自然景观，回答旅游者提出的问题。抵达景点前，地陪应向旅游者介绍该景点的简要情况，尤其是景点的历史价值和特色。抵达景点后，地陪应告知在景点停留的时间，以及参观游览结束后集合的时间和地点。地陪还应向旅游者讲明游览过程中的有关注意事项。"

1. 当日活动安排介绍

开车后，地陪首先应向游客介绍当天的天气情况，再向旅游者重申当日活动安排，包括参观景点的名称、途中所需时间、午晚餐的时间地点以及购物、娱乐项目的计划安排等。行车途中，地陪一般站立在车厢内前部，背靠导游背板，作沿途导游，见图4-3所示。

图 4-3 途中导游服务

2. 重点话题

地陪要关注新闻和当时发生的国内外重大事件等，及时向游客介绍，如游客较为关注的体育赛事、名人、时政、重大事件等。

除此之外，地陪应结合当地发展、历史传统、文化内涵、民俗事项等几个能够使游客感兴趣的话题，在旅游车上为游客介绍。

3. 沿途风光导游

在前往景点的途中，地陪应根据旅游者的兴趣爱好和沿途景物的变化，向旅游者介绍本地的风土人情、自然景观，并回答旅游者提出的问题。

4. 介绍游览景点

抵达景点前，地陪应向旅游者介绍该景点的简要概况，尤其是景点的历史价值和特色，目的是为了满足旅游者想要事先了解景点相关内容的心理，激发其游览景点的欲望。

但要注意的是，讲解要简明扼要、不要过于具体，以免降低旅游者实际游览观光时的兴趣。

5. 活跃气氛

如旅途长，可以讨论一些旅游者感兴趣的国内外问题，或做主持人组织适当的娱乐活动等来活跃气氛。

温馨提示 4-3

旅游车上常做的游戏活动

在带团过程中，导游员不妨掌握一些娱乐活动，以便在适当的时候活跃气氛。比如："走一步，扭一扭，见到一棵柳树搂一搂"，"走两步，扭两扭，见到两棵柳树搂两搂"……；或者是"一只青蛙一张嘴，两只眼睛四条腿，扑通一声跳下水""两只青蛙两张嘴，四只眼睛八条腿，扑通扑通跳下水"等，以此类推。要求是客人必须用普通话讲，前面一个人说完，后面的人要紧跟着讲，并且不允许停顿，导游员也要参加，谁说不下来，就要表演一个节目！

再如，"大家坐在车上运动运动，下面我就带大家做个有技巧又活血的手部运动，请各位朋友们，先伸出我们的右手。然后再伸出左手的一根手指，敲击我们右手手心的劳宫穴，这样就能达到舒筋活血又安神的功效，当我喊一二三四五六七八的时候，各位好朋友用一根手指敲打劳宫穴，当我喊二二三四五六七八的时候，各位好朋友用两根手指敲打劳宫穴，依此类推。下面我就开始了，大家听我的节拍一起做动作，很好。感谢大家雷鸣般的'掌声'。"

做完游戏，可以让游客猜猜脑筋急转弯或地名。

1. 脑经急转弯

最难吃的一道菜——炒鱿鱼

最多同名的妹妹——打工妹

最神气的领子——白领

最畅销的书——女秘书

最受宠爱的动物——小燕子

一片青草地（打一种花名）——梅花

又一片青草地（还是一种花名）——野梅花

来了一只羊（打一种水果）——草莓

又来了一只狼（还是一种水果）——杨梅

又来了一群羊（打一种小食品）——喜之郎

2. 猜地名

大河解冻——江苏

刚定国界——新疆

起锚扬帆——上海

四季温暖——长春

沟渠不浅——深圳

一路平安——旅顺

宴会喝酒——开封

红色的庄稼——丹麦

蓝色的庄稼——荷兰

做这类这个游戏要看客人的表现，导游员一定要在气氛比较活跃的时候组织，效果才会好。

知识点三 景点游览

景点游览是旅游团整体活动的核心内容，也是地陪导游工作的重点。

1. 游览前的导游讲解

① 抵达景点时，在下车前，地陪要讲清并提醒旅游者记住游览车的车型、颜色、标志、车号。

② 在景点示意图前，地陪应讲明游览线路、游览所需时间、集合时间、地点等，尤其是当下车和上车不在同一地点时，地陪更应提醒旅游者注意。

③ 地陪还应向旅游者讲明游览参观过程中的注意事项。

2. 设计路线

设计路线要注意突出重点、合理安排、注意安全、不走冤枉路。采用多种引领线路在景点中参观游览，地陪应根据景点中的实际情况合理地编排导游线路，有重点、突出地带游客参观。

3. 景点内导游讲解

抵达景点后，地陪的主要工作是带领本团旅游者沿着游览线路对所见景物进行精彩的导游讲解。讲解的内容要因人而异、繁简适度，包括该景点的历史背景、特色、地位、价值等方面的内容。讲解时，讲解的语言不仅应使旅游者听得清楚，而且要生动、优美、富有表达力；不仅使旅游者增长知识，而且得到美的享受。

4. 严格执行计划

在景点景区内的游览过程中，地陪应严格执行旅游合同，保证在计划的时间与费用内，使旅游者充分地游览、观赏。擅自缩短时间或克扣门票费用的作法都是错误的。

游览中还要讲解与游览相结合，适当集中与分散相结合，做到劳逸适度，使旅游者能够充分地游览。

5. 注意旅游者的安全

在游览过程中，地陪不仅要做到劳逸适度，还应特别关照老弱病残的旅游者。

在讲解时，地陪也应眼观八方、耳听六路，注意旅游者的安全，要自始至终与旅游者在一起活动；在景点的每一次移动都要和全陪、领队密切配合并随时清点人数，以防止旅游者走失和意外事件的发生。

案例 4-5

安排活动应"因人而异"

北京的导游小江接待了一个 15 人的法国老年旅游团。该团在北京的日程安排得很紧凑：第一天晚上入境后，到饭店休息，第二天上午参观天安门、故宫，下午去颐和园、动物园，晚上吃风味餐、看京戏；第三天上午去八达岭长城，下午去定陵，晚上去王府井购物；第四天上午去天坛、雍和宫，午餐后乘下午的航班去西安。

在第二天游览过程中客人们兴致很高，每到一处他们都拍照留念，认真听导游的讲解。只是在景区内的步行距离太长，团内的大部分人是老年人，有些人感到很劳累。晚上吃烤鸭的时候，气氛达到了高潮，因而京戏开演了 30 分钟后他们才到场。回来后路上大家对当天的旅游安排非常满意，赞不绝口。

第三天，一些人的疲态便显露出来了，在长城上有人只登上一个敌楼，照了几张照片便返回旅游车休息。在定陵有两位老年游客更是不愿下那么多台阶去参观地下宫殿，导游小江只好将疲劳的游客先安顿好，再去为其他人导游。回去的路上有的客人要求先回饭店休息一下再去吃饭、购物。结果再次集合时，只有 6 个人去吃饭，其他人都想洗澡、休息了。晚饭后只有两个人要求去王府井购物，其他 4 人自愿坐出租车回饭店。在送购物客人回饭店的路上，小江心里有种说不出的滋味。

第四天上午，游览了天坛后，由于旅游者行动过慢而使得时间不够，无法再去雍和宫参观。大家匆匆到指定的餐厅用餐后，便赶去机场了。一路上小江征求了客人对此次在北京旅游的意见，有人反映，刚开始感觉不错，但越来越感到活动单调，并且有些劳累。对小江的服务和讲解大家还是感到很满意，但希望根据老年人多的特点，多留出一些放松的时间。

【分析与提示】

导游员在接团前应认真研究计划，并根据计划拟出周密的活动日程，在安排日程时应注意。

（1）分析旅游者的需要 根据其国籍、职业、年龄、性别来分析他们最感兴趣的东西。如西方旅游者喜欢参与性较强的旅游活动，东方人则更喜欢观光性旅游；年轻人体力好希望多看一些东西，老年人则愿意将活动的节奏放慢，多留出一些休息时间；文化层次高的旅游者理解能力强，对我国的古建筑资源感兴趣，一般旅游者则对生活方面的情况感兴趣。

（2）向游客通报计划安排 活动前应把计划和日程告诉旅游者，有领队或全陪的话，要与领队或全陪商定，告诉对方如此安排日程的理由，以免对方提出不合理的要求时难以对付。本例中的小江就是因为事先没有与客人商定日程，而致使大部分旅游者在第三天游览后由于劳累不想再去吃晚饭和购物。

（3）活动安排的结构要合理　在制订活动日程时应注意循序渐进，切忌"虎头蛇尾"，本案例中的旅游日程安排就显得前紧后松，使客人既感到疲劳，而后又感到单调。如果在头一天游览后安排京剧，大家在游览了一天后，坐在剧场可以欣赏异国他乡的艺术，又可放松情绪，消除疲劳。如果在离别之夜去吃烤鸭，他们则可享受到那充满友谊之情的饯行之筵，会对旅游地留下美好的回忆，从而把旅行活动推向高潮。

（4）活动日程应符合大多数人要求　对活动日程紧，项目多的旅游团，如果多数人精力充沛，则一定要满足他们的要求，绝不能"偷工减料"。对老年人多的团，则可根据他们的要求灵活处理。本案例中，小江如果在一些旅游者疲劳时能够先安排他们休息，再去带领多数旅游者游览，这样处理会十分得当。

知识点四　参观活动

参观活动也是旅游活动中的重要组成部分，有助于旅游者更好地了解旅游地人民的生活方式。在接待计划中，如有参观的内容，地陪应做好以下几个方面的工作。

1. 做好安排落实工作

① 地陪应问清参观的时间、内容及前往的人数。

② 了解宾主之间是否有礼品互赠，若礼品系赠送给外宾的应税物品，地陪要提醒有关人员缴税，并保存好发票，以备出关时查验。

③ 提前联络，落实好接待人员

2. 翻译或语言的传递工作

在参观时，一般是先由接待单位做情况介绍，然后是引导参观。在这时候，地陪的主要任务是翻译或做语言信息的传递工作；但整个参观活动的时间安排宜短不宜长。外语导游员应注意在翻译的过程中，介绍者的言语若有不妥之处，应予以提醒，请其纠正后再译。如来不及可改译或不译，但事后要说明。必要时还要把关，以免泄露有价值的经济情报。

知识点五　特殊活动安排

对特殊旅游团队，在接待计划中会有一些特殊的活动安排，如会见、宴请、参观、座谈等，这种情况下需要地陪从以下几个方面开展工作。

1. 提醒注意事项

参加此类活动一般会接触一些非常规的地点和人物，需要地陪事先熟悉和了解注意事项，以便向游客进行提醒。

2. 熟悉活动安排

了解特殊活动的情况，事先与活动单位取得联系，落实时间安排和活动内容，也可以通过旅行社组团人或团队操作人员了解活动安排及注意事项。

3. 开展导游讲解

在知识方面做必要的准备和补充，到达活动现场前给游客进行简单的介绍。到达活动现场后，与活动单位的工作人员一道为游客提供讲解、翻译等工作。外语导游人员在进行翻译时还要注意语言的准确和保密，地陪有责任把好关，避免泄露国家情报。

知识点六　返程中的工作

这个环节是指一天的参观游览项目结束后，旅游团返回下榻饭店的过程。这时，旅游者已经感到疲惫，急需休息和调整，早晨出发时的新奇感也已经没有。所以，这一阶段的工作有一定的难度。

从景点、参观点返回饭店的途中，地陪可视具体情况做以下工作。

1. 回顾当天活动

地陪应在返程中根据旅游者的实际状态，适时地安排一定的时间休息。然后与大家一起回顾当天参观、游览的内容，尤其是那些精彩有趣，给人以深刻印象的瞬间。还可以回答旅游者的提问，对在参观游览中有漏讲的内容可作补充讲解。

2. 市容导游

在选择返程路线时，地陪应尽量避免原路返回，这样可以增加沿途景物对旅游者的吸引力。地陪应该对沿途风光进行导游讲解，保持或延续旅游者的兴致。

3. 专题讲解

在这段时间里，地陪还可以对旅游者在参观游览过程中普遍较为关心、感兴趣的问题，采用课堂讲解法，做全面、系统、生动的专题讲解。

内容可涉及许多方面，如国家政策、经济生活、文化习俗、生活细节、历史典故、神话传说或名人轶事等，争取使返程生活丰富有趣。

4. 宣布次日活动日程

返回饭店下车前，地陪要向旅游者预报晚上或次日的活动日程、出发时间、集合地点等。

5. 提醒注意事项

如当天回到饭店较早或晚上无集体活动安排，地陪应考虑到旅游者会外出自由活动，所以要在下车前提醒旅游者注意：如要外出，最好要结伴同行，带上饭店的地址和电话号码，尽量乘出租车前往。

6. 做好下车时的服务

抵达饭店后，下车前地陪要真诚感谢旅游者一天中对导游工作的支持与帮助，并表示对次日活动的信心与渴望。提醒旅游者带好随身物品。下车时，地陪要先下车，站在车门一侧，照顾旅游者下车，再向他们告别。

【实训目标】

通过本任务的实训，使学生熟悉入住酒店的服务程序，与全陪、领队核对接待计划，掌握参观游览服务工作的规程、基本内容和各种注意事项，能够进行生动灵活的导语服务和讲解工作。

【实训步骤】

一、实训准备

1. 接待计划表、导游旗、随身话筒、外景影像视频等。

2. 根据情境材料中的角色进行分组。

3. 可在导游模拟实训室或模拟导游车开展实训。

二、实训内容

1. 入住酒店服务，协助办理住店手续；与领队、全陪核对接待计划；参观游览服务，出发前的准备工作、途中导游、景点介绍、返程服务工作。

2. 实训案例

[案例1] 从机场接来了22名从内蒙古来的游客，他们是散客拼团，大家都互相不太熟悉，有7对夫妻，其中2家带着两个10岁左右的孩子，一对夫妻都是70岁左右的老人，需要由同他们一起来的女儿照顾着，另外还有3个女士是闺蜜形影不离。地陪和全陪询问完情况后，就陷入了沉思，一会儿办理酒店入住该如何分房呢？

[案例2] 小李是承德某旅行社的地陪，在安排游客入住酒店后，和全陪一起核对接待计划，两人一对计划书，有出入，小李的行程安排中仅有2个购物点，而全陪这里是4个，在行程中还增加了2个自费景点。小李该怎么做呢？

[案例3] 小徐是位刚跨出旅游学校校门的导游员，这次他带的是来自西南地区的旅游团。上车后，与前几次带团一样，小徐就认真地讲解了起来。他讲这个城市的历史、地理、政治、经济，他讲这个城市的一些独特的风俗习惯。然而，游客对他认真的讲解似乎并无多大兴趣，不但没有报以掌声，坐在车子最后两排的几个游客反而津津乐道于自己的话题，相互间谈得非常起劲。针对这种情况小徐将如何做？

[案例4] 请同学们以自己的家乡为例，选取具有代表性的景点，完成游览服务程序、导游词设计及讲解任务。

三、实训总结

1. 学生互评。

2. 教师点评。

3. 企业打分。

4. 汇总实训成绩。

实训评价表

评价项目与内容		小组评价	教师评价	企业评价
课前准备 （10分）	下发计划准备			
	分组准备			
程序完整规范 （30分）	入住酒店服务规范程序			
	酒店介绍及办理入住			
	核实接待计划规范程序			
	游览服务规范程序			
欢迎辞表达 （30）	沿途风光导游讲解			
	景点讲解			
服务规范 （10分）	导游语言表达能力			
	导游服务创新能力			
	导游协调沟通能力			
应变能力 （10分）	遇事情绪稳定、思维敏捷、考虑问题周到，能够及时妥善处理突发事件和特殊问题			
职业素养 （10分）	工作积极态度 团队合作意识			
总成绩				

任务六　其他服务

任务情境

2013年年底，习近平主席到庆丰包子铺点了一份包子、炒肝，习主席的这一顿家常菜，让老北京的小吃又火了一把。早在2011年美国副总统拜登就专程到鼓楼姚记炒肝店去吃老北京的小吃。这让旅行社看到了商机"品北京小吃、感受老北京文化"，很多游客专程来品尝主席吃过的包子、喝过的炒肝。作为导游的我们，当游客表示要品尝一下北京的小吃、买北京的特产时，我们该如何做呢？

【任务分析】

旅游者出门旅游，游固然是最主要的内容，丰富多彩的其他活动也是旅游生活中必不可少的部分，是参观游览活动的继续和补充。因此，在安排其他旅游活动时，地陪同样应该尽心尽力，安排好文明、健康的活动，提供令旅游者满意的服务。

知识链接

知识点一　餐饮服务

1. 计划内的团队便餐

地陪要提前按照接待社的安排落实本团当天的用餐，对午、晚餐的用餐地点、时间、人数、标准、特殊要求与供餐单位逐一核实并确认。用餐时，地陪应引导旅游者进餐厅入座，并介绍餐厅及其菜肴特色；向旅游者说明餐标中是否含酒水及其酒水的类别。

向领队讲清司陪人员的用餐地点及用餐后全团的出发时间。

用餐过程中，地陪要巡视旅游团用餐情况一二次，解答旅游者在用餐中提出的问题，并监督、检查餐厅是否按标准提供服务并解决出现的问题。

用餐后，地陪应严格按实际用餐人数、标准、饮用酒水数量，填写"餐饮费结算单"与餐厅结账。

2. 自助餐的服务

自助餐是旅游团队用餐常见的一种形式，是指餐厅把事先准备好的食物饮料陈列在食品台上。旅游者进入餐厅后，即可自己动手选择符合自己口味的菜点，然后到餐桌上用餐的一种就餐形式。自助餐方便、灵活，用餐者可以根据自己口味，各取所需，因此深受旅游者欢迎。在用自助餐时，导游员要强调自助餐的用餐要求，告诫旅游者以吃饱为标准，注意节约、卫生，不可以打包带走。

3. 风味餐的服务

风味餐是旅游团经常举行、广受欢迎的一种用餐形式，以品尝具有地方风味特色的风味佳肴为主，形式自由、不排座次。

旅游团队的风味餐有计划内和计划外两种。计划内风味餐是指在旅游行程计划中明确规定，其费用已经包含在旅游者支付的包价内；计划外风味餐则是指未包含在计划内的，由旅游者临时决定而又需要现收费用。计划内风味餐按团队计划、标准执行即可；而计划外风味餐应先收费，后向餐厅预订。

风味餐作为当地的一种特色餐食、美食是当地传统文化的组成部分，宣传、介绍风味餐是弘扬民族饮食文化的活动。因此，在旅游团队用风味餐时，地陪应加以必要的介绍，如风味餐的历史、特色、人文精神及其吃法等，能使旅游者既饱口福，又饱耳福。

在用风味餐时，作为地陪，如没有旅游者出面邀请则不可参加；在受旅游者邀请一起用餐时，则要处理好主宾关系，不能反客为主。

4. 宴会服务

旅游团队在行程结束时，常会举行告别宴会。告别宴会是在团队行程即将结时举行的，因此，旅游者都比较放松自己，宴会的气氛往往比较热烈。作为地陪，越是在这样的时刻越要提醒自己不能放松服务这根"弦"。要正确处理好自己与旅游者之间的关系，既要与其共乐而又不能完全放松自己，举止礼仪更不可失常，并且要做好宴会结束后的送别工作。

补充资料 4-3

北京风味小吃

北京物产丰富，交通发达，自古为我国北方重镇和著名都城，长期是全国政治、经济、文化中心，各地著名风味和名厨高手云集京城，各民族的饮食风尚也在这里互相影响和融合，经过历代着意耕耘，博采众长，推陈出新，逐渐形成了别具一格、自成体系的北京地方风味菜。

1. 炒肝

北京特色风味小吃。具有汤汁油亮酱红，肝香肠肥，味浓不腻，稀而不澥的特色。北京炒肝历史悠久，是由宋代民间食品"熬肝"和"炒肺"发展而来，清朝同治年间，会仙居以不勾芡方法制售，当时京城曾流传"炒肝不勾芡——熬心熬肺"的歇后语。吃炒肝时应就着小包子沿碗周围抿食。

2. 爆肚

爆肚是北京风味小吃中的名吃，最早在清乾隆年间就有记载，多为回族同胞经营。老北京有"要吃秋，有爆肚"的说法，而且老人都很讲究在立秋的时候吃爆肚。北京比较有名的有天桥的爆肚石、东安市场的爆肚王、后门的东兴顺爆肚张，其他还有"爆肚杨"、"爆肚冯"、菜市口"爆肚满"以及现在位于北土城西路103号的金生隆。叫"爆肚冯"的早年间有两家，都是由姓冯的山东人在清光绪年间创立的，一家初创于门框胡同号称"后门桥爆肚冯"，一家一直开在东安市场（就是现在的金生隆）。这两家一南一北，口味一重一轻，都用着爆肚冯的招牌一直相安无事。直到前不久，门框胡同的爆肚冯率先注册了"爆肚冯"的商标，金生隆只能盖上"冯"字，仅留下爆肚两字。

3. 灌肠

北京独特的风味小吃，明刘若愚在《明宫史》中就有所记载。灌肠的色泽粉红，鲜润可口，咸辣酥香，别有风味。清光绪福兴居的灌肠很有名气，人称普掌柜的为"灌肠普"，传说其制作的灌肠为西太后所喜。各大庙会所卖灌肠是用淀粉加红曲所制。据说最初的灌肠是用猪小肠灌绿豆粉芡和红曲，蒸熟后，外皮白色，肠心粉红。后来由于猪小肠与淀粉不相合，就用淀粉搓成肠子形，上锅蒸，但保持了灌肠的名称。再后也不用绿豆粉了，颜色也不如以前的好看。老北京的灌肠以长安街聚仙居的最好。

4. 豆汁

北京久负盛名的传统风味小吃。具有色泽灰绿，豆汁浓醇，味酸且微甜的特色。豆汁是北京具有独特风味的冬、春季流行小吃。尤其是老北京人对它有特殊的偏爱。过去卖豆汁的分售生和售熟两种。售生者多以手推木桶车，同麻豆腐一起卖；售熟者多以肩挑一头是豆汁锅，另一头摆着焦圈、麻花、辣咸菜。

5. 茶汤

北京传统风味小吃。茶汤味甜香醇，色泽杏黄，味道细腻耐品。清嘉庆年间的《都门竹枝词》中有"清晨一碗甜浆粥，才吃茶汤又面茶"。老北京人讲究喝前门外的聚元斋和天桥的"茶汤李"。1997年12月，北京天桥"茶汤李"饮食店制作的茶汤，被中国烹饪协会授予"首届全国中华名小吃"称号。

6. 豌豆黄

北京的豌豆黄分宫廷和民间两种。豌豆以张家口出产的花豌豆最好。豌豆黄是北京传统小吃，同芸豆卷一起传入清宫。宫里吃的时候通常装在精致的盒子里。

摘自：北京市旅游局编著. 北京导游基础.

知识点二　社交活动

1. 会见

有时旅游团在旅游地停留期间，要会见同行或某一方面的负责人，会见时，地陪要做以下工作。

① 事先了解会见双方是否互赠礼品，如赠送的物品属应税物品，地陪应提醒有关人员办理必要的手续，以备出关时查验。

② 必要时地陪可充当翻译，若是重要会见，特别是涉及政治问题、科技问题的，一般会有专职翻译，地陪则在一旁认真倾听。

③ 旅游者如果会见其在华亲友，地陪应协助安排，一般没有充当翻译的义务。

2. 舞会

遇有重大节庆活动，有关单位组织社交性舞会，邀请旅游者参加，地陪应陪同前往；如旅游者自发组织参加娱乐性舞会，地陪可代为购票；如果旅游者邀请导游人员，是否参加自便；若不愿参加可婉言谢绝；若参加，应注意适度，但无陪舞的义务。

3. 自由活动时的服务

晚间，当旅游者提出要求自由活动，且又不影响团体旅游活动计划，一般情况下，地陪应予以满足，并提供必要的帮助。

① 在旅游者离开饭店时，地陪要提醒其带上饭店的店徽、饭店名片或写字条。

② 提醒他们不要走得太远，也不要太晚回饭店及其他安全注意事项。

③ 地陪还应该帮助旅游者找车辆，费用旅游者自理。

4. 市容游览服务

市容游览，是旅游者认识和了解一个城市的风土人情、城市风貌，进而融入当地生活的一种重要方式，也是旅游者修身养性的一种休闲方式。市容游览的方式有两种：一种是徒步，另一种是乘交通工具。

当地陪带领旅游者徒步进行市容游览时，有如下注意事项。

① 所去的游览地应是最能代表当地特色的、最能吸引旅游者视线的。

② 游览时，要提高警惕，时刻注意周围环境和旅游者动向，确保旅游者安全。

③ 如果是乘坐其他车辆游览市容，地陪要事先把乘车路线告知旅游者。并事先与司机谈妥价格，地陪与全陪最好陪同前往。

知识点三　文娱活动

文娱活动主要包括演出、交流、舞会等，分为计划内和计划外两种，一般在晚间进行。如观看大剧院演出、戏剧、曲艺、杂技等。

地陪在安排文娱活动时应严格执行接待计划，避免相似节目安排，拒绝格调低下的活动，注意游客安全。

1. 严格执行计划安排

计划内有观看文娱节目的安排，地陪应向旅游者简单介绍节目内容及特点并需陪同准时前往；与司机商定好出发的时间和停车位置；引导旅游者入座；要自始至终和旅游者在一起。演出结束后，要提醒旅游者带好随身物品。

计划外的文娱活动要在保证可以安排落实的前提下，向旅游者收取一定的费用，并给票据。

2. 知识储备，适当介绍

对所参与的文娱活动项目要事先熟悉，了解具体内容和过程，掌握文娱活动的位置、行车路线、场地和节目内容、特色，对文娱活动的内容适当进行准备，在适当的时候向游客进行讲解和介绍。

3. 全程陪同，提示安全

在大型的娱乐场所，地陪应主动和领队、全陪配合，注意本团旅游者的动向和周围的环境，并提醒旅游者注意安全，不要分散活动。首先要引导团队游客进入活动现场，提供场中服务，活动结束后及时引领团队游客离开活动现场，过程中关注旅游团安全。

知识点四　购物服务

在旅游过程中，一些旅游者总是喜欢购买一些当地名特产品、旅游商品送给自己的亲朋好友，购物也成为旅游活动的重要组成部分。因此，作为地陪要把握好旅游者的购物心理，做到恰到好处的宣传、推销本地的旅游商品，既符合旅游者的购买意愿，也符合导游工作的要求。在带领旅游团购物时，要按以下要求做。

① 严格按照《导游人员管理条例》等有关规章执行接待单位制订的游览活动日程，带领旅游团到旅游定点商店购物，避免安排次数过多，以及强迫旅游者购物等问题出现。

② 旅游者购物时，地陪应向全团讲清停留时间及有关购物的注意事项，介绍本地商品特色，承担翻译工作，介绍商品托运手续等。

③ 当购物商店不按质论价、抛售伪劣物品、不提供标准服务时，地陪应向商店负责人反映，维护旅游者的利益；如遇小贩强拉强卖，地陪有责任提醒旅游者不要上当受骗，不能放任不管。

案 例　4-6

变质的购物服务

一个 23 人新加坡旅游团在 N 市由地陪王小姐负责接待，午后参观某佛寺后，王小姐向大家介绍本地一家新开业的珍珠馆。她说："店主是我的好友，保证价廉物美。"

在珍珠馆，一位姓朱的女士对标价 4000 元的珍珠项链发生兴趣，王小姐立即主动介绍识别真假珍珠的方法，并为其讨价还价，最终以 900 元成交。

16:40 旅游团游览某景点。因景点即将关门，大家匆匆摄影留念后离去。在返回饭店途中，数名男士提出去书店购买中国地图，几位女士则希望购买中国烹调书籍，王小姐表示可以安排。

次日出发前，朱女士手持前日所购的珍珠项链，要求王小姐帮其退换，说："一内行人认定它是残次品。"王小姐表示不可能退换。上午结束参观后，她又带全团去一家定点工艺品商店，许多人不感兴趣，只在车中坐着，王小姐恳求说："大家帮帮忙，不买东西没关系，进店逛一圈也可以。"于是，一些旅游者才不情愿地下车、进店。

13:30 赴机场途中，数名旅游者又提起购书一事，王小姐说："没有时间了。"

一周后，旅行社接到新加坡组团社发来的传真，申明该社今后若有团赴 N 市，不能由王小姐带团。

试问：王小姐在接待该团过程中做错了哪些事？

【案例分析】

① 不应该带旅游团到非定点商店购物，违反了《旅游法》第三十五条规定。

② 介绍商品不实事求是，以次充好。导游员既要推销商品，更要让旅游者满意。

③ 拒绝帮助旅游者退换残次商品。旅游者要求退换所购商品，导游员应积极协助。

④ 没有满足客人的购物要求，部分旅游者去书店买书的要求没有实现。

⑤ 强行推销，多次安排购物，影响旅游者在该市的游览效果。

【法规提示】

2013 年出台的《中华人民共和国旅游法》第三十五条规定："禁止不合理低价组团、诱骗消费"，旅行社不得通过安排购物或者另行付费旅游项目获取回扣等不正当利益。旅行社组织、接待旅游者，不得指定具体购物场所，不得安排另行付费旅游项目。但是，经双方协商一致或者旅游者要求，且不影响其他旅游者行程安排的除外。

补充资料 4-4

北京的老字号

北京历史悠久，游客到了北京总想买点什么带回去，买点什么呢？不妨到前门大栅栏的老字号商铺里逛逛吧！

1. 马聚源

马聚源帽店坐落在北京前门外大栅栏商业街上，是一家久负盛名的中华老字号。它始建于清嘉庆十六年（1811 年）至今已有 190 余年的历史，在清末民初时北京城曾流传着一个顺口溜"头戴马聚源、身穿八大祥"。它生产的帽子，因用料讲究、做工精细、货真价实、品种齐全、花色繁多而著称于世。改革开放以来，马聚源不仅恢复了老字号的名称，也恢复了传统特色和技艺，马聚源生产的帽子选料精良、自料加工、道道工序环环相扣，严格把关，在品种和式样上不断创新，以满足各族人民不同阶层的需求。马聚源凭着百年信誉和正在注入现代化设备及企业管理思路，使这个百年老店永放光辉。

2. 瑞蚨祥

瑞蚨祥绸布店，为北京绸缎行"八大祥"之手，是济南府章丘县旧军镇人孟洛川于清光绪十九年（1893年）在前门外大栅栏里路北开办的。新中国成立后，天安门广场升起的第一面五星红旗的面料就是瑞蚨祥提供的。1954年，瑞蚨祥率先实行了公私合营，五个字号合并为一，改成以经营绸缎、呢绒、皮货为主的布店。现在北京瑞蚨祥绸布店基本保持了原来的建筑风貌：天井式的房屋结构；同时，进门处当年为达官贵人购物时停车用的拴马桩、门面上的石雕、罩棚等仍保存完好。

3. 内联升

坐落在大栅栏商业街的内联升鞋店是清咸丰三年（1853年）创办的。创办人赵廷密藏一本《履中备载》，专记王公贵族和知名的京官、外省大吏的靴鞋尺寸、样式和特殊脚形。内联升鞋店之所以名满天下，是与其以独特的加工工艺生产出高质量产品分不开的。千层底的加工更讲究，每平方寸要纳146针。穿着柔软舒适，吸汗、不走样、不起毛。当然，价格也是比较贵的。内联升从创业至今100多年来，在清代，主要经营贵族官吏穿的朝靴；民国年间，转营地主、资本家喜欢穿的圆口缎鞋；新中国成立后，开始面向劳动大众，既保留千层底布鞋老传统产品，又增添了大量各式男女新式皮鞋等新产品。

4. 信远斋

信远斋蜜饯果脯店，由原清宫御膳房的萧姓厨工于清乾隆五年（1740）创办，距今已有260余年的历史，其匾额是末代皇帝溥仪的老师朱益藩所书。信远斋以清宫廷秘方制作蜜饯、果汁，其中尤以桂花酸梅汤、桂花酸梅卤、桂花酸梅糕及止咳秋梨膏等最为著名。信远斋的蜜饯、果脯用料也十分考究，品种有蜜饯红果、蜜饯海棠、蜜饯楂梓、蜜饯杏干等，常年供应的品种还有各种果脯、酸梅糕、酸梅卤、秋梨膏等，各种食品加在一起，有六七十种，而且制作都十分精美。这些食品，1919年曾荣获巴拿马博览会金质奖。

5. 六必居

六必居位于前门外粮食店街，开业于明嘉靖九年（1530），距今已有478年的历史，是山西临汾西杜村赵存仁、赵存义、赵存礼兄弟三人开办的小店铺，专卖柴、米、油、盐、酱、醋，取名"六必居"。六必居最出名的是酱菜，在北京的所有酱园中是历史最久、声誉最显著的一家。六必居的酱菜色泽鲜亮、酱味浓郁、脆嫩清香、咸甜适度、解腻助食。清代，曾被选为宫廷御用食品。它有12种传统产品，即稀黄酱、铺淋酱油、甜酱萝卜、甜酱黄瓜、甜酱甘露、甜酱黑菜、甜酱包瓜、甜酱姜芽、甜酱八宝菜、甜酱什香菜和白糖蒜。

6. 同仁堂

同仁堂位于前门外大栅栏街路南，开业于清康熙年间，是京城最著名的中药店，与杭州胡庆余堂、广州陈李济、汉口叶开泰并称为中国四大药店。同仁堂以经营九散膏丹的成药为主，选料考究，制作精细，工序严格。制成的药品色泽滋润，香味如初，因此有药到病除、妙手回春之效。同仁堂所制的几百种中成药中，以"十大王牌"最为著名，即安宫牛黄丸、苏合香丸、再造丸、安坤赞育丸、乌鸡白凤丸、局方至宝丹、紫雪散、大活络丹、参茸卫生丸、女金丹，再加上牛黄清心丸、十香返魂丹和虎骨酒，合称"十三太保"。

任务七　送站服务

任务情境

　　五天四晚的旅游行程就要结束了，明天一早就要送游客了，导游小李回到房间里思绪万千。这段时间和游客相处的五味俱全，既有跑前跑后的艰辛，也有看到游客满意点头的高兴；即有因为团队餐不好引发的矛盾，也有千方百计帮游客找丢失物品换来的感激；导游不好做，跑断了腿，磨烂了嘴，明天就要送游客了，游客送行是锦上添花还是留有遗憾呢？还有哪些工作要做呢？

　　【任务分析】

　　送站服务是旅游团接待工作的最后阶段。如果说，迎接是地陪树立好形象的开端，接待是保持良好形象的关键，那么送行是旅游者对地陪良好印象的加深。因此，地陪必须善始善终，以饱满的工作热情和良好的精神状态做好最后阶段的工作，确保旅游者顺利，安全的离开。

知识链接

　　《导游服务质量标准》要求："旅游团（者）结束本地参观游览活动后，地陪服务应使旅游者顺利、安全离站，遗留问题得到及时妥善的处理。"

知识点一　送站前的业务准备

1. 核实、确认离站交通票据

　　旅游团离开本地的前一天，地陪应认真做好交通票据核实工作，要核对团名、代号、人数、去向、航班（车次、船次）、起飞（开车、起航）、时间（做到计划时间、时刻表时间、票面时间、问询时间四核实）、在哪个机场（车站、码头）启程等事项。如果航班（车次、船次）和时间有变更，应当问清旅行社有关工作人员是否已通知下一站，以免造成下一站漏接。

　　若系乘飞机离境的旅游团，地陪应提醒或协助领队提前72小时确认机票。

2. 商定出行李时间

　　如团队有大件行李托运，地陪应在该团离开本地前一天与全陪或领队商量好出行李时间，并通知旅游者及饭店行李房，同时要向旅游者讲清托运行李的具体规定和注意事项，提醒其不要将护照或身份证及贵重物品放在托运行李内，托运的行李必须包装完善、锁扣完好、捆扎牢固，并能承受一定的压力；无禁止托运的物品等。出行李时，地陪应与全陪、领队、行李员一起清点，最后在饭店行李交接单上签字。

3. 商定出发时间

一般由地陪与司机商定出发时间，但为了安排得合理和尊重起见，还应及时与领队、全陪商议，确定后应及时通知旅游者。

如该团乘早班机（火车或轮船），出发的时间很早，地陪应与领队、全陪商定叫早和用早餐的时间，并通知旅游者。如果该团所称交通工具班次时间较早，需要将早餐时间提前，地陪应通知餐厅订餐处提前安排。如无法在饭店餐厅内用早餐，地陪要及时做好相应的准备工作，并向旅游者说明情况。

4. 协助饭店结清与旅游者有关的账目

地陪应及时提醒、督促旅游者尽早与饭店结清所有自费项目账单（如洗衣费、长途电话费、房间酒水饮料费等）；若旅游者损坏了客房设备，地陪应协助饭店妥善处理赔偿事宜。同时，地陪还应及时将旅游团的离店时间通知给饭店有关部门，提醒其及时与旅游者结清账目。

5. 及时归还证件

一般情况下，地陪不应保管旅游团的旅行证件，需要时，可通过领队向旅游者收取，用完后应立即归还旅游者或领队。在旅游团离站前一天，地陪还要检查自己的物品，看是否保留有旅游者的证件、票据等，如果保留应立即归还，当面点清。

6. 落实叫早事宜

上述工作完成后，地陪应与饭店联系，将叫早的时间、房号和叫早的方式通知饭店总服务台或楼层服务台，确保次日准时离店。

知识点二　离店服务

1. 集中交运行李

旅游团离开饭店前，地陪要按事先商定好的时间与饭店行李员办好行李交接手续。具体做法是：先将本团旅游者要托运的行李收齐、集中，然后地陪与领队、全陪共同清点行李的件数（其中包括全陪托运的行李），检查行李是否捆扎、上锁，有无破损等；在每件行李上加贴行李封条，最后与饭店行李员办好行李签字交接手续。

2. 办退房手续

在团队将离开所下榻的饭店时，地陪要到总服务台办理退房手续。将收齐的房间钥匙交到总服务台，核对用房情况，无误后按规定结账签字。无特殊情况，应在中午 12:00 以前办理退房手续。

同时，要提醒旅游者带好个人物品及旅游证件，询问其是否已与饭店结清额外账目。

知识点三　集合上车

所有离店手续办好后，地陪应站在旅游车门一侧，微笑协助旅游者上车入座，然后地陪要礼貌地清点人数。全体到齐后，要再一次请旅游者清点一下随身携带物品，并询问是否将证件随身携带。此时，地陪最需强调的是提醒旅游者勿将物品忘在饭店里。如无遗漏则请司机开车离开饭店赴机场（车站、码头）。

知识点四　送行服务

如果说赴饭店途中讲解是地陪首次亮相的话，那么，送站的讲解是地陪的最后一次"表演"。通过这最后的环节，地陪更应该兢兢业业，要让旅游者对自己所在的地区或城市产生一种留恋之情，加深旅游者不虚此行的感受。

送行服务主要由以下几部分内容组成。

1. 行程回顾

在去机场（车站、码头）的途中，地陪可采用归纳式、提问式两种讲解方式对旅游团在本地的行程，包括食、住、行、游、购、娱等各方面做一个概要的回顾，目的是加深旅游者对这次旅游经历的体验。讲解内容则可视途中距离远近而定。

2. 致欢送辞

欢送辞是地陪情感的又一次集中表达，致欢送辞能够加深地陪与旅游者之间的感情，也可以为整个接待服务锦上添花。致欢送辞的场合多选择在行车途中，也可以选择在机场（车站、码头）。

欢送辞的内容主要包括以下 5 个方面：

① 回顾旅游活动，感谢旅游者的合作与支持；

② 表达友情和惜别之情；

③ 诚恳征求旅游者对接待工作的意见和建议；

④ 若在旅游过程中有不顺利或不尽如人意之处，地陪可再次向旅游者表示真诚的歉意；

⑤ 期待重逢；

⑥ 表达美好祝愿。

补充资料　4-5

欢送辞示例

各位游客朋友们：

真是光阴似箭，日月如梭！现在是我们说再见的时候了，在此我不得不为大家送行，心中真有许多眷恋和无奈，天下没有不散的宴席，也没有永远在一起的朋友，但愿我们还有见面的机会。

首先感谢大家这些天来对我们工作的支持，因为有了各位的合作和支持，所以我们的北京之游才会圆满成功。我们在一起度过了快乐难忘的几天，不仅游览了天安门、故宫、天坛、颐和园、长城、十三陵等风景名胜，还品尝了北京烤鸭、逛了王府井、买了纪念品，可以说是不虚此行。相信在各位朋友的生命中，从此将增添一段新的记忆——那就是北京，但愿北京留给大家的印象是美好的。

如果在游览活动中，我们有服务不周的地方请您多原谅，并希望大家提出宝贵的意见，我们会虚心接受、取长补短、提高服务水平，更好地为大家服务，在此我要代表旅行社及司机师傅感谢咱们的全陪和领队，谢谢您对我们工作的支持。最后，请允许我用一首歌结束我们这次愉快的北京之旅，并祝大家一路平安……（自己唱一首歌或与大家同唱一首曾经在旅途中唱过且大家都喜欢的歌，达到高潮）

有道是"千里有缘来相会"，既然我们是千里相会，那就是缘分，所以在即将分手之际，我们再次希望大家不要忘记，在北京有你们一个永远的家——××旅行社，不要忘记在这个家里，有我和司机师傅，两个与你们有缘，而又可以永远信赖的同胞。一切都是瞬间，一切都会过去，而那过去了的都会成为美好的回忆，分别是重逢的开始，真心希望各位能够再次到北京观光。

最后，预祝各位朋友在今后的人生旅途中万事如意，前程无量。

致完欢送辞后，地陪可将《旅游服务质量意见反馈表》发给旅游者，请其填写，如需寄出，应先向旅游者讲明邮资已付；如需导游员带回，则应在旅游者填写完毕后如数收回、妥善保留。

3. 提前到达机场（车站、码头）

地陪带旅游团到达机场（车站、码头）必须留出充裕的时间。具体要求是：出境航班，提前 2 小时到达；国内航班，提前 90 分钟到达；乘火车或轮船，提前 1 小时到达。

旅游车到达机场（车站、码头），地陪要提醒旅游者带齐随身的行李物品，照顾旅游者下车。待全团旅游者下车后，地陪要请司机协助，再一次检查车内有无遗漏的物品。

4. 移交交通票据和行李卡

如送国内航班（火车、轮船），抵达机场（车站、码头）后，地陪应尽快与行李员联系，取得交通票据和行李卡，将其交给领队或全陪，并一一清点，核实。

如送国际航班（火车、轮船），地陪应请领队、全陪一起与行李员交接行李，并清点检查后将行李交到旅游者手中。

5. 办理离站手续

进行完交通票据和行李卡的交接工作后，地陪仍不能马上离开，还应协助领队、全陪办理离站手续。

若送国内航班（火车、轮船），地陪应协助旅游者办理离开手续；若送国际航班（火车、轮船），地陪将旅游团送往隔离区，由领队帮助旅游者办理有关离境手续。但地陪要向旅游者介绍办理出境、行李托运、离境等手续的程序。

6. 告别

当旅游者进入安检口或隔离区时，地陪应与旅游者告别，并祝他们一路平安。如旅游者乘坐火车或汽车离开，地陪应等交通工具启动后方可返回；如旅游者乘坐飞机离开，地陪应等旅游者通过安检后才能离开。

7. 结算事宜

若接待国内团队，地陪应在旅游团结束当地游览活动后，离开本地前与全陪办理好拨款结算手续；若接待离境团，地陪应在团队离开后，与全陪办理好财务拨款结账手续，并妥善保管好单据。

送走旅游团后，地陪应与旅游车司机核实用车里程数，在用车单据上签字，并保留好单据。

任务八　后续工作

任务情境

看着火车启动，游客们都踏上了回程的路，导游小王的心里充满幸福，这一路走来，小王按照导游服务程序安排和照顾游客，获得了游客的好评。接下来，小王将随大巴车回旅行社，旅行团已经送走了，接下来还有什么工作呢？

【任务分析】

旅游团结束在本地的游程离开后，并不意味着接待工作全部结束，地陪还应做好总结、善后工作。

 知识链接

知识点一　处理遗留问题

下团后，地陪应按照有关规定和旅行社领导的指示，妥善、认真处理好旅游团的遗留问题，如委托代办托运、转交信件、转递物品等。

知识点二　结清账目，归还物品

送走旅游团后，地陪应按旅行社的财务规定及时回旅行社报账，并归还向旅行社借用的物品。

知识点三　总结工作

1. 写好陪同总结

地陪应认真填写陪同总结，实事求是地汇报接团情况，如团队接待中出现问题，要认真总结汇报。

2. 写出重大事故报告

如旅游团在本地旅游期间出现重大问题、发生重大事故，地陪必须实事求是地整理出文字材料，及时向地方接待社和组团社汇报。

3. 提交《旅游服务质量意见反馈表》

地陪应及时将《旅游服务质量意见反馈表》（表 4-2）交到旅行社有关部门，此表对旅游活动中旅游服务的各方面都有一个比较客观的反映。

补充资料 4-6

表 4-2　国内旅游旅游者意见表
旅游服务质量评价

是否签订旅游合同	是□　否□		
有无削减景点、压缩游览时间现象	有□　无□		
有无计划外增加游览点	有□　无□		
增加游览点是否经游客同意	是□　否□		
有无索要小费或私收回扣	有□　无□		
有无擅自终止导游活动	有□　无□		
一天中购物次数	1次□　2次□　3次或以上□		
服务态度	很好□　好□　一般□　差□		
住宿条件	很好□　好□　一般□　差□		
餐饮质量	很好□　好□　一般□　差□		
旅游购物	很好□　好□　一般□　差□		
旅游汽车服务质量	很好□　好□　一般□　差□		
导游讲解质量	很好□　好□　一般□　差□		
总体满意度	很好□　好□　一般□　差□		

是否同意增加自费项目：

游客签名：

游客代表意见：

联系电话：

签名：
年　　月　　日

领队(全陪)意见：

签名：

联系电话：

年　　月　　日

任务实训

【实训目标】

通过本任务的实训，使学生熟悉地陪在接待游客服务过程中涉及的餐饮服务、购物服务、文娱服务等的程序；掌握送行服务的规范程序，做好后续工作。

【实训步骤】

一、实训准备

1. 接待计划表、导游旗、票据等。

2. 根据情境材料中的角色进行分组。

3. 可在导游模拟实训室或模拟导游车开展实训。

二、实训内容

1. 餐饮服务，为游客介绍地方特色；购物、文娱服务，做好计划安排；协助办理离店手续；送行服务，为游客致欢送辞；完成后续工作。

2. 实训案例

［案例1］团队抵达餐厅用第一餐时，导游小王按照旅游书协议规定，给客人上菜是八菜一汤。这时，有两个旅游者提出，他们是佛教徒，从不吃肉，要求小王为其另外安排，并说早在报名参团时就提出这项要求。作为导游，小王他应该如何处理？

［案例2］某日，某市的地陪小姚接待了一旅游团，在游览完了景点后便按照计划去一家购物商场。由于在前面几个城市的游览过程中，当地地陪已多次带去购物，因此游客中大部分对购物兴趣全无。小姚带游客到了商场门口后，一部分游客不愿意下车。见到这种情况，小姚便说："你们在本市，我们仅安排了唯一的一次购物，希望大家给我面子，请大家一定去这家商场看看，不购物也没关系。"听了小姚这几句话，游客们才懒洋洋地进了商场。如何有计划地安排购物活动？

［案例3］几年前，一旅游团一早到达 K 市，按计划上午游览景点，下午自由活动，晚上 19：30 观看文艺演出，次日乘早班飞机离开。抵达当天，适逢当地民族节庆活动，晚上是通宵篝火晚会并有歌舞等精彩文艺节目。部分旅游者要求下午去观赏民族节庆活动，晚上放弃计划中的文艺演出而参加篝火晚会，并希望地陪派车接送。针对此种情况，导游员应怎样处理？应做好哪些工作？

［案例4］短暂的 4 天旅游就要结束了，这几天和游客相处非常好，在最后的欢送辞中想再表达一下这份不舍之情，请写一篇让人感动的欢送辞。

三、实训总结

1. 学生互评。

2. 教师点评。

3. 企业打分。

4. 汇总实训成绩。

实训评价表

评价项目与内容		小组评价	教师评价	企业评价
课前准备 （10分）	下发计划准备			
	分组准备			
程序完整规范 （30分）	带领团队用餐的基本程序及介绍特色餐饮			
	完成当地特产导购工作及娱乐活动的设计安排			
	送站服务各项规范流程			
	完成后续工作			
欢迎辞表达 （20）	特色餐饮、特产的介绍			
	欢送辞讲解			
服务规范 （20分）	导游语言表达能力 导游服务创新能力 导游协调沟通能力			
应变能力 （10分）	遇事情绪稳定、思维敏捷、考虑问题周到，能够及时妥善处理突发事件和特殊问题			
职业素养 （10分）	工作积极态度 团队合作意识			
总成绩				

项目小结

地陪服务是确保旅游团在当地参观游览活动的顺利，并充分了解和感受参观游览对象的重要因素。地陪服务分为八个阶段，从接团服务准备、接站服务、入住服务、核对接待计划、游览服务、生活服务、送站服务到后续工作，每个步骤都需要认真对待，保证地陪服务规范和服务质量。

复习思考题

1. 地陪导游服务程序包括哪些内容？
2. 接团前，地陪需要做哪些准备工作？
3. 由机场至饭店途中，地陪应做哪几项工作？
4. 现场导游讲解时，地陪应注意哪些问题？

项目五　全陪服务程序与质量标准

项目目标

　　全陪导游是团队活动的主导者，是导游服务集体的中心，是保证旅游团的各项活动按计划顺利、安全实施的重要因素。通过本项目教学，使学生掌握全陪导游人员的工作流程和服务规范，熟悉全陪导游工作各环节的工作技巧与要领，做好各环节的衔接、协调、监督工作。

项目分解

任务一	全陪服务前期
任务二	全陪服务中期
任务三	全陪服务后期

任务一　全陪服务前期

任务情境

　　情境：

　　还在上大学的小马刚刚取得导游证，便挂靠在假日旅行社做兼职导游，他一直想利用假期上手带带团，可是旅行社仅安排他跟了两次老导游的团，就一直没了音信。有一天，他接到旅行社的紧急通知，第二天要紧急带一个去九寨沟的团，原因是这个团原来的全陪突然生病住院了，其他导游又都在带团，社里只剩下了小马，小马感到压力很大，面对陌生的长线团，小马心里没底，但他又一想自己一直都盼着能带团，这不是个机会嘛。小马即将开始自己的全陪之旅，他该怎样完成任务呢？

　　【任务分析】

　　全陪导游是旅游团的"后勤部长"，负责联络、协调、监督等工作，全陪服务质量的好坏体现了组团社的工作实力和工作态度，牵扯到旅行社今后的业务关系。

　　全陪作为组团社的代表，参与旅游团全程的旅游活动，负责旅游团移动中各环节的衔接，监督接待计划，协调领队、地陪、司机等旅游接待人员的协作关系。

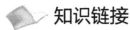 知识链接

全陪规范服务流程和地陪规范服务流程的概念相似，它是指全陪自接受了旅行社下达的旅游团（者）接待任务起至送走旅游团（者）整个过程的工作程序。

国家旅游局《导游服务质量（GB/T 15971—1995）国家标准》中对全陪导游服务的重要性做了如下概述："全陪服务是保证旅游团（者）的各项活动按计划实施，旅行顺畅、安全的种要因素之一。"要求"全陪作为组团社的代表，应自始至终参与旅游团（者）移动中各环节的衔接，监督接待计划的实施，协调领队、地陪、司机等旅游接待人员的协作关系。全陪应严格按照服务规范提供各项服务。"

知识点一 服务准备

（一）熟悉出团通知单

全陪在接到组团旅行社委派通知后，应尽快到旅行社领取"出团通知单"（表5-1），并着手进行接团前的各项准备工作。

表 5-1 出团通知单

××旅游团 出团通知单

请各位团友带好有效证件(身份证)、火车票于 2013 年 6 月 8 日自行前往北京西站,18:30 在指定候车区见"××旅行社"导游旗集合、报到,请游客务必遵守时间。 全陪:×××　　　　　联系电话:1234567 昆明地陪:××　　　　　联系电话:1234567 抵达昆明后,请各位团友在车厢外指定地点集合,由全陪带领出站。 昆明地陪接团方式:昆明地陪持"××旅行社"导游旗在指定出站口接站。 北京紧急联系人:×××　联系电话:1234567

行程安排，见表 5-2 所示。

必须熟悉出团的相关情况，注意掌握重点旅游者情况和该团的特点。

1. 团队信息

听取团队外联人员或旅行社领导对接待方面的要求及注意事项的介绍。包括旅游团情况、组团社、地接社情况，服务群体组成情况（地陪、司机等），团队整体运行情况等。熟记旅游团名称、团号、国别、人数和领队姓名。

2. 旅游团队的组成

了解旅游团总体人数、成员的民族、性别、年龄、职业、宗教信仰、居住地及生活习惯，老年人、成年人、儿童的构成等。了解团内有影响力的成员、需要特殊照顾的对象和知名人士的情况。

3. 旅游线路

掌握旅游团的行程计划，掌握行程中各站游览景观的设置情况，熟悉每个景观的特色、位置、简要的历史沿革等内容，以便在与游客交流时向游客介绍。

表 5-2　云南大理、丽江六日游行程安排

旅游团号:BJ2013060801	人数:28+1	全陪:×××　　电话:1234567		
日	交通	行游览项目	用餐	住宿
D1	火车	乘 K471 火车(19:26)出发至昆明	无	火车
D2	巴士	15:25 到达昆明火车站 乘大巴至大理	晚餐	大理
D3	巴士	早餐后,游览千年古城大理,乘游船观苍山、游洱海,欣赏白族歌舞(五朵金花)、品尝三道茶(一苦二甜三回味),领略南诏风情岛(观云南省最大汉白玉观音像、太湖石群落、白族本主文化艺术广场)、游览蝴蝶泉(白族恋爱圣地)	早、中、晚	大理
D4	巴士	游览具有艳遇之城美誉的丽江古城,踏访四方街,欣赏小桥流水人家的江南景致,晚上可泡独具民族特色的丽江酒吧,或自费观赏人类音乐活化石——纳西古乐民族表演	早、中、晚	丽江
D5	巴士	乘车前往束河古镇,与丽江古城相比,这里更为幽静,天高云淡、山水灵秀、离尘脱俗;游历黑龙潭公园,在这不仅可欣赏到参天古木,亭台楼阁,还可以感受独具特色的纳西族东巴文化遗迹;领略神奇、壮观的东巴大峡谷,感受大自然的鬼斧神工。晚乘火车卧铺返回昆明。昆明乘 T240 火车返回北京	早、中、晚	火车
D6	火车	抵达北京,结束旅程!	无	火车
旅行社联系电话:010-12345678				

4. 团队等级

了解团队的等级,分为豪华团、标准团、经济团等,以及包价团、小包价团、单项服务等。

5. 服务标准

掌握旅游团队的住宿标准、饮食标准、用车情况、游览景观、购物安排、娱乐项目及可能向游客推介的自费项目情况等。

6. 特殊需求

游客的特殊需求主要体现在风俗、饮食习惯、宗教信仰、住宿要求、参观游览等方面。了解旅游者在饮食上有无禁忌和特别要求等情况。有无特殊安排,如:有无会见、座谈,有无特殊的文娱节目等。

7. 行程安排

熟悉旅游团抵离旅游线路各站的时间、所乘交通工具的航班(车、船)次,以及交通票据是否订妥或是否需要确认、有无变更等情况。

8. 旅游交通安排

往返交通安排,包括飞机、火车或其他。旅游目的地交通安排,旅游大巴、座位情况等。城市间的交通,汽车、火车、地铁等。

9. 结算方法

出团前旅行社计调会向全陪交代团队的结算方式和结算手段。

有时会让全陪携带部分团款给地接社。目前，随着支付手段的发展，多数全陪不必携带大量现金，而是将团款以信用卡的方式支付。全陪在旅游团队结束在某地的参观行程前，向地接社支付团费。如发生违反双方协议、地接社提供的服务质量存在问题等情况时，全陪也可在请示组团社后部分支付或拒绝支付团费。

（二）物质准备

上团前，全陪要做好必要的物质准备，主要包括服务用品和个人用品。

1. 服务用品

① 导游证、胸卡、边防通行证、"出团通知单"等。

② 必要的票据和物品，如旅游团接待计划书、分房表、旅游宣传资料、行李封条、旅行社徽记、全陪日记、名片等。全陪还应携带笔记本，在全程行进过程中要认真填写全陪日志，主要是旅游接待计划的具体执行情况，包括旅游团的基本情况，旅游中发生的问题及处理经过，客人对本社服务工作的反映及改进意见，对接待社的意见，以及各项费用的支出、标准等。如有条件可从实际出发，对各地方情况作调查、了解、积累资料、总结经验。

③ 与各旅行社财务往来用的结算单、支票、现金，足够的旅费等。

④ 回程机票，国内团的回程机票若是由组团社出好并由全陪带上，全陪则须认真清点，并核对团员名字有无写错。

2. 个人用品

① 本人身份证。

② 带领团队旅游过程中需要的生活用品。

（三）核实、落实工作

全陪带领团队出发前，要做好相应的核实、落实工作。在接受旅行社委派的任务时，根据出团通知单上的信息，认真核实出团日期、乘坐的交通工具，包括航班号、车次等信息，以及出发的机场、车站地点。

确定团队成员的集合时间、地点。如有送站，应提前与旅游车司机沟通，约定接团地点、时间。

掌握旅游团队领队、领导的姓名、职务，如有可能提前与之沟通，希望得到支持与配合，表达良好的祝愿和服务的愿望。

出发的前一天，通过机场网站、咨询电话、时刻表等手段核实出发时所乘交通的航班、车次时间，如有变化应及时通知组团社计调及各地接社。

落实各站交通、返程票务事项，如未落实，一定请旅行社相关部门和人员尽快落实。

牢记有关接待社联系人姓名、电话、地址，牢记组团社紧急联系人的姓名、电话等信息，以备出现应急问题时寻求帮助。

（四）知识准备

全陪在服务前应熟悉全程各站的主要参观游览项目，根据旅游团的特点和要求，准备好讲解内容。

（1）根据旅游团的不同类型和实际需要准备相关知识　了解各旅游目的地的政治、经济、历史、文化、民俗风情和旅游点的基本情况，以应对旅游者的咨询；同时还应了解旅游者所在地的上述情况，以便能做相互比较，和旅游者做更多的沟通。

（2）沿途各站的相关知识　如全陪对该团所经各站不太熟悉，一定要提前准备各站的基本知识，如主要景观、市容民情、风俗习惯等。

（五）召开游客说明会

旅游团队出发前旅行社要召开游客说明会。说明会主要目的是全陪与领队（游客单位带队人）认识，全陪与全体游客见面，向游客介绍行程安排、服务人员、提出注意事项，发放相应物品等。如有游客因各种原因未能出席说明会的，全陪在会后应及时与之沟通，提醒相关事宜。还要向游客提醒出发的集合时间、地点等。

全陪应就旅游团的行程安排向游客做简要的介绍，要表现出对前往旅游目的地的熟悉和了解，针对行程安排对游客提出必要的旅行提示。

（六）与接待社联络沟通

根据需要，接团前一天与第一站接待社取得联系，就用车、住宿、用餐、参观游览等事项互通情况，妥善安排好接待事宜。

知识点二　集合出发

首站接团服务质量如何，直接影响着旅游者对全程旅游生活的信心，也影响着导游人员在旅游者心目中的形象。因此，首站接团服务要使旅游团抵达后能立即得到热情友好、周到细致的接待，让旅游者有宾至如归的感觉。

（一）迎接旅游团

① 接团前，全陪应向旅行社了解本团接待工作的详细安排情况。

② 接团当天，全陪应提前 30 分钟到接站地点与地陪一起迎接旅游团。

③ 接到旅游团后，全陪应与领队尽快核实有关情况，做好以下工作：问候全团旅游者；向领队做自我介绍（可交换名片）后，立即与领队核对实到人数、行李件数、住房、餐饮等方面的情况。如与计划不符或有变化，应尽快与组团社联系。

④ 协助领队向地陪交接行李。

（二）致欢迎辞

在首站，全陪应代表组团社和个人向旅游团致欢迎辞，内容应包括：表示欢迎、自我介绍、表达提供热情服务的真诚愿望、预祝旅行顺利等。

由于全陪在整个旅游过程中较少向旅游者讲解，所以要重视首站的介绍。致完欢迎辞后，全陪要向全团旅游者简明扼要地介绍行程。对住宿、交通等方面的情况适当让旅游者有所了解，还要说明行程中应该注意的问题和一些具体的要求，以求团队旅途顺利、愉快。这种介绍有利于加快旅游者对全陪的信任。

欢迎辞示例

各位团友：

大家好！欢迎大家参加我们×××旅行社组织的这次××双飞5天团。我先介绍一下自己。我是这次行程的全陪导游，叫×××，大家可以叫我小×。

首先，请大家拿出身份证，我需要核对身份证和机票上的名单是否相符，等一会到机场由我用这些身份证给大家办理登机手续，然后连同登机卡一起发还大家。我在这儿顺便说一下，身份证一定要保管好，而且请随身携带，不要放入大的行李箱中，以免匆忙中被托运。

我作为大家的全陪，职责主要在于照顾大家这几天的食、住、行、游、购，（景点讲解由地陪负责）解决旅途中遇到的麻烦，尽我最大的努力维护大家的利益，务求使大家在这一次的旅途中过得轻松愉快，我的任务就是要令大家玩得开心愉快，但同时我非常需要在座各位的合作和支持。俗话说："百年修得同船渡"，我觉得也可以说"百年修得同车行"，现在我们大家一起坐在这里，一起度过这几天的旅程，我觉得很有缘分的，所以我希望在这几天的行程中，我们能够相处得愉快，同时也祝愿大家旅游愉快，玩得开心！

摘自：车秀英主编.导游服务实务

（三）带团登机（车）

办理团队乘坐交通工具的一切。办理登机手续前，全陪要收集游客的身份证件，请游客配合将需要托运的行李集中放置在登机办理柜台前，由全陪统一为游客办理登机手续，办理行李托运。

登机手续和行李托运手续办理完毕后，全陪要向游客分发登机牌、行李牌、归还身份证等。

遇事同领队商议，遇有特殊情况，要依靠民航、铁路、航运部门协助解决。协助处理各环节出现的各种问题。

全陪在办理完登机手续后，带领游客通过安全检查进入候机大厅，准备登机。这时，全陪要将游客聚拢在视线可及的范围内，提示游客要遵守时间，不要乱跑，以免影响乘机。游客在这个时候可以有一段时间自由活动，全陪应随时注意每位客人。按照机场的相关提示，在规定的时间、从指定的地点带领团队游客登机。全陪应引导和召集游客按时登机，登记后迅速找到指定的座位。

如果带领游客乘坐火车卧铺，还应主动熟悉车厢设施情况，帮助游客打水，安排途中用餐、娱乐活动。适时地与游客沟通、交流，拉近彼此的距离，更多地熟悉游客。同时，在途中还要随时关注团队情况，时刻注意游客的人身财产安全。

处理途中可能出现的问题，如飞机延误、火车晚点、游客晕机、途中饮食不适等。

各国飞机晚点后如何处理？

新浪财经对美国、新加坡、欧盟、日本、印度、中国的调查发现，欧盟对航班延误的补偿规定最为亲民，飞机延误 3 小时以上旅客最高可获赔 600 欧元；日本航空公司的飞机抵达机场后，若公共交通已经结束，日航会给予旅客 1 万～1.5 万日元的交通费补贴；新加坡航空公司为航班延误的乘客提供五星级酒店住宿并改签头等舱；中国航空业内有明文规定，但难于"落地"；而航班延误已成习惯的印度航空公司不会提供任何补偿，具体见表 5-3 所示。

表 5-3　延误补偿

国家或地区	航班延误补偿条件	航空公司补偿
欧盟	延误 3 小时以上，航线距离在 1500 公里以内	现金 250 欧元
	延误 3 小时以上，航线距离在 1500～3500 公里以内	现金 400 欧元
	延误 3 小时以上，航线距离在 3500 公里以上	现金 600 欧元
日本	旅客购买飞机延误保险	最高 2 万日元补偿
	飞机抵达机场后公共交通已结束	1 万～1.5 万日元交通费补贴(仅限日航)
新加坡	没有具体赔偿规定	餐饮、住宿及交通费用
美国	没有具体赔偿规定	餐饮和优惠券
中国	飞机延误 4～8 小时(含 8 小时)	价值 300 元的购票折扣、里程或其他方式的等值补偿，或是人民币 200 元
	延误 8 小时以上	价值 450 元的购票折扣、里程或其他方式的等值补偿，或是人民币 300 元
印度	延误 4 小时以上	餐饮
	延误 24 小时以上	酒店住宿

摘自：民航新闻网

知识点三　入住饭店服务

旅游团进入所下榻的饭店后，全陪应尽快与地陪、领队各负其责，尽快帮助旅游团完成住宿登记手续，进住客房。

① 积极主动协助领队办理旅游团的入住手续。

② 分配住房。全陪和地陪一起到饭店总台领取房间钥匙，由领队分配住房，

但全陪要掌握旅游团成员所住房号，把自己的房号告诉全体团员，并与领队交换房号以便联系。

③ 热情引导旅游者进入客房。

④ 全陪要协助有关人员随时处理旅游者在入住过程中可能出现的问题。

⑤ 如地陪不住饭店，全陪应负起全责照顾好全团旅游者。

⑥ 掌握饭店总服务台的电话号码与地陪的联系方法。

知识点四 核对商定日程

全陪应分别与领队和地陪核对、商定日程，以免出差错，造成不必要的误会和经济损失。一般以组团社的接待计划为依据，尽量避免大的改动，如有小的变动可主随可便。对无法满足的要求，要详细解释。如遇到难以解决的问题应立即反馈给组团社，并使领队得到及时的答复。详细日程商定后，请领队向全团宣布。全陪同领队、地陪商定日程不仅是一种礼貌，而且是十分必要的。

任务二 全陪服务中期

任务情境

导游小张带领一旅游团到海南旅游，一路上还算顺利，但在三亚却出现问题。旅游团一到，当地的导游人员就提出计划中的日程安排无法兑现，要换一个游览项目并增加一个自费项目。面对坚持的地陪和全团的游客，全陪小张应该怎么办呢？

【任务分析】

在各站的服务工作中，全陪人员会与各地接社的地陪进行衔接，既要配合地陪完成当地的旅游活动，又要做好监督、协调工作。

知识链接

知识点一 各站服务

各站服务工作是全陪工作的主要组成部分。全陪要通过在旅途的各站服务，使旅游团的计划得以顺利全面的实施，加强各站之间的有机衔接，各项服务工作适时、到位，保护旅游者的人身、财产安全，及时有效地处理各类突发事件，使旅游团得到一次愉快、难忘的经历和体验。

（一）全陪应向地陪通报旅游团的情况，并协助地陪工作

全陪在到达旅游目的地后，与地陪通报旅游团情况，并做好地陪与旅游者之间的联络和协调工作。做好各站间，特别是上下站间的与地陪的联络工作。

（二）监督各地服务质量，酌情提出改进意见和建议

① 若活动安排上与上几站有明显重复，应建议地陪作必要的调整。

② 若对当地的接待工作有意见和建议，要诚恳地向地陪提出，必要时向组团社汇报。

（三）提供旅行过程中的服务

1. 生活服务

生活服务的主要内容如下。

① 出发、返回、上车、下车时，要协助地陪清点人数，照顾年老体弱的旅游者上下车。

② 游览过程中，要留意旅游者的举动，防止旅游者走失和意外事件的发生，以确保旅游者人身和财产安全。

③ 按照"合理而可能"的原则，帮助旅游者解决旅行过程中的一些疑难问题。

④ 融洽气氛，使旅游团有强烈的团队精神。

⑤ 妥善处理各类突发事件。如旅游者生病或住院、发生重大伤亡事故、失窃事件、丢失护照及钱物等，应依靠地方有关单位或部门查找，并按规定办理相关保险索赔手续。

2. 讲解服务和文娱活动

作为全陪，提供讲解服务固然不是最重要的，但适当的讲解仍是必要的。尤其是两站之间，在火车、汽车上做较长时间的旅行时，全陪也要提供一定的讲解服务。其讲解内容则一定是旅游者感兴趣的。此外，为防止长途旅行时，团队气氛沉闷，全陪还要组织旅游者开展一些文娱活动，如唱歌、讲故事、讲笑话、玩游戏等。形式上力求丰富多彩，但要有吸引力，使旅游者能踊跃参与。

3. 为旅游者当好购物顾问

和地陪相比，全陪因自始至终和旅游者在一起，感情上更融洽一些，也更能赢得他们的信任。因此，在很多方面，如购物等问题上，旅游者会更多地向全陪咨询，请全陪拿主意。在这种时候，全陪一定要从旅游者的角度考虑，结合自己所掌握的旅游商品方面的知识，当好购物顾问。

在旅游者购买贵重物品特别是文物时，要提醒其保管好发票以备出关时查验；旅游者购买中成药、中药材时，要向其讲清中国海关的有关规定。

（四）做好联络工作

全陪要做好各站间的联络工作，架起联络沟通的桥梁。

① 做好领队与地陪之间、旅游者与地陪之间的联络、协调工作。

② 做好旅游线路上各站间，特别是上、下站之间的联络工作。通报情况，落实接待事宜。若实际行程和计划有出入时，全陪要及时通知下一站。

③ 抵达下一站后，全陪要主动把团队的有关信息，如前几站的活动情况、团员的个性、团长的特点等通报给地陪，以便地陪能采取更有效、主动的方法。

妥协的后果

张扬带领一旅游团到海南旅游，一路上还算顺利，但在最后一站却出现了不少问题。旅游团一到，当地的地陪人员就提出计划中的日程安排无法兑现，要换一个游览项目并增加一个自费项目。张扬只说了一句"这样不妥"，但因对方坚持，就忍下了。他想反正是最后一站，没有必要太计较，以免搞坏与对方旅行社的关系。但他没有想到，在那里停留的一天半时间里，地陪竟将旅游团带到了四家商店，在每家商店一待就是一二个小时，并一再动员旅游者购物，张扬上前交涉，地陪却说："这是我们这里的规矩，每个旅游团都是这样接待的。"还有，旅游者吃不饱，向张扬诉说，张扬找地陪要求增加饭菜，地陪回答："这里物价贵，你们吃的还比其他旅游团好呐。要加饭菜可以，不过费用由你们承担。"面对这样的地陪，张扬很是无奈。

最后一站，旅游者非常不满意，怪张扬没有维护他们的合法权益；而张扬感到委屈，说碰到这样的地陪谁都没有办法；地陪也不高兴说："就你们旅游团多事，不服从安排。"到底哪里出了问题呢？

【分析与提示】

面对地陪提出更换一个游览项目、增加一个自费项目时，全陪正确的处理方法是：①坚持"调整顺序可以，减少项目不行"的原则；②如果交涉不通时报告组团社；③自费项目要征求全体旅游者的意见。当饭菜量少，不符合标准，旅游者吃不饱要求地陪加饭加菜，费用应由地接旅行社和地陪支付，而不是游客。全陪应该做好协调地陪、游客之间的关系，但是并不代表要一位的退让，不仅不能维护游客的权益，还会给组团社带来负面影响。

摘自：赵冉冉编著. 新导游必看的 120 个带团案例

知识点二　途中服务

旅游团前往下一站旅游地过程中，时间长，容易感到枯燥，易发生财物丢失事件。因此，全陪应提醒旅游者注意人身和物品的安全，安排好旅途中的生活，努力使旅游者旅行充实、轻松愉快。

① 熟悉各种交通工具的性能及交通部门的有关规定，如两站之间的行程距离、所需时间、途中经过的城市等。

② 积极争取民航、铁路、航运等部门工作人员的支持，共同做好途中的安全保卫工作、生活服务工作。

③ 经常提醒旅游者注意人身和财物的安全。

④ 做好途中的食、住、娱工作，协助安排好饮食和休息，照顾好旅游者的生活。

⑤ 妥善保管交通票据和行李托运单等，抵达下一站后交给当地的地陪。

⑥ 由领队分发登机牌、车船票，安排旅游者座位。

⑦ 做好与旅游者的沟通工作，利于工作的更好开展。

任务三　全陪服务后期

任务情境

　　7月暑假刚开始，北京某中学组织高三老师赴东北三省旅游，行程7天。因站点较多，而且又是教师团，旅行社安排了一名细心负责的冯导出任全陪。这一路走来，冯导不愧为一名优秀的老导游，受到了游客的一致好评，每次离开一个旅游地，冯导就提前做好与上下站的联络工作，协调好地陪、游客之间的关系，这不冯导带团要前往最后一个旅游地了，出发前，他又在忙碌什么呢？

【任务分析】

　　全陪的工作时间长，与旅游者和领队相处时间长，途经的省市多，协调工作重，工作内容较为繁杂。需要做好每个旅游地离站的服务工作，及末站服务及后续工作。

 知识链接

知识点一　离站服务

　　旅游团每离开一地前，全陪都应为本站送站与下站接站的顺利衔接做好以下工作。

　　① 提前提醒地陪落实离站的交通票据及核实准确时间。

　　② 协助领队和地陪妥善办理离站事宜，向旅游者讲清托运行李的有关规定并提醒旅游者检查、带好旅游证件。

　　③ 协助领队和地陪清点托运行李，妥善保存行李票。

　　④ 按规定与接待社办妥财务结账手续，并妥善保管好财务收据。

　　⑤ 如遇推迟起飞或取消，全陪应协同机场人员和该站地陪安排好旅游者的食宿和交通事宜。

　　⑥ 如离站时间因故变化，全陪要立即通知下一站接待社或请本站接待社通知，以防空接和漏接的发生。

知识点二　末站（离境站）服务

　　末站服务是全陪服务的最后环节，全陪仍要一丝不苟，确保旅游团顺利离开本站。同时，通过这最后服务，加深旅游者对整个旅游行程的良好印象。如果是出境团队，全陪应把团队送入机场国际出发隔离区再离开；若是国内团队，全陪要陪同游客返回出发城市。

① 需要落实离境站的票务，协助确认回程机票。

② 全陪要提醒旅游者带好自己的物品和证件、海关申报单、贵重物品的购物证明，强调一定要把这些贵重文件随身携带，而不要放在托运的行李里。

③ 致欢送辞，对领队、旅游者给予的合作和支持表示感谢并欢迎再次光临。

④ 向领队和旅游者征求团队对此次行程的意见和建议，如果有不妥的地方，全陪要再次赔礼道歉。

知识点三 后续工作

全陪带团结束后的后续工作应在尽可能短的时间内完成，因为全陪一次带团的时间一般较长，期间会遗留大量的问题等待处理，长时间的拖延会对总结工作带来不利影响。

1. 处理遗留问题

① 旅游行程结束后，全陪对团队遗留的重大、重要问题，要先请示旅行社有关领导后，再做处理。认真对待旅游者的委托，并依照规定办理。

② 对团队的整个行程做总结。若有重大情况发生或有影响到旅行社以后团队操作的隐患问题，应及时向领导汇报。

③ 认真、按时填写《全陪日志》（表 5-4）或提供旅游行政管理部门（组团社）所要求的资料。

2. 报账

① 及时主动向部门经理和旅行社领导报告旅游团的情况，并按规定办理好各项报账结算手续。

② 及时将该团的相关材料交到计调归档。

③ 及时归还所借钱物。

补充资料 5-2

表 5-4　全陪日志

单位/部门		团号	
全陪姓名		组团社	
领队姓名		国籍	
接待时间	年　月　日至　年　月　日	人数	（含　岁儿童　名）
途经城市			
团内重要客人、特别情况及要求			

领队或旅游者的意见、建议和旅游接待工作的评价			
该团发生问题和处理情况（意外事件、旅游者投诉、追加费用等）			
全陪意见和建议			
全陪对全过程服务的评价：	合格	不合格	
行程状况	顺利	较顺利	一般	不顺利
客户评价	满意	较满意	一般	不满意
服务质量	优秀	良好	一般	比较差
全陪签字	部门经理签字		质管部门签字
日期	日期		日期

任务实训

【实训目标】

通过本实训，使学生掌握全陪导游人员的工作流程和服务规范，掌握全陪导游在旅游团行进过程中各环节的衔接、协调、监督工作，较好的完成全陪的工作任务。

【实训步骤】

一、实训准备

① 接待计划表、出团通知单、导游旗、随身话筒、全陪日志、外景影像视频等。

② 校园模拟导游，以导游模拟教室为旅行社，学生们分小组，组内同学分别扮演游客、全陪、地陪、计调、饭店、景点、机场等工作人员。

③ 可在校园内模拟全陪导游服务、校内交通车、校内实训室（餐厅、客房、前厅、酒店实训室等），以及校内的实训楼、图书馆、湖畔等景观资源作为景点。

二、实训内容

① 导游员的准备工作、集合出发、抵达服务、入住饭店、商定活动计划、各站衔接工作、离站服务、末站服务、后续工作等。

② 实训案例

[案例1] 大学生旅行社今天接到了一个18人的旅游团队，游客将乘飞机到原来的母校参观游览2天，组团社安排也是这所学校毕业的王导，由他担任全陪，并与该校的青春旅行社联系，作为地接社接待并安排食宿参观事宜。请设计场景并按照全陪、地陪的规范服务程序进行情景表演。

[案例2] 一个38人的旅游团队，在当日游完北京最后一个景点奥林匹克公园之后，次日准备飞往桂林。也许是鸟巢、水立方的雄姿吸引了游客，晚上清点人数时发现有一位日本游客丢失，这可急坏了领队，作为全陪的你该怎么做呢？

[案例3] 导游员小颜是个从事导游工作时间不长的小伙子，一次，旅游旺季的时候，他出任全陪带一个26人的旅游团去黄山。依照计划，该团在黄山住××饭店，客房由黄山地方接待社代订。下了车，进了饭店，小颜把游客安顿在大厅，就随地陪、领队来到总台拿客房。地陪刚报完团号，总台小姐就不好意思地跟地陪、小颜及领队说："对不起，今晚饭店客房非常紧张，原订13间客房只能给11间客房，有4个游客要睡加床，但明天就可以给13间客房。"而此时天色已晚，作为全陪的小颜该怎么做？

[案例4] 清晨8时，某旅游团全体成员已在汽车上就座，准备离开饭店前往车站。地陪小赵从饭店外匆匆赶来，上车后清点人数，又向全陪了解了全团的行李情况，随即讲了以下一段话："女士们，先生们，早上好。我们全团15个人都已到齐。好，现在我们去火车站。今天早上，我们乘9:30的××次火车去×市。两天来大家一定过得很愉快吧。我十分感谢大家对我工作的理解和合作。"请运用导游工作规范程序知识，分析地陪小赵在这一段送行工作中存在哪些不足之处？

三、实训总结

1. 学生互评。

2. 教师点评。

3. 企业打分。

4. 汇总实训成绩。

实训评价表

评价项目与内容		小组评价	教师评价	企业评价
课前准备 （10分）	下发计划准备			
	分组准备			
程序完整规范 （30分）	导游员的准备工作规范程序			
	集合出发、抵达服务酒店介绍及办理入住程序			
	入住饭店、核实活动计划程序			
	各站衔接工作、离站服务、末站服务、后续工作程序			

评价项目与内容		小组评价	教师评价	企业评价
语言表达 （20）	语言表达正确清楚、讲解生动灵活、层次清晰、新颖有趣			
导游规范 （20分）	导游证的佩戴，导游旗、话筒的使用，所站位置、面部表情、形体姿势、上下车做法规范、仪容仪表			
应变能力 （10分）	遇事情绪稳定、思维敏捷、考虑问题周到，能够及时妥善处理突发事件和特殊问题			
职业素养 （10分）	工作积极态度 团队合作意识			
总成绩				

项目小结

全陪是保证旅游团的各项旅游活动按计划实施，旅行顺畅、安全的重要因素。作为组团社的代表，全陪服务质量的好坏体现了组团社的工作实力和工作态度，也会影响旅游性今后的业务工作。全陪导游人员应按照服务规范和程序为旅游团队提供各项服务。

复习思考题

1. 全陪导游服务程序包括哪些内容？
2. 接团前，全陪需要做哪些准备工作？
3. 核对商定日程的原则是什么？再核对商定日程时，出现不同意见，应采取哪些措施？
4. 根据全陪与地陪导游服务程序，分析两者负责的工作内容有何不同？

综合案例

清晨 8 时，某旅游团全体成员已在汽车上就座，准备离开饭店前往车站。地陪小赵从饭店外匆匆赶来，上车后清点人数，又向全陪了解了全团的行李情况，随即讲了以下一段话：

"女士们，先生们，早上好。我们全团 15 个人都已到齐。好，现在我们去火车站。今天早上，我们乘 9:30 的××次火车去×市。两天来大家一定过得很愉快吧。我十分感谢大家对我工作的理解和合作。中国有句古话：相逢何必曾相识。短短两天，我们增进了相互之间的了解，成了朋友。在即将分别的时候，我希望各位女士、先生今后有机会再来我市旅游。人们常说，世界变得越来越小，我们肯定会有重逢的机会。现在，我为大家唱一支歌，祝大家一路顺风，旅途愉快！（唱歌）女士们、先生们！火车站到了，现在请下车。"

讨论：请运用导游工作规范程序，分析导游小赵在送行工作中的存在哪些不妥？

项目六　出境领队服务程序与质量标准

项目目标

　　领队是出境旅游团队的灵魂，在旅行社接待业务中起着重要的桥梁和纽带作用，其工作范围包括带领游客出入境，督促落实旅游计划，为游客提供与出境旅游有关的服务。通过本项目的学习，使学生掌握出境旅游团队的操作流程，养成认真、有条理的职业习惯，进而形成注重细节的工作作风。

项目分解

任务一　服务准备
任务二　出境服务
任务三　入境服务

任务一　服务准备

任务情境

我是领队，这是我的错

　　飞机经过 10 个小时飞行，缓慢降落在悉尼国际机场，领队小刘带领大家进了绿色通道（无申报通道）通关时，一位年长的夫妇突然被停下来要求抽查。最终，海关人员在一个手提袋中发现了一盒在飞机上发的酸奶，海关人员说："这是食品，需要罚款 200 澳元。"老夫妇说："这是飞机上发的，因为吃不下才留着的。"双方语言不通，场面非常尴尬。领队小刘看到后，马上用英语对海关人员说："我是领队，这是我的错，是我没有和客人说清楚。"结果，海关人员就将领队的护照资料输入了电脑，对领队说"这次因为你是领队，就不罚你了。下次再有类似情况发生，就需要加倍罚。"老夫妇虽然没有弄明白他们的对话，但从领队表情中已经明白，麻烦得到了妥善解决。

　　【任务分析】

　　澳大利亚、新西兰自然环境自成一体，但海关手续和动植物检疫非常严格。领队要在工作中树立预见性，出团前做好充分准备，重要事项要向客人反复强调。在发现问题时，要时刻为客人着想，维护他们正当利益；要懂得灵活处理突发事件，使服务更完善。

知识链接

知识点一　熟悉接待计划

1. 熟悉旅游团情况

了解旅游团成员的姓名、年龄、职业、性别、重点游客、需特殊照顾的对象和游客的特殊要求等。

2. 熟悉旅游线路和行程安排

领队要熟悉并记住旅游团行程中所列的全部参观游览项目、行程中应下榻的各地酒店名称、文娱节目安排、用餐安排、抵离各地的时间及所乘的交通工具等事项。

知识点二　业务准备

① 核对护照与机票上的中文姓名、拼音姓名以及前往国家（地区）是否相符。

② 核对行程与机票是否相符，包括国际段和国内段行程、日期、航班、间隔时间等。

③ 核对护照与名单表、要求各项内容一致，实际出境旅游人数与《团队名单表》一致。

④ 护照内容核对，包括正文页与出境卡项目一致，出境卡两页是否盖章，出境卡是否有黄卡，是否与前往国（地区）相符。签证有效期、签字水印和签字等。

温馨提示 6-1

在检查证件过程中，领队一定要将姓名作为重点检查项目。如：护照上的姓名应与签证、机票上的姓名完全一致。拼音字母不能有误。检查时可将护照、签证和机票放在一起查验。同时将成员护照按照团队名单表上的顺序进行排序，并在护照封面上贴上标签，写明顺序号和姓名，便于发放护照，还可在通关、办理登机手续时做到有条不紊，节省时间。

知识点三　物质准备

备好领队证、出团所需证件、机票及业务资料、带团必备用品、工作辅助用品及个人生活用品等。

温馨提示 6-2

领队的工作辅助用品也要准备到位。

1. 目的地国家（地区）的旅游图书和城市地图

旅游书籍在平时可以提高领队自身技能，出团时可以帮助领队应对游客的提问，避免尴尬。城市地图可以使领队很快地熟悉旅游目的地，还可以为游客提供实际帮助，同时可以为领队在与地接导游员讨论时提供依据。

2. 手机、充电器

在带团过程中，领队的手机应随时处于开机状态，以便游客能够在第一时间与领队取得联系，确保旅游活动的顺利进行。

3. 目的地国家（地区）的紧急求助电话、旅游帮助电话和中国驻外大使馆的电话以备需要。

4. 小礼品

领队准备一些小礼品用来融洽关系、馈赠友人等，是十分方便，而且是必要的。可能用来选作小礼品的东西很多，如中国生产的剪纸、中国结、钥匙链等一些小工艺品，或是精美的小糖果等，都可以被用来当做礼品。

在一些情况下，送出一点小礼品，会取得意想不到的效果。比如在进入埃及等阿拉伯国家时，可送几小盒清凉油给边检人员，旅行社人员。

知识点四　开好行前说明会

按照国际惯例，旅游团出境前需召开行前说明会、告知游客注意事项。行前说明会的主要内容包括致欢迎辞、旅游行程说明、介绍目的地国家或地区相关法律法规、风俗习惯，外汇兑换的有关规定以及相关注意事项等。

领队还要给未能参加说明会的游客打电话，告知说明会的内容，并带好旅行社发给游客的物品，以便见面后移交。

案例　6-1

如何开好行前说明会

某国际旅行社组织了全省共计 32 名游客前往境外旅游。由于领队经常带旅游团出境，自认为经验丰富，不需要专门召开行前说明会，而且全省游客都是各自赴机场集中，领队决定在机场统一进行说明会。结果由于游客陆陆续续到达机场，领队只好分期分批召开简单的说明会，给游客讲解有关事项，并发放相关资料。最后 5 名游客到达机场后，领队又因为忙于办理登记手续，一直没有机会给他们具体讲解有关事宜，直到旅游团抵达境外后，领队才给这 5 名游客发行程计划表，并匆匆忙忙向他们交代了几句。黄先生是第一次出国旅游，加之行前说明会过于简单，无意中冒犯了当地习俗，遭到当地居民的指责。黄先生回国后，要求该国际旅行社赔礼道歉，并赔偿精神损失。

【分析】

出境游必须召开行前说明会，这既是《旅行社出境旅游服务质量》的要求，也是出境游的特殊性所决定的。召开行前说明会应当掌握以下几点。

首先，讲解的内容必须规范。按照有关规定，行前说明会应当向游客说明出境旅游的有关注意事项、外汇兑换事项与手续等；向游客发放"出境旅游行程表"、团队标志和"旅游服务质量评价表"；讲解和说明相关的法律法规知识以及旅游目的地国家的风俗习惯；向游客翔实说明各种由于不可抗力、不可控制因素导致组团旅行社不能（完全）履行约定的情况，以取得游客的谅解。

其次，尽可能召集所有的游客参加行前说明会。出境旅游行前会存在一个较为致命的问题，就是几乎每一个行前会都有游客缺席。或者是因为旅行社计调人员没有全部通知到位，或者是因为游客对行前会不重视，或者有的游客派代表参加行前会。游客行前会的缺席，可能导致旅游途中本来可以避免的纠纷的产生。

第三，行前说明会应当达到降低游客期望的目的。就目前出境旅游的服务质量看，我国大部分出境旅游远未达到充分享受精神愉悦的境界，根据我国出境旅游服务质量现状，行前说明会还有一个重要的任务，就是向游客说明真实的服务质量，降低游客的期望值。

项目实训

【实训目标】

通过本任务的实训，使学生切实了解开行前说明会的重要意义，并培养开行前说明会的工作能力。

【实训步骤】

一、实训准备

1. 根据教师下发的旅游接待计划及行程安排进行准备。

2. 根据游客、出境领队进行角色分组。

二、实训内容

1. 根据操作要点和注意事项进行模拟实训。

2. 回答游客的问题，登记游客的特殊要求。

三、实训总结

1. 学生互评。

2. 教师点评。

3. 企业评价。

实训评价表

评价项目与内容		小组评价	教师评价	企业评价
课前准备 （20分）	下发出境旅游计划			
	分组准备			
程序完整规范 （40分）	是否提前通知参团旅游者			
	是否发放旅游行程安排表、意见咨询表、旅游纪念品及团队标志			
	是否对行程进行依次讲解			
	是否提醒注意事项、出入境常识及海关规定			

评价项目与内容		小组评价	教师评价	企业评价
程序完整规范 （40分）	是否介绍当地民俗			
	是否讲解外币兑换方式及国际电话使用方式			
	是否将自己联系方式留给游客			
	是否强调时间观念、集体意识和境外纪律			
服务规范 （10分）	能正确运用导游服务标准			
应变能力 （10分）	遇事情绪稳定、思维敏捷、考虑问题周到,能够及时妥善处理突发事件和特殊问题			
职业素养 （20分）	耐心、细致与坚持原则相统一;服务态度热情;符合导游员礼仪礼貌规范。			
总成绩				

任务二 出境服务

任务情境

　　哈尔滨旅游团一行20人到澳大利亚旅游, 按照约定的时间, 游客陆续抵达集合地点, 可是还有两位客人尚未到来, 作为该团的领队, 应该如何处理呢?

【任务分析】

　　踏出国门, 标志着整个旅行的前奏结束、美好旅程的华彩乐章的正式上演。从中国出境到他国入境阶段, 要经过中国和外国的海关检查、卫生检疫检查、边防出入境检查、登机安全检查等多个关口, 还要处理好各类突发事件, 领队要对各项手续十分熟悉, 遇事反映机敏, 以便能带领全团游客顺利出境。

 知识链接

知识点一 中国出境服务

（一）出发前集合

1. 领队要提前到达

　　领队应当至少比规定时间提前10分钟赶到集合地点。到达集合地点后, 领队要迅速将组团社的领队旗直立竖起, 以便游客容易找到;将手机始终开启, 随时准备接听游客打来的电话。

如果所带的团是老年团，领队还应该更早一点抵达集合地点。通常老年游客会早早赶到，领队的到来，可以让他们感到心里安稳。

2. 为游客签到

领队与游客汇合后，应拿出全团的名单表，为已经抵达的游客画"√"签到。

在点名称游客姓名时应注意礼貌，如"张××先生""李××女士"。在喊到游客姓名、游客作答时，要与游客有一个眼光的交流，并微微点头。

在临近规定的集合时间时，如团队尚未到齐，领队要主动与未及时赶到的游客电话联系并进行催促。

3. 发表简短讲话

在全体团队成员到齐后，领队可利用在机场的简短时间即席发表一个简短的讲话，告知游客办理登记手续、海关申报手续、边防检查手续的步骤及相关注意事项，并希望全团成员配合。

4. 特殊情况处理

（1）游客迟到　规定时间内游客未能抵达机场集合处，原因可能是城市交通堵塞、意外交通事故、临时交通管制等，领队应及时与游客取得联系，知道游客所在的方位，预估抵达的时间再行决定。

如果时间尚允许，可以稍稍拖后带团去办理手续，在原地等待游客抵达，并先代迟到游客向大家表示歉意；如时间较紧张不允许再等下去，领队可先带领其他游客，办理海关申报手续，以及到航空公司值机柜台前办理登机手续。此时领队需要始终与未能抵达的迟到游客保持联系。一旦游客抵达，领队要折回口岸的国际出境区域入口将游客带入，与全团会合。

（2）游客临时取消旅行　游客因患病、意外事故等突发原因，打开电话告知不能参团出发，领队应首先对游客进行口头慰问，然后要求游客在电话口头通知外，再发短信进一步确认，以便领队在进行工作处理时留有凭证。

领队带领团队在航空公司办理登机手续时，要将取消人的姓名告知航空公司，并将此事第一时间告知组团旅行社。

（二）带领游客通过海关

1. 告知游客中国海关禁止携带出境的物品

 补充资料　6-1

中国海关禁止出境物品

1. 列入禁止进境范围的所有物品。

2. 内容涉及国家秘密的手稿、印刷品、胶卷、照片、唱片、影片、录音带、录像带、激光视盘、计算机存储介质及其他物品。

3. 珍贵文物及其他禁止出境的文物。

4. 濒危的和珍贵的动物、植物（均含标本）及其种子和繁殖材料。

中国海关部分限制出境物品

1. 旅行自用物品

非居民旅客及持有前往国家或地区再入境签证的居民旅客，携带旅行自用物品限照相机、便携式收录音机、小型摄影机、手提式摄录机、手提式文字处理机每种一件。超出范围的，需向海关如实申报，并办理有关手续。经海关放行的旅行自用物品，旅客应在回程时复带出境。

2. 金、银及其制品

旅客携带金、银及其制品进境应以自用合理数量为限，其中超过 500 克应填写申报单向海关申报；复带出境时，海关凭本次进境申报的数量核放；携带或托运出境在中国境内购买的金、银及其制品（包括镶嵌饰品、器皿等工艺品），海关检验凭中国人民银行制发的"特种发票"放行。

3. 外汇

旅客携带外币、旅行支票、信用卡等进境，数量不受限制。居民旅客携带1000 美元（非居民旅客 5000 美元）以上或等值的其他外币现钞进境，需向海关如实申报；复带出境时，海关验凭本次进境申报的数额核放。旅客携带上述情况以外的外汇出境，海关检验凭国家外汇管理局制发的"外汇携带证"查验放行。

4. 人民币

旅客携带人民币进出境，限额为 20000 元，超出 20000 元的不准进出境。

5. 文物（含已故现代著名书画家的作品）

旅客携带文物进境，如需复带出境，请向海关详细报明；旅客携运出境的文物，需经中国文化行政管理部门鉴定，并向海关详细申报；在境内商店购买的文物，海关凭中国文化行政管理部门的鉴定标志及文物外销发货票查验放行；对在境内通过其他途径得到的文物，海关凭中国文化行政管理部门的鉴定标志及开具的许可出口证明查验放行；未经鉴定的文物，禁止携带出境。

6. 中药材、中成药

旅客携带中药材、中成药出境，前往国外的，总值限人民币 300 元；前往港澳地区的，总值限人民币 150 元；进境旅客出境时携带用外汇购买的、数量合理的自用中药材、中成药，海关凭有关发货票和外汇兑换水单放行。麝香以及超出上述规定限值的中药材、中成药不准出境。

2. 带领无须向海关申报物品的游客从绿色通道穿过海关柜台。

3. 带领向海关申报物品的游客从红色通道到海关柜台办理手续。

补充资料 6-2

出入境旅客通关

"通关"指出入境旅客向海关申报，海关依法查验行李物品并办理出入境物品征税或免税验放手续，或其他有关监管手续之总称。

"申报"指出入境旅客为履行中华人民共和国海关法规规定的义务，对其携带出入境的行李物品实际情况依法向海关所作的书面申明。在实施双通道制的海关现场，旅客应选择"申报"通道通关。

海关通道分为"红色通道"（亦称"应税通道"）和"绿色通道"（亦称"免税通道"）两种。红色通道指旅客进出境携带有需向海关申报的物品，应选择的"申报"通道；绿色通道指持有中国主管部门给予外交或礼遇签证护照的外国籍人员、海关给予免检礼遇的人员及携带无需向海关申报的物品的旅客，应选择的通道。

（三）办理乘机手续

1. 告知游客托运行李的注意事项

如贵重物品、护照、现金、信用卡、照相机、金银珠宝首饰、手机、笔记本电脑等随身携带，切勿放入托运行李。让客人自己携带行李；锂电池勿放入行李托运，100毫升以上液体物品必须托运。

2. 交验护照、机票办理乘机手续

3. 办理行李托运

为确保托运行李件数的准确，领队应进行两次清点：办理托运前第一次清点，在航空公司值机柜台人员将要托运的行李系上行李牌后，领队要再次清点。

在托运行李的过程中，领队应要求游客协助，在看到自己的行李进入值机行李传送带后方可退后等待。

4. 将过边检、登机所需要的物品还给游客

在办完乘机手续后，领队需要认真清点航空公司值机员交还回来的所有物品。包括：护照、机票、登机卡以及托运的行李票据。将过边检、登机所需要的物品还给游客，统一托运的行李单则由领队统一保管，并告知游客。

（四）通过卫生检疫

《中华人民共和国国境卫生检疫法》第八条规定："出境的交通工具和人员，必须在最后离开的国境口岸接受检疫。"

入境、出境的旅客、员工个人携带或者托运可能传播传染病的行李和物品应当接受卫生检查。卫生检疫机关对来自疫区或者被传染病污染的各种食品、饮料、水产品应当实施卫生处理或者销毁，并签发卫生处理证明。海关凭卫生检疫机关签发的卫生处理证明放行。

（五）边防检查

所有游客需按照名单顺序排队，逐一通过边防检查。游客将填写好的出境登记卡片、有效护照、登机牌交给工作人员检查。护照、签证验毕后加盖出入境验讫章。

旅游团队在过边防检查时，领队应始终走在前面，要第一个办妥手续，然后在里面要以游客可以看到的地方站立等候游客。对完成边检的游客，可先指引他们继续前去进行登机前的安全检查。

（六）安全检查

为了出行安全，旅客及随身携带行李物品必须接受安全检查。带入飞机内的行

李要做 X 光机检查，旅客要走金属探测器门进行安检。

安全检查是世界各国普遍采用的一种查验制度，凡是登机旅客都必须经过检查后，方能允许进入飞机。这种检查与海关和边防检查不同，不存在任何免检对象，无论是什么人，包括外交人员、政府部长和首脑，无一例外，一律要经过检查。主要是检查旅客是否携带枪支、弹药、凶器、易爆易燃物品、剧毒品，以及其他威胁飞机安全的危险物品。

补充资料 6-3

对身体及随身携带行李检查方式

（1）搜身　检查员从上、下、前、后用手摸旅客，但不搜衣袋。一般男检查员搜男性旅客，女检查员搜女性旅客。

（2）用磁性探测器近身检查　检查员手持一种探测器，贴近旅客身体搜索全身上下前后。仪器遇到手表、衣袋内的钥匙、小刀、纪念章等金属物后，即会发出特殊声音，旅客则需要从衣袋内取出全部金属物再进行检查，直到检查员消除怀疑为止。

（3）过安全门　一种门式检查装置旅客需从门框内一一通过。如果身上携带金属物装置就会发出信号，检查员对有怀疑的人再做搜身检查。

（4）物品检查　打开全部物品进行检查。

（5）用红外线透视仪器检查　将全部手提行李放在输送带上送入检查。检查员通过监视荧光屏观察物品，对有怀疑的物品要打开箱检查。有些国家或地区要求旅客将物品送入红外线透视仪，检查前取出未曝光的胶卷。

对出国旅行的公民来说，安全检查是口岸几项检查中的最后一项检查。也就是说，是在经过海关和边防检查之后进行的。旅客通过安全检查后，即可直接登机启程了。

温馨提示 6-3

在完成了出境各项手续后，领队应带领游客到登记卡上标明的登机口的候机厅等候登机。领队应提醒游客注意听广播，以免误机。目前许多航空公司规定，为保证正点，旅客未能及时赶到，飞机也会关闭舱门丢客飞行。

知识点二　飞行途中服务

在《旅行社出境旅游服务质量》中规定："飞行途中，领队应协助机组人员向旅游者提供必要的帮助和服务。"出境旅游的飞行时间通常较长，领队应充分利用机上的时间熟悉团队，为顺利入境开始旅游活动做好准备。

1. 途中服务

领队应选择靠近中间通道的位置，以方便照顾游客，同时应根据团队的具体需要协助游客调换座位；团队当中如果有用餐方面有特殊用餐要求的游客，如伊斯兰清真餐、素食者、儿童餐等，领队应当及早和机上空乘人员进行沟通，照顾好客人的饮食；回答游客关于抵达时间、目的地气候以及目的地国家最值得看的景观等问题。

2. 帮助游客填写入境表格

领队需要做的最重要的事情是代全团游客填写将要抵达的国家（地区）的出入境卡（Arrival Card）和海关申报单，可向空姐统一索要，这些表格通常会用当地文字和英文两种标明，填写时可使用英文填写。

Full Name（全名）

Family Name（姓氏）

Middle Name（中间名）

Given Name（名字）

Sex（男的就选 Male，女的就选 Female）

Nationality（国籍）

Occupation（职业）

Date of Birth（出生日期，先写日期、再填月份、最后是年）

Place of Birth（出生地）

入境卡上还有一联是出境卡，一并把它写好，上面要填写的内容基本上都是入境卡上填过的，只要把入境航班号换成出境航班号就好了。下了飞机以后，来到到达大厅，在移民局的柜台前排队通关，把护照和入境卡一起交给移民局的官员，核对资料以后会收去入境联，把离境联钉在护照上还给你，注意保管好，见图 6-1 至图 6-2 所示。

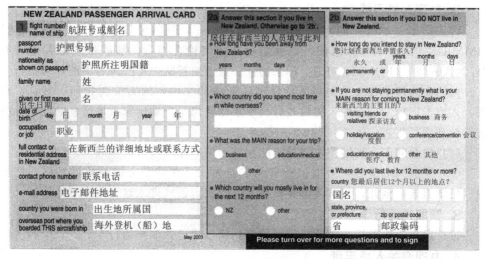

图 6-1　新西兰入境卡正面

知识点三　他国（地区）入境服务

飞机抵达目的地国家（地区）的机场后，要办理一系列的入境手续。这些手续

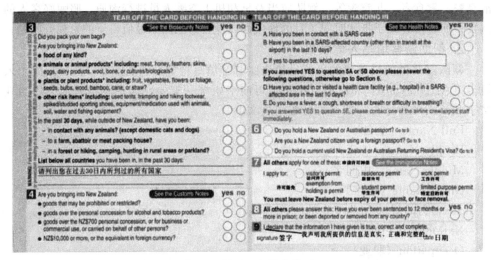

图 6-2　新西兰入境卡背面

大致包括卫生检疫、过海关、过移民局等几项。各个国家入境手续并不一致，领队要熟悉他国（地区）入境程序，以保证能够顺利入境。

1. 通过卫生检疫

各个国家（地区）的卫生检疫的形式有许多不同，有的需要查验黄皮书和健康申报单，有的则完全不需要填写，只是对入境游客进行检视，发现患病游客加以询问。

2. 办理入境手续

许多国家（地区）的入出境是其移民局把守，领队带领游客沿"移民入境"（IMMIGRATTION）标志前行，就能找到入境检查柜台。领队带领游客要在有"外国人入境"（FOREIGNER）标志的任一通道前排队，提醒游客不能加塞抢行。

（1）向入境检查人员交付入境所需的证件和文件　通常交付护照、签证、机票、入境卡即可。也有的入境检查官会要求领队出示当地国家（地区）的旅行社的接待计划或行程表。

（2）接受问询　入境检查官员可能会就入境的原因进行简单问询。

（3）完成入境检查　入境检查官经审验无误，在护照上加盖入境章后，把护照、机票退还。至此，领队及游客即通过入境关，正式进入这个国家（地区）。

3. 领取托运行李

过移民局边检关后，领队应带领游客到指定通道领取托运行李。

4. 办理海关入境手续

世界上各国出入境口岸都设立有海关，以对出入境人员携带的货物进行检查，因此，游客出国不仅在出境时要接受本国海关的检查，在抵达外国人入境口岸时，同样要接受外国海关的检查。领队要熟悉不同国家（地区）的海关规定、入境检查方式，以确保顺利地带领游客通过海关。

带复方甘草片赴美 被美国海关戴手铐关进黑屋

美国华文媒体《世界日报》2014 年 2 月 18 日报道称，来自中国浙江的吴先生和 12 岁的女儿，日前受托帮助洛杉矶的俞女士带 16 瓶复方甘草片入境，在洛杉矶国际机场入关时却被海关戴上手铐关进小黑屋十多个小时，且被责令他和女儿未来五年都不准进入美国，直接坐飞机遣返回中国。

俞女士说，这些在中国都是医生开的药，使用没有问题，但是之后海关邮寄的 FDA 检验报告显示，复方甘草片里含有古柯碱（可卡因），属于违禁品，需销毁或邮寄回中国。

在吴先生对美国此项惩罚感到委屈的同时，也引起了大众的一片哗然：家常感冒药品为何成了违禁药？还有哪些药品出境有"风险"？所含什么成分的药品会被其他国家"拒之门外"？记者昨日特此进行了采访了解。

复方甘草片大量提取可制成大麻、可待因。复方甘草片具有镇咳祛痰的功效，但其中含有阿片粉，就是大家熟知的鸦片。阿片粉被大量提炼，即可以制作成大麻、吗啡、可待因等毒品。

像复方甘草片这样成分中含有毒性药物，以及兴奋剂的普通药，携带量一旦超过日常服用量，就极有可能在出境时，被国外海关怀疑其有携带、走私毒品的企图。

除此之外，含有动物成分的中药，如虎骨酒、熊胆粉、燕窝、牛黄解毒丸等，都属于美国海关的违禁品。"这类药品之所以被禁止带入美国，是因为美国政府制定了相关动物保护法。出于对熊、燕子、虎这些动物的保护，禁止将其制作成药。"

旅客携违禁药品，应该主动向目的国海关申报，不得抱有侥幸心理，一旦被海关抽查到，很可能面临严厉惩罚。

来源：江南时报

5. 与地接社导游会合

办完上面的各项手续，领队就可以举起领队旗，带全团游客到出口与前来迎接的地接社导游会合了，会合后要及时做好交流工作。

我国出入境有效证件

一、护照

护照是指一个主权国家的主管机关发给本国公民出入本国国境和在国外旅行居留的合法身份证件与国籍证明。我国的护照分外交护照、公务护照和普通护照。其中公务护照包括多次有效和一次有效两种；普通护照包括因公务普通护照和普通护照两种。此外，中国还为出境旅游的公民发一次性有效的旅游护照。

我国护照的式样独具特色。护照封面中央印有烫金国徽，国徽上方印有"中华人民共和国"烫金字样，国徽下方分别印有"外交护照"、"公务护照"、"因公务普通护照"、"普通护照"字样。中国外交护照为大红封面、烫金字，因而也叫"红色护照"；中国公务护照的封面为墨绿色；因公务普通护照和普通护照的封面颜色则分别为深棕色和紫色。

我国外交、公务护照、因公务普通护照由外事部门颁发，因私普通护照由公安部门颁发。护照的有效地区是世界各国。

我国护照的有效期，伴随着新《中华人民共和国护照法》（以下简称《护照法》）的实施进行了调整，新《护照法》针对普通护照持有人不同的年龄段，规定了不同的有效期，即未满16周岁的公民所持因私普通护照有效期为5年，16周岁以上的为10年，公务护照、公务普通护照的有效期为五年。新《护照法》还取消了护照延期的规定，如果需要只能重新办理护照。该规定自2007年1月1日起正式实施。

二、签证

签证是一个国家的主权机关在本国或外国公民所持的护照或其他旅行证件上的签注、盖印，以表示允许其出入本国国境或者经过国境的手续，也可以说是颁发给他们的一项签注式的证明。在中国，华侨回国探亲、旅游无需办理签证。

我国现行的签证有外交签证、礼遇签证、公务签证和普通签证等四种。

旅游签证属于普通签证，在中国为 L 字签证（发给来中国旅游、探亲或其他私人事务入境的人员）。签证上规定持证者在中国停留的起止日期，签证的有效期不等。9 人以上的旅游团可发给团体签证，团体签证一式三份，签发机关留一份，来华旅游团两份，一份用于入境，一份用于出境。

中国法律规定，外国人持有中国国内被授权单位的函电，并持有与中国有外交关系或者官方贸易往来国家的普通护照，确需紧急来华，来不及在中国驻外机关申办签证的，可以向公安部授权的口岸签证机关申请办理签证。口岸签证的特点是方便快捷，可以即到即办。

我国公安部授权的签证机关设立在下列口岸：北京、上海、天津、大连、福州、厦门、西安、桂林、杭州、昆明、广州（白云机场）、深圳（罗湖、蛇口）、珠海（拱北）、海口、三亚、青岛、威海、烟台。

随着国际关系和旅游事业的发展，许多国家间签订了互免签证协议。

三、港澳居民来往内地通行证

港澳居民来往内地通行证俗称回乡卡、回乡证或还乡证，由中华人民共和国广东省公安厅签发，是具中华人民共和国国籍的香港特别行政区及澳门特别行政区居民，来往中国内地所用的证件。为加快口岸验放速度，方便港澳居民来往内地，公安部决定将《港澳同胞回乡证》改为《港澳居民来往内地通行证》，自 1999 年 1 月 15 日起正式起用。新证件为卡式证件，设置机读码，出入境边防检查机关用机器查验证件，持卡人可免填出入境登记卡。成年人持有新证有效期为 10 年，在有效期内可多次使用。

四、台湾同胞旅行证明

台湾同胞旅行证明是台湾同胞来祖国大陆探亲、旅游的证件，经口岸边防检查站查验并加盖验讫章后，可作为台湾同胞进出祖国大陆和在内地旅行的身份证明。该证由我国公安部委托香港中国旅行社签发；在美国、日本或其他国家，由中国驻外使（领）馆办理。证件一次性有效，出境时由口岸边防检查站收回。

项目实训

【实训目标】

通过本任务的实训，使学生熟悉领队服务各环节的程序，掌握出入境的相关手续及规定。

【实训步骤】

一、实训准备

1. 根据教师下发的旅游接待计划及行程安排进行准备。

2. 根据游客、海关人员、出境领队进行角色分组。

二、实训内容

1. 根据操作要点和注意事项进行模拟实训。

2. 出中国国境。

3. 入他国境服务。

三、实训总结

1. 学生互评。

2. 教师点评。

3. 企业评价。

实训评价表

评价项目与内容		小组评价	教师评价	企业评价
课前准备（20分）	下发出境旅游计划			
	分组准备			
程序完整规范（40分）	是否提前到达			
	是否确认所有客人到达			

评价项目与内容		小组评价	教师评价	企业评价
程序完整规范 （40分）	是否向客人讲清登机、安检、入关等相关手续程序			
	是否熟悉入境及海关的申报要求及出入境的国家政策规定			
	是否熟悉行李托运的相关规定			
	是否懂得"团队名单表"的使用方法			
	是否会填出入境卡			
服务规范 （10分）	能正确运用导游服务标准			
应变能力 （10分）	遇事情绪稳定、思维敏捷、考虑问题周到，能够及时妥善处理突发事件和特殊问题			
职业素养 （20分）	耐心、细致与坚持原则相统一；服务态度热情；符合导游员礼仪礼貌规范			
总成绩				

任务三　入境服务

任务情境

在韩国旅游购物，排队一个多小时游客没办成退税

"我在韩国旅游时买了不少化妆品、衣服，还买了两个照相机和一个摄像机，总共能退3000多元钱的税，结果却因为各种没想到而困难重重！"游客邱女士为了能赶上返津的航班最后只好放弃退税。经调查发现，不少游客都和邱女士有着相同的经历。

邱女士说，"最后一天，导游将我们送到机场就撤了，我本以为退税这事挺简单，没想到遇到一连串麻烦。到了机场，面对无数的指示牌我就蒙了，韩文看不懂啊，英文也是一知半解，费了好大的劲儿才找到退税点。"

找到退税点之后，又有了新的麻烦，人太多了。"排了一个多小时，好不容易轮到我了，没想到工作人员要求必须出示单据和退税商品，可我已经把两个大行李箱整理好，办理了托运，飞机马上就要起飞了，我只好放弃退税。"

【任务分析】

作为旅游团的出境领队，有义务指导提醒游客办理好离境的各项事宜。

某资深出境游领队说："许多国家有可享受退税最低金额的规定，就是说在同一天、同一个商店购物的金额必须超过这个限度才有资格退税。让导购员帮忙填写退税单据，并咨询其退税细节是最靠谱的办法，最好让导购员给你画一幅退税柜台的位置图。由于海关盖章需要检查退税物品，因此最好先办登机暂不托运。工作人员检查单据后会在退税单上盖章。最安全的退税方式是现金退款，不必担心税金无法到账。但前提是您需要预留足够的时间在机场，一般情况下，至少提前两个小时到机场办理退税。"

离开他国（地区）有许多程序需要一步步进行，领队基于已经经历了中国出境、他国（地区）入境的经验，应能顺利地完成此项工作。

 ## 知识链接

知识点一 他国（地区）离境服务

（一）办理乘机手续

领队及导游应对从城区到机场的用时进行充分估算，按照许多国家（地区）国际机场的要求，离境客人通常需要提前 2 个小时到机场。在行驶到机场的路上，领队就要将全团的护照、机票收齐。

1. 托运行李

首先进入乘机手续办理区域进行行李托运的安全检查。安检人员贴上封口贴纸后，领队带领游客携带行李到航空公司的值机柜台办理乘机手续。

2. 换领登机卡

领队应主动报告乘机人数，交付全部的护照和机票。领队不应急于离开柜台，而要当面将护照、机票、登机卡、行李牌数清。

3. 将证件、机票发给游客

进入出境边防检查之前，领队需要将全体团员召集到机场相对安静的地方开一个短会，会议主要内容如下。

① 向大家介绍下一步要办理的离境手续。

② 讲解机票、登机卡上的信息，如航班号、登机时间、登机门等，希望游客在机场出境手续办完自由购物时，掌握好时间以免误机。

③ 其他重要的提醒，如不要给其他不认识的游客携带物品等。

在讲清主要事项后，领队将护照、机票、登机卡依次分发给游客。

（二）办理移民局离境手续

1. 填写出境卡

许多国家的出境卡是与入境卡印制在一张纸上，游客在入境时就已经填写完成。入境时，入境官员会将入境卡部分折开撕下留存，然后把出境卡订在或夹在护照里还给游客。因而旅客在出境时，无需再重新填写出境卡，只要交护照给入境官员即可。但如果游客不慎将夹在护照中的出境卡丢失，此时就需要补填一张。

并非所有的国家出境都要填写出境卡，比如瑞士的出入境就没有填写出境卡之说。另外持纸制团队签证的旅游团，在他国离境时，通常也不需要填写出入境卡。

2. 通过边境检查

在进入离境边检区域前，领队需要带领全团游客与导游道别，表示感谢，然后依次办理离境手续。游客向检查官依次交上护照、机票、登记卡后，站立等待查验。如检查无误，护照将被盖离境章，或将签证盖过已使用（USED）的章，然后将所有物品交还给游客，离境手续即告完成。

（三）办理海关手续

1. 不同国家的海关有不同的出境限制

把目的地国家（地区）的海关违禁物品事先告知游客，应是领队的责任和义务。一般来说，各国（地区）海关对离境携带物品的限制主要有以下几种情况。

（1）客人入境时申报过的物品必须携带出境　比如印度以西亚：外国游客自用的照相机、摄像机、卡带式录音机、望远镜、运动器械、笔记本电脑、手机或其他类似设备入境时必须申报。离境时必须带回。

（2）许多国家对携带金钱离境有限额　比如塞舌尔，机场在入境时不设外汇申报点，但是出境时对外汇检查非常严格，一旦发现现金超过 400 美金，随即没收。土耳其，携带相当于 100 美金的土耳其货币出境就必须申报。

（3）对动物、植物以及骨骼的离境有限制　比如坦桑尼亚规定：出关禁止携带象牙、犀牛角等物品。携带海椰子在塞舌尔离境时，必须持有塞舌尔有关部门颁发的编号和许可证，否则也将被重罚。

境外购买的印刷品书刊、鲜花水果等物品都不被我国的边检人员允许入境。

2. 通过海关柜台

国外多数国家（地区）的机场海关，检查是以抽查的方式进行。通常是无申报物品的游客无需填写海关申报单，径直走过海关柜台即可。但如果携带了限制出境的物品，应主动申报，以免出现麻烦。

（四）办理购物退税手续

许多国家（地区）都有退税规定中，但是，在不同的机场办理退税的方法不一，领队需要事先了解不同国家（地区）的退税规定和操作方式，以便为游客提供帮助。南非规定在南非购买纪念品，凡金额超过 250 兰特，从购物之日起 90 天内，在机场离境处申请退税。丹麦规定，提供免税商店开具的特制发票，退税 13%。一些退税公司在中国的北京、上海、广州等大城市也设立了退税点。

欧洲国家购物退税规定

在欧洲，不同的地方退税金额的幅度不同，但都要求同一天在同一家商店内的购物金额达到或超过一定金额，如德国购物数额最少为 25 欧元，法国最少为 175 欧元。应注意的是，法国有些商店如老佛爷退税金额为 12％，一些化妆品店退税金额为 16％，德国大多数商店退税金额为 16％。欧盟国家可以在出境国统一办理。

退税手续：营业员会为游客填写一式三份的申请表，上面要填写游客的护照号码和在本国的地址，上面会填上所购物品的价格和应退的金额，并会将物品发票贴在"给退税组织"的一联，然后商店保留一份存底。游客拿走两份，在离开该国国境时，交给机场海关的官员盖印，作出口证明。有时官员会要求申请人展示所购买的物品，所以应在办理登机手续之前申请。

取回退税金额的办法：在冰岛和芬兰、瑞典等北欧国家，凭盖上印的退税单，在机场内银行专设的退税窗口，就可取到钱。那里不仅人少，手续也非常方便。若持有信用卡，也可以直接退在信用卡中；在大部分西欧国家，离境时还不能马上拿到现金。要将盖上最后一站离境国海关图章的退税单，装入附上的信封内，寄到环球退税公司（Global Blue）在各国的分支机构。一般在 3 个月后，退款会以美元或欧元的支票形式寄给申请人。申请人可带上有效护照和有 GlobalBlue 标志的有效退税单据（包括退税支票和购物收据），到当地的银行办理托收手续，以美元现金给付退税款，或按客户要求将退税款项转存至指定账户。

来源：境游天下网

（五）准备登机

领队应将登机闸口及登机时间告诉游客，并提醒每一位游客不要误机。对年老游客和无购物需求的游客，领队应直接带领他们到登机口等候。

离境时避免游客因购物而误机

喜欢购物的中国游客多数不会放弃候机过程中在机场的免税店购物的机会，此时领队应当及时提醒游客，一定要注意收听广播或查看机场的显示屏中的提示，在规定时间登机。

为避免出现游客误机的事情发生，领队应及早赶到登机口，清点人数，与未能及时赶到的游客联系，让领队对游客的贴心关照，在临上飞机回国前的一刻也得到体现。

免税店里丢护照，旅游团领队被他国"遣返"

2009年5月，一名带旅游团赴东南亚旅游的中国领队，因在上海浦东机场免税店购物时不慎遗失护照，被国外移民机关送回，后在浦东边检民警帮助下找回了护照，再次顺利成行。

5月30日上午，浦东出入境边防检查站在办理某东南亚航班时，接收到一名因没有护照而被国外移民机关退回的中国籍旅客王某。经了解，王某是某旅游团领队，前一天带团经浦东机场出境前往东南亚。然而当他抵达目的地后发现护照不见了，只得被国外移民机关退回。回到上海的王某焦急万分，没有护照和签证他就无法回到旅游团带团旅行，再次办理相应证件需要很长时间，会对他的工作造成很大影响。

边检民警耐心询问他在办理出境手续到登机前的细节，锁定了护照可能遗失的几个地点，并迅速和机场相关单位取得联系，最终在机场免税店找回了王某的护照。原来王某在免税店购买物品时，为办理寄存手续不经意将护照落在店里。找回护照后的王某在边检民警的帮助下迅速办理入出境手续，搭乘当天的航班前往东南亚继续自己的工作。

【分析与提示】

随着国内出入境旅客的日益增多，类似王某这样因疏忽大意影响正常出入境行程的情况时有发生，边检机关送给大家几点提醒：一是旅客在办理完出入境边检手续后若没有特殊情况一般无需再出示证件，应及时将证件放置在证件包等固定位置，切勿随手搁置；二是出境登机前应复查自己的相关证件，以免抵达目的地后才发现证件丢失，影响出行计划，浪费精力财力；三是游客应养成"证件随人"的好习惯，将所有的出入境证件都随身携带，避免将证件留在他处或放置在托运行李中影响入出境手续的正常办理。

来源：沈晓岚东方网.

知识点二 归国入境服务

（一）接收检验检疫

出境检疫对象包括：入境、出境的人员、交通工具、运输设备以及可能传播检疫传染病的行李、货物、邮包等特殊物品。

健康申报方面，入境旅客继续实施填报《入境健康检疫申明卡》制度；深圳、珠海口岸入境持回乡证的港澳居民和持往来港澳通行证的内地居民不必填写《入境健康检疫申明卡》。体温检测方面，出入境旅客继续实施体温筛查制度。《入境健康检疫申明卡》自动识别通关系统已经在全国主要口岸启用。

（二）接受收入境边防检查

1. 通过入境边防检查

领队带领游客在边检柜台前排队，接受边防检查站的入境检查。将护照一起交入境检查员。核准后在护照上加盖入境验收讫章，将护照还给旅客，则入境边检手续完成，旅客即可入境。

我国法律规定禁止入境人群有以下几种：

① 被中国政府驱逐出境，未满不准入境年限的；

② 被认为入境后可能进行恐怖、暴力、颠覆活动的；

③ 被认为入境后可能进行走私、贩毒、卖淫活动的；

④ 患有精神病和麻风病、性病、开放性肺结核等传染病的；

⑤ 不能保障其在中国所需费用的。

2. 持另纸团队签证要走团队通道

如果出境旅游团队是持《中国公民出国旅游团队名单表》和另纸团队签证，需走团队通道。《中国公民出国旅游团队名单表》中的入境边防检查专用联由边检收存。游客按照名单表顺序办理入境手续。

另纸签证也是签证的一种形式，一般签证多为在护照内页上加盖签章或粘贴标签，而另纸签证是在护照以外单独签注在一张专用纸上，它和签注在护照上的签证具有同样的作用，但必须和护照同时使用。

（三）领取托运行李

完成入境边防检查后，进入中国国境后，领队及游客按照行李厅的电子指示牌的标志，领取自己托运的行李。

如果有游客的行李遗失，领队应协助游客与机场行李值班室进行联络。根据国际航空协会的《终站赔偿法则》规定，转机旅客的行李遗失，应由搭乘终站的航空公司负责赔偿。这类赔偿，通常会在查找超过 21 天仍无下落后进行。

通常在游客取回自己的托运行李后，团队就可以就地解散了。领队应与每位游客礼貌道别，并感谢游客对自己工作的支持与配合。

（四）接受海关检查

1. 了解中国海关对入境物品的限制规定

补充资料 6-6

中国海关规定禁止入境的物品

1. 各种武器、仿真武器、弹药及爆炸物品。

2. 伪造的货币及伪造的有价证券。

3. 对中国政治、经济、文化、道德有害的印刷品、胶卷、照片、唱片、影片、录音带、录像带、激光视盘、计算机存储介质及其他物品。

4. 各种烈性毒药。

5. 鸦片、吗啡、海洛因、大麻以及其他能使人成瘾的麻醉品、精神药物。

6. 带有危险性病菌、害虫及其他有害生物的动物、植物及其产品。

7. 有碍人畜健康的、来自疫区的以及其他能传播疾病的食品、药品或其他物品。

中国籍旅客入境携带物品限量表

第一类物品

衣料、衣着、鞋、帽、工艺美术品和价值人民币1000元以下（含1000元）的其他生活用品，在自用合理数量范围内免税，其中价值人民币800元以上，1000元以下的物品每种限1件。

第二类物品

烟草制品、酒精饮料。香港、澳门地区居民及因私往来香港、澳门的内地居民，免税香烟200支，或雪茄50支，或烟丝250克；免税12度以上酒精饮料限1瓶（0.75升以下）；其他旅客，免税香烟400支，或雪茄100支，或烟丝500克；免税12度以上酒精饮料2瓶（1.5升以下）。

第三类物品

价值人民币1000元以上，5000元以下（含5000元）的生活用品，驻境外的外交机构人员、出国留学人员和访问学者、赴外劳务人员和援外人员，连续在外每满180天（其中留学人员和访问学者物品验放时间从注册入学之日起算至毕、结业之日止），远洋船员在外每满120天任选其中1件免税，其他旅客每公历年度内进境可任选其中1件免税。

注：

1. 所称物品价值以海关审定的完税价格为准。

2. 超出最高限值的物品，另按有关规定办理。

3. 根据规定可免税带进的第三类物品，同一品种物品公历年内不得重复。

4. 对不满16周岁的人员，海关只放行其旅途需用的第一类物品。

5. 以上不适用短期内多次来往香港、澳门地区旅客和经常进出境人员及边境地区居民。

当天多次往返港澳地区或在15天内往返港澳地区超过1次的旅客，按以下限量免税物品，各种食品，共5千克（限糖果饼干饮料）；香烟，40支；零星日用品，共人民币10元（旅途必需、数量合理）。

2. 游客自行接受海关检查

如游客有需要申报的物品，应在入境飞机上填写海关申报单。如果没有物品需要申报，则无须填写。可推行李直接到海关柜台前接受X光检测机检查。

出境时游客经过申报的旅行自用物品，游客复带入境时应出示出境时填写的申报单，如图6-3、图6-4所示。

中华人民共和国海关
进境旅客行李物品申报单

请先阅读背面的填表须知，然后在空格内填写文字信息或划√

1. 姓名　拼音
　　　　中文正楷
2. 出生日期　　年　　月　　日
3. 性别　男□　女□
4. 进出境证件号码
5. 国籍(地区)　中国□（香港□　澳门□　台湾□）
　　　　　　　外国
6. 进境事由　公务□　商务□　旅游□　学习□
　　　　　　定居□　探亲访友□　返回居住地□　其他□
7. 航班号/车次/船名　　　　8. 同行未满16周岁人数

我（我们）携带（有）：

9.（居民旅客）在境外获取的总值超过人民币5,000元的物品	是□	否□
10.（非居民旅客）拟留在中国境内的总值超过人民币2,000元的物品	是□	否□
11. 超过1,500毫升酒精饮料（酒精含量12度以上），或超过400支香烟，或超过100支雪茄，或超过500克烟丝	是□	否□
12. 超过20,000元人民币现钞，或超过折合5,000美元外币现钞	是□	否□
13. 动植物及其产品、微生物、生物制品、人体组织、血液及其制品	是□	否□
14. 无线电收发信机、通信保密机	是□	否□
15. 中华人民共和国禁止和其他限制进境的物品	是□	否□
16. 分离运输行李	是□	否□
17. 货物、货样、广告品	是□	否□

我已阅知本申报单背面所列事项，并保证所有申报属实。

携带有9-15项下物品的，请详细填写如下清单：

品名/币种	数量	金额	型号	海关批注

旅客签名　　　　　　　　年　月　日

图 6-3　进境旅客行李物品申报单（正面）

中 华 人 民 共 和 国 海 关

填表须知

一、重要提示

1. 进境旅客应使用海关所提供申报单的语种如实填写申报单,并将填写完毕的申报单在海关申报台前向海关递交(按照规定享受免验礼遇和海关免予监管的人员以及随同成人旅行的16周岁以下旅客除外)。

2. 在设置"双通道"的海关旅检现场,携带有本申报单9至17项下物品的旅客,应选择"申报通道"(又称"红色通道",标识为"■")通关,其他旅客可选择"无申报通道"(又称"绿色通道",标识为"●")通关。

3. 本申报单第9项下所称"居民旅客"系指其通常定居地在中国关境内的旅客,第10项下所称"非居民旅客"系指其通常定居地在中国关境外的旅客。

4. 本申报单第9、10项所列物品价值以海关审定的完税价格为准。

5. 携带需复带出境超过折合5,000美元的外币现钞或有分离运输行李时,旅客应填写两份申报单,海关验核签章后将其中一份申报单退还旅客凭以办理有关外币复带出境或分离运输行李进境手续。

6. 不如实申报,海关将依法处理。

二、中华人民共和国禁止进境物品

1. 各种武器、仿真武器、弹药及爆炸物品;

2. 伪造的货币及伪造的有价证券;

3. 对中国政治、经济、文化、道德有害的印刷品、胶卷、照片、唱片、影片、录音带、录像带、激光唱盘、激光视盘、计算机存储介质及其他物品;

4. 各种烈性毒药;

5. 鸦片、吗啡、海洛因、大麻以及其他能使人成瘾的麻醉品、精神药物;

6. 新鲜水果、茄科蔬菜、活动物(犬、猫除外)、动物产品、动植物病原体和害虫及其他有害生物、动物尸体、土壤、转基因生物材料、动植物疫情流行的国家和地区的有关动植物及其产品和其他应检物;

7. 有碍人畜健康的、来自疫区的以及其他能传播疾病的食品、药品或其他物品。

图 6-4　进境旅客行李物品申报单(背面)

复习思考题

1. 领队在行前说明会上主要讲解哪方面内容?

2. 乘坐飞机时,领队还应为游客提供哪些方面的服务?

3. 乘坐离境航班准备登机前领队应注意哪些问题?

154　导游实务

　　旅游者张某报名参加某国际旅行社组织的新马泰出境游，并按照旅行社的要求提交了本人护照以办理签证。之后，旅行社通知他签证办妥，按期出国。临上飞机时，领队王某告诉他，团队办的是落地签证，须到泰国后才可以办理。当旅游团抵达曼谷办理手续时，签证官却因张某的护照有效期不足 6 个月，不符合办理签证的条件，拒绝其入境。当天晚上，张某随一些非法移民被共同安置在移民监狱，第二天被遣返回国，这一切使他感到十分屈辱。回国后，张某向旅游管理部门投诉，并向旅行社提出了赔偿请求。

　　讨论
　　1. 本案例中，旅行社的工作人员存在哪些漏洞？
　　2. 今后应该如何避免此类事件的发生？

项目七　散客服务程序与质量标准

项目目标

通过本项目的学习了解散客旅游的概念、分类和特点及其发展的原因，熟悉熟悉散客旅游与团队旅游的区别，掌握旅行社为散客旅游者提供的旅游服务项目、服务的类型及服务要求，掌握散客导游服务程序。提高散客导游服务的服务意识与服务技能，为游客提供优质服务。

项目分解

任务一　散客及散客旅游

任务二　散客旅游服务的类型及要求

任务三　散客导游服务程序

任务一　散客及散客旅游

任务情境

小鹏夫妻刚刚领了结婚证，准备旅游结婚，他们不愿意受约束，但又不想太费心，思来想去决定到旅行社问问针对他们这样的是否有可选择部分旅游服务委托项目的自助旅游。

【任务分析】

散客旅游者自由松散、权利意识较强，有明确的个性需求，文化层次普遍较高。面对日益激增的散客群体，作为导游的我们应该如何做呢？

 知识链接

知识点一　散客及散客旅游的概念

散客在旅游行业中常被简称为 FIT（Foreign Independent Tourist），意为去异地的独立旅游者，这类旅游往往预付一定费用，没有陪同，人数很少。FIT 有时也被称为异地个人旅游（Foreign Individual Tourist），即个人或家庭按照特别拟订的旅游计划单独进行或由一家旅行社承办，根据和旅游批发商一同制订的旅游计划所进行的旅游。

散客是没有预约、没有规律的零散游客。这类游客在选择消费或服务方面自主性较高，对所选对象有较强的好感。现阶段对散客没有明确的定义，人们从不同角度对此加以界定，如以包价形式、团队规模、委托形式、销售方式以及组团地点等作为标准，散客在旅游产品的购买上多采用零星现付各种旅游费用的形式。

散客旅游，又称"自助旅游"或"半自助旅游"，它是由旅游者自行安排旅游行程，零星现付各项旅游费用的旅游形式。在当今多样化的旅游活动中，散客旅游是一种主要形式，散客旅游的人数占出游人数的大多数。但是，散客旅游并不意味着散客完全不依靠旅行社，而把全部旅游事务都自己办理，实际上，许多散客的旅游活动会借助旅行社的帮助。如出游前到旅行社进行咨询，委托旅行社代订交通票据和酒店；出游中委托旅行社派遣人员进行接送及导游讲解，或参加旅行社组织的选择性旅游等。

案例 7-1

九寨沟景区游客滞留事件带来的启示

这张图片出现在 2013 年"十一"黄金周期间，被誉为"人间天堂"的九寨沟风景区出现了万人滞留景区内，游客拥堵 5 小时，景区出动武警维持秩序。10 月 2 日下午，有游客在网上发帖反映九寨沟景区大量游客滞留，现场十分混乱，游客情绪激动，景区内上下山通道已经陷入瘫痪，许多游客滞留于公交车站点，在犀牛海、诺日朗等景点处，道路上挤满了情绪激动的游客，几辆公交车寸步难行，不少游客席地而坐，或是爬上车顶休息。直到晚上 22 点景区才将游客分批接送下山。

九寨沟景区发生游客滞留事件，虽然得到迅速平息和解决，但却在业界产生巨大影响并带来深刻反思。在诸多的反思中有一点是共同的，那就是：中国旅游进入了"散客"时代。

摘自：新浪网

【案例分析】

2013年国庆黄金周，恰逢《旅游法》正式实施，对旅行社团队的执法监管力度加大，助推了团费的理性回归；同时，在交通条件极大改善的前提下，高速公路对小型车辆实施免费政策，推动游客选择自驾游和自助游作为出游的主要方式。根据九寨沟景区管理局统计，2013年国庆黄金周九寨沟景区接待游客结构与往年相比发生重大变化，散客占游客总数69.60％，团队仅占30.40％。在团队观光旅游中，每个团队有领队和导游人员管理，团队的行程固定，团队纪律和旅游秩序维护较好；而散客往往是小团体构成，追求的就是行程自由和旅程安排相对宽松。由于约束相对较少，而权利意识相对较强，出游中少数游客不遵守秩序、不听从安排，极易引发连锁反应。散客时代带来了游客出游方式改变、消费行为改变，这也导致景区管理体制、景区的内部建设、导游危机处置的权力和能力出现了问题，这才是九寨沟事件发生的根本原因。

知识点二　散客旅游的分类

1. 散客包价旅游

散客包价旅游的人数一般在9人以下，旅游者在出发前会将全部或部分基本旅游费用一次性支付给旅行社。散客包价旅游可分为全包价和小包价两种形式，其中全包价与团队包价相同，即包括住宿、餐饮、交通、旅游、娱乐、购物和接送服务等各项安排；小包价则只包括其中的一部分内容。和团队包价旅游相比，散客包价旅游一般不配备全陪，只配备地陪。

2. 自助旅游

自助旅游的各项活动内容均由旅游者自行安排，包括住宿、餐饮、交通、旅游、娱乐、购物等各项活动安排。自助旅游的旅游者也可以选择部分旅游服务项目委托旅行社或其他机构代为预订，如订房、订票、代办签证、保险等。

3. 散拼团体

散拼团体指由旅行社或相关旅游机构组织的以团体形式出现的散客旅游。一般由旅行社或相关旅游机构事先编制好旅游计划和散客计价方式，在旅游目的地城市通过广告、广播、宣传画等形式招徕游客，将各地的散客旅游者临时组织成团队开展旅游活动。散拼团体在计价形式、人数限制、服务团队组成等方面与包价团队有较大差异。

知识点三　散客旅游服务的特点

（一）散客旅游的特点

虽然散客导游服务在内容和程序上与团队包价旅游有相同之处，但自身的特点亦十分明显。散客旅游具有自由度高、成本高、服务项目少、服务周期短、服务相对复杂和消费两极化的特点。

1. 自由度高

散客旅游具有自主性、灵活性和多样性的特征，其旅游行程安排比较灵活，没有太多约束。散客由于自主意识强,兴趣爱好各异,在接受导游服务时,一方面不愿导游人员过多地干扰其自由,另一方面又经常向导游人员提出一些要求。并且往往根据各自的喜好,向导游人员提出一些变动的要求,如提前结束旅游活动或推迟结束游览时间等。

2. 成本高

散客旅游人数较少,综合成本费用相对较高,计费方式也比团体包价旅游要高。散客旅游付费方式灵活,多为现付费用。

3. 服务项目少

由于散客导游服务的服务项目完全是散客个人自主选择而定,所以除散客包价旅游之外,其他形式的散客导游服务在服务项目上相对较少,有的只提供单项服务,如接站服务、送站服务。

4. 服务周期短

散客导游服务由于服务项目少,有的比较单一,因而同团队包价旅游相比,所需服务的时间较短,人员周转较快,同一导游在同一时期内接待的游客数量也较多。

5. 服务相对复杂

由于散客导游服务的服务周期短,周转时间快,导游人员每天、每时都将面对不同面孔、不同类型、不同性格的游客,与游客的沟通、对游客的适应时间都非常短,从而使得导游人员在进行导游服务时会比团队导游服务要相对复杂。

6. 消费两级化

散客旅游消费呈两极分化,出现高端消费(如商务游、特色游、营地游等)和平民消费(如徒步旅行、骑车游、背包游等)两种形式。

(二) 散拼团体的特点

① 临时组成团体,随机性较强,组织者一般只为团体安排地陪服务。

② 在住房、交通、游览等方面多实行散客待遇,费用较高。

③ 因散拼团体为临时组成,散团的成员较为复杂,有时还会出现不同国籍的游客在同一辆旅游车上的情况。因此,对导游人员的要求也相应提高,导游人员所承担的工作压力较大。

案 例   **7-2**

安徽老人海南旅游遭遇陷阱

2012年3月10~12日,安徽69岁老人姚远与其他几个省份的散客组成一个旅行团,并与淮南阳光假日旅行社签订了海南双飞五日游旅游合同,一次性缴纳了旅游费用1650元(含合肥至海口往返机票1400元)。根据签订的合同,海南旅游行程中自费景点很少,且完全由游客自愿参与,带队导游是熊某。

但是实际旅行中却并非如此。在海南行程中,多数是自费景点,而且熊某一直催促游客补缴700~900元的自费门票费。姚远说,每天都要看两个"自费景点",

每个景点平均收费 150 元以上。海南旅游大部分时间都花在自费景点上了。姚远说，自己身上仅有四五百元，怕钱花完了回不了家，于是一直坚持不交自理项目的费用。导游用语言来挤对自己，"你出门不带钱，要是有病咋办？""你就在车中呆着，哪里也不许去。""你给我签个字，丢了我不管。""回来你不在，我们就开车走了⋯⋯"姚远说："当时，别提我心里多难受了。"

摘自：网易新闻

【案例分析】

本案例反映了散客拼团市场普遍存在的"零负团费"、强迫或胁迫消费、违反合同约定改变行程等问题，对旅游市场环境影响恶劣。导游熊某在旅游过程中存在乱收费，欺骗游客消费，随意增减服务项目，服务意识不强等问题。同时，旅行社对其散客中心监管不严，对导游带团监管不到位，造成恶劣影响。要彻底解决这一问题，一方面是政府主管部门要彻底清除产生"零负团费"的"土壤"，另一方面，作为游客也要改变贪图便宜的消费心理，"一分钱一分货，旅游其实也一样，低价往往意味着购物点、自费项目多。"

【法规提示】

2013 年出台的《中华人民共和国旅游法》第三十五条规定："禁止不合理低价组团、诱骗消费"。旅行社不得以不合理的低价组织旅游活动，诱骗旅游者，并通过安排购物或者另行付费旅游项目获取回扣等不正当利益。

旅行社组织、接待旅游者，不得指定具体购物场所，不得安排另行付费旅游项目。但是，经双方协商一致或者旅游者要求，且不影响其他旅游者行程安排的除外。

发生违反前两款规定情形的，旅游者有权在旅游行程结束后 30 日内，要求旅行社为其办理退货并先行垫付退货货款，或者退还另行付费旅游项目的费用。

知识点四　散客旅游与团队旅游的区别

1. 旅游方式不同

团队旅游是由旅行社或其他旅游服务中介机构来计划和安排旅游行程；散客旅游一般是由旅游者自行计划和安排。

2. 人数不同

团队包价旅游人数一般在 10 人以上；散客旅游的人数多少不一，其中散客包价旅游人数在 9 人以下。

3. 服务内容不同

团队旅游的旅游者受团队约束，必须按照预定的计划随团活动，自由度较小；散客旅游的旅游者行程自己安排，自由度大。

4. 付款方式和价格不同

团队旅游购买的是包价旅游产品，要求提前一次性预付全部或部分旅游费用；散客旅游多采用零星现付方式，见表 7-1 所示。

表 7-1　散客旅游与团队旅游的区别

类型	团队旅游	散客旅游
行程安排	由旅行社或旅游服务中介机构计划和安排行程	由散客自行计划和安排
付费方式	包价形式，一次性预付旅游费用	零星现付
价格	某些项目可享受折扣优惠，价格相对优惠	比团队旅游相对昂贵
自由度	游客受团队约束	自由度大
旅游人数	10 名以上	9 名以下

任务二　散客旅游服务的类型及要求

任务情境

小张和小毛准备合伙开一家旅行社，由于资金少，人员少，所以主要接待一些散客，到底旅行社为散客提供哪些类型的旅游服务呢?

【任务分析】

旅行社为散客提供的旅游产品主要有以下 3 种类型：单项委托服务、旅游咨询服务和选择性旅游服务。

 知识链接

知识点一　散客旅游服务类型

（一）单项委托服务

单项委托服务是指旅行社为散客提供的各种按照单项计价的可选择的旅游服务。通常包括：抵离接送；行李提取、保管和托运；代订饭店；代订、代购、代确认交通票据；代租汽车；代办出入境、过境临时居住和旅游签证；代向海关办理申报检验手续；代办国内旅游委托；提供导游服务等。

单项委托服务分为受理散客来本地旅游的委托、办理散客赴外地旅游的委托和受理散客在本地的各种单项委托。

1. 受理散客来本地旅游的委托业务

旅游者在外地委托当地的旅行社办理前来本地旅游的业务，并要求本地的旅行社提供该旅游者在本地旅游活动的接待或其他旅游服务。旅行社散客部业务人员应在接到外地旅行社的委托通知后，立即按照相关规定办理旅游者所委托的有关服务项目。

（1）记录相关内容　本地旅行社散客部接待人员首先要记录散客的姓名、国籍、人数、性别；抵达本地的日期；所乘坐的航班、车（船）次；所需导游的语种；所需求的服务项目与付款方式；散客的联络方式；记录人及记录时间。

（2）填写任务通知书　填写任务通知书，一式两份，一份留存备查，另一份连同原件送经办人办理。

（3）导游接待服务　如果旅游者要求旅行社提供导游接待服务，旅行社应及时委派本部门的导游员或通知接待部委派导游员前往旅游者抵达的地点接站并提供相应的导游讲解服务和其他服务。

如果旅行社认为无法提供旅游者所委托的服务项目，应在接到外地旅行社委托后24小时内发出不能接受委托的通知。

2. 办理散客赴外地旅游的委托业务

旅行社的散客部业务人员在接到旅游者提出赴外地的委托申请后，必须耐心询问旅游者的旅游要求，认真检查旅游者的身份证件。如果旅游者委托他人代办委托手续，受托人必须在办理委托时出示委托人的委托信函及受托人的身份证件。

旅行社散客部业务人员在为旅游者办理赴外地旅游委托手续时，应根据旅游者的具体要求，逐项填写《旅游代办委托书》，并逐项计价收取委托服务费用。然后将《旅游代办委托书》的第一联和第二联交给旅游者，将第三联和第四联留下。

旅游者在旅行社办理旅游委托后又要求取消或变更旅游委托时，应至少在出发前一天到旅行社办理取消或变更手续，交纳加急长途通信费并承担可能由此造成的损失。对取消旅游委托的旅游者，旅行社经办人员应收回《旅游代办委托书》，并将其存档。

3. 受理散客在本地的单项旅游委托业务

有的时候，散客旅游者在到达本地前并未办理任何旅游委托手续，只是当他到了本地后，由于某种需要到旅行社申请在本地的单项旅游委托服务。旅行社散客部业务人员在接待这些旅游者时，应首先问清旅游者的委托要求，并讲明旅行社所能提供的各项旅游服务项目及收费标准。然后，根据旅游者的申请，为其提供相应的服务。如果旅游者委托旅行社提供导游服务，旅行社应在旅游者办妥委托手续并交纳费用后，及时通知接待部门委派导游员或派遣本部门的导游员为旅游者服务。

（二）旅游咨询服务

旅游咨询服务是旅行社散客部接待人员向旅游者提供各种与旅游相关的信息及旅行社所能提供的服务项目。主要包括旅游交通、饭店住宿、餐馆设施、旅游景点、旅行社提供的产品及相应的价格。同时，旅行社接待人员还可以根据旅游者的需求提供其他旅游方案，供其选择。

旅游咨询服务分为电话咨询服务、信函咨询服务和人员咨询服务。

1. 电话咨询服务

电话咨询服务是指旅行社散客业务人员通过电话回答旅游者关于旅行社产品及其他旅游服务方面的问题，并向其推荐本旅行社的有关产品。散客业务人员在提供电话咨询服务时应做到以下两点。

（1）尊重顾客　旅行社散客部的业务人员在接到旅游者打来的咨询电话时，应该认真倾听他们提出的问题，并耐心地给予恰当的回答。在与客人进行电话交流时，声调要友好和气，语音应礼貌规范，以表现出对客人的尊重。

（2）主动推荐　散客部业务人员在提供电话咨询服务时应积极主动，反应迅速。在圆满地回答客人提出的各种问题的同时，应主动向旅游者提出各种合理的建议，抓住时机向他们大力推荐本旅行社的各项产品。

2. 信函咨询服务

信函咨询服务是指旅行社散客部业务人员以书信形式答复旅游者提出的有关旅游方面和旅行社产品方面的各种问题，并提出各种旅游建议的服务方式。

目前，旅行社散客部的信函咨询服务主要利用传真设备进行。信函咨询的书面答复应做到语言明确、简练规范、字迹清楚。同时还应注意在第一时间回复信函，以表现出对客人的尊重。

3. 人员咨询服务

人员咨询服务是指旅行社散客部业务人员接待前来旅行社门市柜台进行咨询的旅游者，回答他们提出的有关旅游方面的问题，并介绍旅行社散客旅游产品，提出旅游建议，供客人选择。散客部业务人员在向客人面对面提供咨询服务时，应做到以下两点。

（1）礼貌待客　旅行社散客部业务人员必须坚持礼貌待客，给旅游者一种宾至如归的感觉。礼貌待客显示了旅行社人员的良好素质和对顾客的尊重，会给旅游者留下一个良好的第一印象。

（2）热情宣传　在咨询过程中，散客部业务人员应热情友好，面带微笑，主动进行产品介绍，仔细认真地倾听旅游者的询问，并耐心地进行回答。与此同时，还应该有条不紊地将旅游者的问题和要求记录下来。此外，还应向旅游者提供有关的产品宣传资料，让旅游者带回去阅读，以便加深旅游者对本旅行社及其产品的印象，为旅行社争取客源。

案　例　7-3

向挑剔的客人提供咨询

一天，一位女士来到设在旅行社门市一条街的天丰国际旅行社。散客部的李晓雯立刻主动迎上前去热情地打招呼，请她坐下。随后，小李礼貌地问她需要了解哪些情况。这位女士向小李询问到香港旅游的费用和报价内容。小李一一作了介绍。不料，这位女士不客气地打断了小李的介绍，开始指责旅行社的报价太高。之后，她又滔滔不绝地说了10多分钟，但是并没有起身离开的意思。小李微笑着望着这位女士，并且不断地点着头，表示在认真倾听，等她说完，小李明白了这位女士所讲的旅行社报价过高，是由于其他有些旅行社在旅行过程中安排的档次较低，因此造成价格相对较低。针对这一问题小李并没有反驳这位女士对旅行社的批评，也没有直接指出其他旅行社报价低的问题所在，而是详细地介绍了本旅行社的旅行规格较高，能够确保旅游者旅行舒适、安全，同时可以得到高水平的导游服务等特点。

最后，小李诚恳地对着问女士说："您能够对不同的旅游报价进行比较，说明您是一位经验丰富的旅游者。因此，您一定理解较好的旅游服务能够使旅游者获得更美好的旅游经历的道理。不管您参加哪一家旅行社的旅游活动，我都祝愿您旅行愉快。"这时这位女士笑着对小李说："姑娘，我想参加你们的旅游团一定能够愉快。为我们全家三口办理手续吧。"

【分析与提示】

旅游咨询服务是旅行社散客部向旅游者提供的一项服务。通过向旅游者提供各种旅游信息，再结合其需求，最终接待人员提出各种旅游方案供旅游者选择。因此，旅游咨询服务是一项讲究接待艺术的工作，无论客人如何挑剔，接待人员在客人面前应彬彬有礼，表现出应有的耐心，认真倾听客人的意见，适时给出合理的建议。如果客人对本旅行社的产品提出与事实不符的批评时或者将本旅行社的产品与其他旅行社产品作比较时，接待人员也不能当面反驳客人，更不能够为了提高本旅行社的声望，贬低其他旅行社。而是应该耐心地说明本旅行社产品的优点，使客人能够做出理智地选择。

（三）选择性旅游服务

选择性旅游服务是指通过旅行社招徕，将赴同一旅游目的地的来自不同地方的旅游者组织起来，分别按单项计价的旅游方式。

选择性旅游服务内容形式多样，如小包价旅游的可选择部分；散客的市内游览；晚间文娱活动；风味品尝；到近郊及邻近城市旅游景点的短期游览参观活动，如"一日游"、"半日游"、"数日游"以及"购物游"等项目。根据国际旅游市场的发展趋势和我国实行双休日制度后出现的周末远足热潮，以及我国取消"五一"黄金周后又增加的"清明"、"端午"、"中秋"等小假期后出现的旅游热潮，不少旅行社已将目光转移到散客旅游这一大有潜力的新市场，纷纷推出各种各样的散客旅游产品，以增加旅行社的经济效益和社会效益，扩大知名度。我国有些地区甚至出现了专营散客旅游产品的旅行社。

1. 选择性旅游产品的销售

（1）建立销售代理网络　建立销售网络是旅行社销售选择性旅游产品的另一种途径。旅行社应与国内其他地方的旅行社建立相互代理关系，代销对方的选择性旅游产品。此外，旅行社还应设法与海外经营出境散客旅游业务的旅行社建立代理关系，为本旅行社代销选择性旅游产品。

（2）设计选择性旅游产品　旅行社应针对散客旅游者的特点设计和编制出各种适合散客旅游者需要的选择性旅游产品。这些产品中包括"半日游"、"一日游"、"数日游"、"购物游"等包价产品；游览某一景点、品尝地方风味、观赏文娱节目等单项服务产品。

2. 选择性旅游服务的接待

（1）及时采购　由于选择性旅游产品的预订期极短，但涉及的服务内容却很广，这就要求旅行社的采购工作应及时、迅速。因此，旅行社应建立、健全包括饭店、餐馆、旅游景区、景点、文化娱乐场所、交通运输部门等企业和单位的采购网络，以确保旅游者预订的服务项目能够得以实现。此外，旅行社还应经常了解这些企业和单位的价格、优惠条件、预订政策、退订手续等情况及其变化，以便在保障旅游者的服务供应前提下，尽量降低产品成本，扩大采购选择余地，增加旅行社的经济效益。

（2）做好接待　选择性旅游团队多由来自不同地方的散客旅游者临时组成，一般不设领队或全程陪同。因此，与团体包价旅游团队的接待相比，选择性旅游团队的接待工作的难度较大。为了圆满完成选择性旅游者的接待工作，需要旅行社为其配备经验比较丰富，独立工作能力较强的导游人员。在接待过程中，导游人员应组织安排好各项活动，随时注意旅游者的反映和要求，在不违反对旅游者的承诺和不增加旅行社经济负担的前提下，对旅游活动内容作适当的调整。

知识点二　散客导游服务的要求

1. 接待服务效率高

散客旅游由于游客自主意识强，往往要求导游人员有较强的时间观念，能够在较短的时间内为其提供快速高效的服务。在接站、送站时，散客不仅要求导游人员要准时抵达接、送现场，而且也急于了解行程的距离和所需的时间，希望能够尽快抵达目的地，所以要求导游人员能迅速办理好各种有关手续。

2. 导游服务质量高

一般选择散客旅游的，往往旅游经验较为丰富，希望导游人员的讲解更能突出文化内涵和地方特色，能圆满回答他们提出的各种问题，以满足其个性化、多样化的需求。因此，导游人员在对散客服务时，要有充分的思想准备和知识准备，以便为游客提供高质量的导游服务。

3. 独立工作能力强

散客旅游没有领队和全陪，导游服务的各项工作均由地陪一人承担，出现问题时，无论是哪方面的原因，地陪都需要独自处理。所以，散客导游服务要求地陪的独立工作能力强，能够独自处理导游活动中发生的一切问题。

4. 语言运用能力强

由于散客的情况比较复杂，他们中有不同国家或地区的、不同文化层次的、不同信仰的。在带领选择性旅游团时，导游人员进行讲解时，语言运用上需综合考虑各种情况，使所有的游客均能从中获得受益，切忌偏重某一方。

温馨提示

散客时代就是移动互联时代

从国家旅游局获悉，率先在三亚等目的地建立散客旅游保障体系的国内最大在线旅游服务商——携程旅游，目前自由行人次每天最高上千人。2011 年，三亚旅游市场整体接待过夜游客突破 1000 万人，通过预订携程的机票、酒店和自由行约

80 万人次，是国内三亚旅游最大预订渠道。据携程旅游最新统计，春节后的游客量相比春节期间成倍增长，单日出行的游客人次最高上升到近千人，创历史新高。

携程旅游业务部专门针对解决自由行散客的需求，制订保障服务品质一系列措施，如专属司机和导游服务、建立巴士体系解决客人交通问题、一日游每天发车不进购物店、不推荐客人进不诚信消费场所等。携程旅游专门成立了三亚携程旅行社分公司，自建车队体系、自建司机和导游体系，建立旅游集散中心和客户服务中心等，重点开发一日游、导游服务、目的地交通、门票类等"当地游"产品，让散客在出发前就放心预订。这一游服务体系发挥了极大效果。

全国假日办在总结 2012 年春节旅游时，强调游客更加注重个性化、体验化和休闲化的自助旅游方式，休闲度假、探亲访友的自驾旅游、家庭式自助游和散客式自助游渐渐成为常态。跟上这一"常态"的步伐，对旅游业而言刻不容缓。"散客自由行时代，将与移动互联时代紧密结合"。

摘自：新华网

任务三　散客导游服务程序

任务情境

情境一

某年 6 月 1 日上午 10:45，导游员小李和司机在指定地点接上了在北京游客服务中心报名的 9 名散客，按照接待计划将于 6 月 1 日下午 14:00 前往承德避暑山庄参观游览。接团前一天小李就认真阅读了接待计划和派遣单，检查了一下自己的证件，并提前在指定地点等待游客，准备一天的导游服务工作。

情境二

欧美部的英语导游员小方作为地陪负责接待一个由 7 名散客组成的散客旅游。其中 5 人讲英语，2 人讲中文。在旅游车上，小方用两种语言交替为游客讲解。到了游览点时，小方考虑到游客中讲英语的占多数，便先用英语进行了讲解，没想到他用英语讲解完毕，想用中文作再次讲解时，讲中文的游客已全部走开了，因而他就没用中文再次讲解。事后，小方所在旅行社接到两位讲中文游客的投诉，他们认为地陪小方崇洋媚外，对待游客不平等。

【任务分析】

情境一，散客服务与团队服务在服务程序和内容上有很多相同之处，但也有不同。

情境二，由于这是个选择性旅游所组成的散客旅游，导游人员在服务过程中欠细致、周到，事先也并未声明，造成了误会。

上述两种情境，都是接待散客时遇到的。散客服务与团队游客服务在流程、内容等面有不同之处，因此，导游人员在进行散客旅游服务时又不能完全照搬团队包价旅游的服务程序，应注意其中的不同之处。

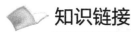 **知识链接**

散客旅游服务与团队导游服务，在服务规程和服务内容、要求上有许多相同之处，导游人员应当按照《导游服务质量国家标准》及《导游人员管理条例》的相关规定为游客提供规范化的导游服务。

知识点一 接站服务

（一）服务准备

导游人员接到任务通知后应及时前往旅行社散客部或设置在旅游饭店等处的柜台领取旅游委托书，认真做好迎接的准备工作。

1. 认真阅读接待计划

导游员应明确旅游者所乘坐的交通工具以及准确的抵达时间；旅游者的姓名、人数和下榻的饭店；为旅游者提供哪些服务项目、是否与旅游者合乘一辆车至下榻的饭店等，并应将旅游者的全名正确地抄写下来。明确具体的散客旅游服务项目，具体内容如下。

① 明确团队性质，是散客包团、散拼团体还是单项服务等。

② 熟悉所提供服务项目的具体内容，包括住宿、交通、用餐、游览等。

③ 掌握游客抵达、离开的时间。

④ 了解游客特殊需求等。

2. 落实相关接待事宜

导游人员接受服务任务后，要亲自核实散客旅游者抵达本地的日期、时间、所乘航班或火车的车次和时间。导游员要与计调部确认司机的姓名，并与司机联系，了解车型、车号，并约定好出发的时间、地点。

3. 做好出发前的准备

导游员在接待散客旅游者前应当做好出发前的准备，具体如下。

① 个人物品：随身携带导游证、胸卡（IC卡）、导游旗、笔记本、笔、地图等。

② 接站物品：要准备好迎接旅游者的写有其姓名的标志牌或对小包价旅游团表示欢迎的标志、社旗等。

③ 接团物品：接团计划、团款、所需票证、单据，如餐单、游览券、用车结算单等。

补充资料

散客拼团半自助游 5 日行程安排

D1-31/7 厦门——桂林，入住酒店（住桂林桂江酒店/无餐）

抵达桂林，入住酒店；时间充裕可游玩桂林明王城-靖江王府-独秀峰，晚上漫步欧陆风格正阳步行街；可步行或乘船游览被称作东方威尼斯的桂林环城水系两江四湖。

D2-1/8 冠岩景区、古东瀑布一日游（住桂林桂江酒店/无餐）

早餐后，8点左右前往冠岩景区，群峰竞秀，碧水传情，洞奇石美。欣赏美妙绝伦的"冠岩四绝"、"天窗"、"海啸"、"嫩雪石"、"金羽琴"，领略到火车、漂流、电梯，"海、陆、空"立体旅游的无穷乐趣；感受两项大世界吉尼斯之最：岩洞中游览方式之最——冠岩、最长的旅游观光滑道——冠岩电动管轨车，岩洞中气势恢宏，素有"兼山水之奇"的美誉；下午乘车至大圩天然氧吧——古东景区，游览原生态瀑布群古东瀑布（可以攀爬的瀑布），在这里您可以与桂林的山、水进行最亲密的接触！

D3-2/8 乐满地主题乐园一日游（住阳朔家庭客栈/无餐）

早餐后乘车前往兴安（路程约1个小时），到达乐满地主题乐园景区，游五大主题区：欢乐中国城：音乐马车、动感影院、吉祥飞龙；海盗村：海盗船、醉酒桶、声光游乐城；美国西部区：急流泛舟、西部牛仔秀；梦幻世界：鬼屋惊魂、妙秒车、碰碰车、疯狂巴士、欢乐剧场；南太平洋区：霹雳过山车、飞艇冲浪。让您在欢乐的海洋里度过愉快假期，下午约17点乘车前往阳朔；晚上自由泡吧，逛中西文化结合的地球村阳朔西街或漓江边喝茶。

D4-3/8 兴坪古镇、九马画山、取景处、银子岩一日游（住阳朔家庭客栈/无餐）

早餐后乘车前往阳朔，游览兴坪古镇，20元人民币取景处，九马画山等；下午游览世界溶洞奇观——银子岩，晚餐后西街自由泡吧；也可自费观看张艺谋导演的世界最大山水实景演出"印象刘三姐"；漫步中西文化相结合的地球村阳朔西街，西街泡吧，漓江边喝茶。

D5-4/8 自行车骑行、阳朔田园风光、遇龙河漂流一日游（住阳朔家庭客栈/无餐）

早餐后，挑选自己喜欢的自行车，骑车欣赏阳朔如画田园风光，游览有小漓江之称的遇龙河，参加朝阳码头遇龙河竹筏漂流，河水清澈见底。乘筏举目，绿浪拥怀，青山舒目，使您感到心旷神怡；同时还可开心刺激的打一场水战，实在过瘾！参观游览桂林原住民景区——图腾古道，返回桂林，离开桂林返家，结束愉快旅程！

（二）接站服务

1. 提前抵达接站等候

导游员在接待散客旅游者时也应当和地陪一样，提前抵达接站位置，若迎接的是乘飞机来的散客，应提前30分钟到达机场并在出站口外显著位置，举着社旗或有游客姓名的接站牌迎接游客；若迎接乘火车而来的散客，最好能与游客事先沟通，并提前进入车站站台等候。

2. 迎接旅游者

在旅游者预定的航班抵达的时刻，导游人员和司机应站在不同出口处，易于被旅游者发现的位置等候，以便旅游者前来联系。散客旅游者与团队旅游者的最大区别是人数少，所以，要求导游人员要全神贯注地在众多出站游客中寻找要接待的游客，一般情况下，游客也会着急地寻找接待自己的导游人员。当迎接的旅游者经过确认后，导游员应主动问候，对其表示欢迎，并介绍所代表的旅行社及自己的姓名。至询问旅游者的行李件数并进行清点，协助旅游者提取行李，待信息核实无误后再将游客引领至旅游车停车场，引导其上车。

如果没有接到应接的旅游者，导游人员应做到以下几点。

① 询问机场或车站、码头的工作人员，确认本次航班、列车、轮船的客人是否已经全部进港，以及在隔离区内的旅游者。

② 与司机配合，在尽可能的范围内寻找至少 20 分钟。

③ 与散客下榻饭店联系，如果散客已经入住饭店，导游员应主动与其联系，并表示歉意。

④ 若确实找不到应接的散客，与计调人员联系并告知情况。

⑤ 当确定迎接无望时，须经计调部或散客部同意后方可离开。

（三）沿途导游服务

导游员应引导游客至停车场并登车，与游客进行必要的沟通，照顾游客的行李，协助登车。导游员与游客登车完毕，车辆起步后，导游员可开始沿途导游服务，其工作流程和内容与团队服务基本一致，进行沿途导游讲解，介绍城市的概况、即将下榻饭店的地理位置和设施，以及沿途景物和有关注意事项。如果接待的是个体散客，沿途导游可采取对话方式进行。

（四）入住饭店服务

1. 帮助办理入住手续

旅游者抵达饭店后，导游员应及时帮助旅游者办理饭店入住手续，并向其介绍饭店的主要服务项目和注意事项。按照接待计划，向旅游者说明饭店将为其提供的服务项目以及离店时要兑付的费用。核对散客行李，督促行李员将行李送到旅游者房间。记下旅游者的房间号码及联系电话，同时告知自己的电话号码，以便联系。

2. 确认日程安排

在帮助旅游者办理入住手续后，导游人员还要与散客旅游者就旅游委托书中的内容和服务项目进行沟通，包括参观游览项目、用车、用餐等安排，解答游客的各种问题。如果游客提出旅游委托书以外的旅游需求，应按照旅行社的相关规定予以办理。确定日程安排，当旅游者确认后，将填好的安排表、游览券及赴下一站的交通票据交与旅游者，并让其签字确认。

在安排散客的日程时，导游人员应遵循"合理而可能"的原则，但要做好顾问，向旅游者提出合理建议。同时导游人员还应主动向旅游者推荐旅行社的产品。

3. 确认返程交通

与游客核实返程交通情况，包括航班（或车次）的日期、时间、班次等详细信息，确认返程送站车辆安排等。如果游客尚未拿到返程交通票证，需提醒游客尽快进行预订和确认。如果游客委托导游服务人员所在旅行社协助购买返程票，导游人员要向游客收取票款和手续费，并及时将信息反馈给旅行社计调、票务部门。

当旅游者乘飞机赴下一站旅游，而旅游者又不需要旅行社为其提供机票时，导游人员应提醒旅游者提前预订和确认机座；如旅游者需要协助确认机座时，导游人员可告知其确认机票的电话号码；如旅游者愿将机票交与导游人员帮助确认，而接待计划又未注明需协助确认机票，导游人员可向旅游者收取确认费，并开具证明。导游人员帮助旅游者确认机票后，应向旅行社散客部或计调部报告核实确认后的航班号和离港时间。

4. 推销旅游服务项目

导游员在迎接游客的过程中，应寻找合适的时机询问游客在本地停留期间的其他旅游需求，向游客推荐本地有特色的旅游项目和旅行社旅游产品，表示愿意提供服务的愿望。

（五）后续工作

当迎接工作结束后，导游人员应及时将与接待计划有出入的信息及散客的特殊要求反馈给散客部或计调部。

案 例 7-4

黄金周旅游住宿"人满为患"

"十一"黄金周期间，全陪小陈带领50名来自于湖北各地的散客赴成都，第一天住成都酒店双人标间相安无事；第二天，全团分两辆车赴九寨沟，由于成都方面的原因，造成游览车晚点到达饭店，客人意见很大，好不容易全陪小陈进行劝服工作，客人才勉强同意上车。早上10点出发，晚24:00抵九寨沟，安排的住宿又不太满意，客人大多数为家庭出游，情侣、夫妻居多，而房间大多不是双人间，客人要求换房，这本不是过分的要求；可当时九寨沟"人满为患"，房间相当紧张，旁边有一辆卧铺汽车从广东开来，由于没有房间，客人全部在车上就寝。

全陪小陈了解了以上情况后，马上做客人的工作。首先，她告诉客人，房间确实不尽如人意；然后解释，确实没有房间，三星级酒店的地铺都卖到了300元/人，并把刚才看到的卧铺汽车的情况告诉客人；最后，她退一步说客人如果还是不相信，一定要自己去找房间的话，先不要退房，把行李还是放到房间去，等找到更好的房间，再退也不迟。客人觉得小陈说的也对，就听从全陪的安排，把行李拿到房间，然后出去逛了一圈回来。说道：果真没有房间了，并说如果他们刚才退了房，现在只怕没有房间住，非常感谢全陪小陈的明智之举。

第三天，这些散客开始了愉快的九寨沟之旅！

摘自：搜狐旅游网

【分析与提示】

在旅游旺季，什么情况都可能发生，尤其是用车和住房的紧张显得尤为明显。在这个案例中，是散客小包价旅游团，虽然有全陪，但没有领队，全陪的职责相当大。遇见这种车晚点、住房没达标的情况，客人有意见是情理之中的事，客人的要求并不过分。就看导游是怎么处理。此案例中，全陪小陈在了解全部情况后，处理得当。首先，她给客人一个肯定的回答：房间确实不尽如人意。和客人的看法一致，客人从心理得到了回响，心理舒服一些；其次，把知道的情况如住房紧张等问题耐心向客人解释；最后，拿出解决问题的办法，既要为客人的利益着想，又要考虑当时的具体情况，真正做到具体问题具体分析。如果全陪没有了解当时的情况，她不会做出这种决定的。

知识点二　导游服务

由于散客旅游者来自不同国家或地区，彼此间语言不通，生活习惯各异，在旅游过程中相互无约束，集合很困难。并且，散客多数具有丰富的旅游经验、随意性较强，往往对导游人员的期望值也较高，所以要求导游人员必须有高度的工作责任感和娴熟的服务技能，工作尽心尽力，遇到问题时多倾听旅游者的意见，提出合理建议，做好协调工作。同时，多向旅游者做提醒工作，以保证旅游者参观游览安全、顺利。

1. 出发前的准备

为确保导游人员顺利地完成导游接待任务，如果是散拼团队，导游员还要和司机一道前往多家酒店接游客，待游客接齐后再开始旅游行程。出发前，导游人员应做好有关准备工作如下。

① 做好物质准备。如携带游览券、导游旗、宣传材料、游览图册、导游证、胸卡、名片等。

② 与司机联系集合的时间、地点，督促司机做好有关的准备工作。

③ 应提前 15 分钟抵达集合地点，引导旅游者上车。

2. 沿途导游服务

散客的沿途导游服务与旅游团队大同小异，讲解内容包括：当地历史文化、地理概况、行政区划、旅游资源分布、民俗风情、经济发展、沿途景观介绍等。如导游人员接待的是临时组合起来的小包价旅游团，初次与旅游者见面时，导游人员应代表旅行社、司机向其致以热烈的欢迎，表示愿竭诚为大家服务，希望大家予以合作，多提宝贵意见和建议，并祝愿大家游览愉快、顺利。

除做好沿途导游之外，导游人员还应特别向旅游者强调在游览中要注意安全。

3. 现场导游讲解

抵达游览景点下车前，导游人员应告知旅游者景点游览结束后的上车时间、地点和车型、车号。进入游览景点后，导游人员应对景点的历史背景、特色等进行讲解，语言要生动，有声有色，引导旅游者观光游览。

针对散客的景点讲解与团队游客讲解相比应当更加细致，并能够结合游客感兴趣的话题深入介绍和讲解，需要导游服务人员花费更多的时间钻研业务，对导游带团常见景点要烂熟于心，对散客旅游者和散拼团队常接触的非常规景观情况也应该掌握，如遇到较为生疏的景观，导游员应在上团前提前熟悉、准备。

如果是个体旅游者，导游人员可采用对话或问答形式进行讲解。游览前，导游人员应向其提供游览路线的合理建议，有旅游者自行选择。

如果是散客小包价旅游团，导游人员应陪同旅游团，边游览边讲解，随时回答旅游者的提问，并注意观察旅游者的动向和周边情况，以防止客人走失或发生意外事故。

接待计划规定的景点游览结束后，导游人员要将旅游者送回下榻的饭店。

4. 安排用餐、购物、娱乐等活动

由于散客自由活动时间较多，导游人员应当好他们的参谋和顾问，应旅游者的要求，可协助其安排用餐、娱乐和购物等活动，如品尝私家菜、特殊购物需求、观看专场演出等。导游员应积极协助游客进行协调安排，落实相关事宜，陪同前往并进行讲解介绍。

案例 7-5

导游途中有苦有甜 操作程序有褒有贬

某广州职业学院旅游专业的学生小夏利用周末、假期做兼职导游。这个周六小夏接到了一个 12 人散拼团队，这些游客都是临时组成的，成员比较复杂。小夏带领他们参加"东部华侨城、茶溪谷、大峡谷两日游"。

早上 8:30 多数客人按照计划来到烈士陵园广场集合，小夏提前举着欢迎牌在此等候。在打电话询问并催促后，两位稍晚的游客也抵达了。核实有关情况后，旅游车准时于上午 9:00 出发。一路上，小夏按照程序向客人致欢迎辞，交代注意事项，介绍游览计划概况，还讲故事、笑话来活跃气氛，充分展示了自己的语言天赋和专业知识。客人们都觉得小夏热心负责，两个多小时的车程一点也不乏味，转眼就到深圳了。

12 点左右，旅游团到达一家餐厅。小夏招呼大家分两桌坐下。由于小夏一早就跟餐厅落实就餐事宜，路上又及时电话告知抵达时间，餐厅已经做好了准备。很快，饭菜就上来了。不到一个小时，用餐结束，大家吃得挺满意。小夏见大家已经吃好，便招呼大家上车，并提醒客人不要遗落物品。确定所有客人上车后，小夏招呼司机开车。

一会，旅游车就来到了景区门口。下车后小夏向全团客人介绍东部华侨城的概况，并再次交代了游览线路、注意事项、集合上车时间和地点后，把门票分发给游客，带领大家进入景区游览。当天，在小夏的带领下，大家游览了大峡谷的冒险海滩、海菲德小镇、峡湾森林、探险峡谷和云海高地五大主题区，历时 4 小时。

下午 18 点，全部游览结束。旅游车载着又累又饿的游客来到下榻的酒店。在前台拿到房卡后，小夏按照客人关系分了房，告知他们第二天早餐地点和集合时间，并向客人推荐附近比较好的用餐地点。晚上，小夏离开酒店，跟自己一个深圳的同学聚了聚，晚上回酒店。

第二天，小夏早早起来，收拾好东西，下楼到餐厅，刚吃了两口，看到有自己的游客下来用餐，小夏笑呵呵地跟客人打招呼，问客人睡的好不好，向客人收取房卡。客人陆续下来吃饭，小夏忙着到前台退房、结账。忙完回来，客人都差不多吃

完了，该出发了。

小夏招呼客人集合等车、清点人数，然后出发。

……

在小夏的带领下，客人游览完茶溪谷，心满意足地结束了两天的参观游览活动。用完自助午餐后，全体游客乘车返回广州。车上，小夏回顾了两天的行程，对大家的合作表示感谢，并表示希望以后能有机会再为大家服务。看到大家都很疲惫，小夏请大家休息一会。一觉醒来，车已到广州，到达预订散团地点后，小夏先下车，在门边跟大家礼貌告别。

【分析与提示】

小夏按照散客接待的工作流程提供导游服务，基本符合工作要求。

摘自：车秀英主编．导游实务案例与分析

知识点三 送站服务

旅游者在结束本地参观游览活动后，如委托旅行社派遣导游人员专门将其送至交通港，导游人员应确保旅游者顺利、安全的离开本地。

（一）服务准备

1. 详细阅读送站计划

导游人员接受送团任务后，应详细阅读送站计划，明确所送旅游者的姓名或散客旅游团的人数、离开本地的日期、所乘航班（车次、船次）以及旅游者下榻的饭店；有无航班或车次与人数的变更；是否与其他旅游者合乘一辆车去机场或车站。

2. 做好送站准备

导游人员必须在送站前 24 小时与旅游者或散客小包价旅游团确认送站时间和地点。若旅游者不在房间，应留言并告知再次联络的时间，然后再联系，确认。要准备好旅游者的机（车、船）票。

同散客部或计调部确认与司机会合的时间、地点及车型、车号。

导游人员应掌握好时间，确保散客旅游者准时离开本地。如乘国内航班离站，使散客旅游者提前 90 分钟到达机场；如乘国际航班离站，必须使散客旅游者提前 2 小时到达机场；如乘火车离站，应使散客旅游者提前 60 分钟到达车站。

（二）到饭店接送散客

按照约定的时间，导游人员必须提前 15 分钟到达散客旅游者下榻的饭店，协助其办理离店手续，交还房间房卡、付清账款，清点行李，提醒旅游者带齐随身物品，然后照顾旅游者登车出发。

若导游人员到达散客旅游者下榻的饭店后，未找到要送站的旅游者，导游人员应先到饭店前台了解散客旅游者是否已离店；再与司机共同寻找。若超过 20 分钟仍未找到旅游者，应向散客部或计调部报告，请计调人员协助查询，并随时与其保持联系。当确认实在无法找到旅游者，经计调人员或有关负责人同意后，方可停止寻找，离开饭店。

若导游人员要送站的散客旅游者与住在其他饭店的散客合乘一辆车去机场（车站、码头），要严格按照约定的时间顺序抵达各饭店。

若合车运送旅游者途中遇到严重交通堵塞或其他极特殊情况，需调整原约定的时间顺序和行车路线时，导游人员应及时打电话向散客部或计调部报告，请计调人员将时间上的变化通知下面饭店的散客旅游者，或请其采取其他措施。

（三）送站服务

在送站途中，导游人员应向散客旅游者致欢送辞，并征询在本地停留期间以及在旅游过程中的感受、意见和建议，对服务不周之处请求予以谅解，并代表旅行社向客人表示感谢。

到达机场（车站、码头）后，导游人员应提醒和帮助散客旅游者带好行李和物品，协助其办理机场税。一般情况下，机场税由散客旅游者自付，但如送站计划上注明代为旅游者缴纳机场税时，导游人员则应按照计划办理，回旅行社后再凭票报销。

同散客旅游者告别前，导游人员应向机场人员确认航班是否准时起飞，若航班推迟起飞，应主动为散客旅游者提供力所能及的服务和帮助。

若确认航班准时起飞，导游人员应将散客旅游者送至隔离区入口处同其告别，热情欢迎他（她）们下次再来。

若散客旅游者乘火车或轮船离开时，在抵达车站或码头后，导游人员要协助其安顿好行李后，将车票交给客人，然后同其道别，热情地欢迎他们下次再来。

（四）后续工作

① 处理散客服务过程中遗留的事项和委托事项，填写《零散旅游者登记表》。

② 对散客临时增加服务项目和其他变化所收取的费用，应及时与旅行社结清账目。

③ 针对接待过程中所涉及的用房、用餐、用车、参观等相关费用支出等与旅行社财务部门进行报账，并将有关情况反馈给散客部或计调部。

④ 如果在接待散客旅游者过程中出现重大问题，需向旅行社进行书面汇报。

任务实训

【实训目标】

通过本实训，使学生进一步熟悉并掌握散客导游服务程序；培养学生综合运用知识，情境模拟的方法接待不同类型的散客，体现优质服务能力；培养学生团队合作的能力。

【实训步骤】

一、实训准备

① 接待计划表、团员名单、接站牌、导游旗等。

② 根据情境材料，按照学习小组（6～8人），进行讨论分工，分配角色。

③ 可在导游模拟实训室或模拟导游车开展实训。

二、实训内容

① 各学习小组提交纸质行程安排，设计导游服务场景及对话，利用多媒体介绍景点及当地特色物产、娱乐等。要求符合服务规范，按照散客导游服务程序完成情境设计及表演。

② 实训案例

［案例1］三个家庭决定利用"十一"国庆假期带着孩子来湖南参观，希望能够带孩子登南岳衡山、上岳阳楼、游洞庭湖景区。由于带着孩子他们希望行程安排得较松散、自由，他们采用的是小包价，包括住宿、餐饮、交通、接送服务、旅游参观。请按照散客导游服务程序和要求为他们提供服务。

［案例2］三名大学生利用暑假到北京来玩，他们想去长城、十三陵参观，可是景区离市区远，不方便前往，便决定去报个一日游的团。他们来到前门北京旅游集散中心，参加了一个八达岭长城、十三陵一日游的散拼团。请按照散客导游服务程序和要求为他们提供服务。

三、实训总结

1. 学生互评。

2. 教师点评。

3. 企业打分。

4. 汇总实训成绩。

实训评价表

评价项目与内容		小组评价	教师评价	企业评价
课前准备 （10分）	下发计划准备			
	分组准备			
程序完整规范 （30分）	接站准备工作和服务规范			
	接站服务程序			
	入住酒店服务程序			
	参观游览服务程序			
	送站服务程序，完成后续工作			
语言表达 （20）	语言表达正确清楚、讲解生动灵活，层次清晰、新颖有趣			
导游规范 （20分）	导游证的佩戴、导游旗、话筒的使用、所站位置、面部表情、形体姿势、上下车做法规范、仪容仪表			
应变能力 （10分）	遇事情绪稳定、思维敏捷、考虑问题周到，能够及时妥善处理突发事件和特殊问题			
职业素养 （10分）	工作积极态度 团队合作意识			
总成绩				

　　近年来，散客旅游发展迅速，在国际旅游业中占有十分重要的地位，是旅游者出游的主要方式。同时，散客旅游也在我国旅游业发展中成为各项旅游活动的主要形式。本项目主要介绍了散客及散客旅游、导游服务的类型、服务要求和散客导游服务程序等内容。导游人员准确掌握散客服务程序，并加以落实，对确保导游服务质量有着重要意义。

复习思考题

　　1. 简述散客旅游的概念。
　　2. 简述散客旅游与团队旅游的区别。
　　3. 散客导游服务有哪些类型。
　　4. 简述散客导游服务程序。

综合案例

　　某旅行社安排导游李丽接待一个由散拼客人组成的旅游团，李丽按照计划安排分别到酒店接到了 15 名散拼游客，游客接齐后，驱车前往黄山，一路上李丽为游客介绍黄山概况及沿途的景色，由于车况较差，车速非常缓慢，导致下午 14 点才到达黄山脚下，匆匆安排完午餐后，便带领大家到黄山，原本安排大家在 15 分钟内在山下买完东西后爬山，可是有些客人挑挑拣拣，动作很慢，到了时间也迟迟不走，等候的客人非常生气，认为路上已经耽误时间又在这里买东西耽误时间，是导游李丽故意缩短参观时间，李丽一边催促购物的客人，一边向其他客人解释，可还是很多人不满意。爬山的时候，由于都是散客，大家三两一伙，距离拉的很大，李丽只能兼顾一部分游客，游客认为李丽偏心照顾不周。一趟黄山下来，李丽累的跑前跑后，而这批散拼团队的客人们并不全都满意，两位夫妻回去后还投诉了她。

　　讨论
　　1. 结合本案例进行分析，李丽的导游服务程序中出现了哪些问题？
　　2. 应如何去做才能避免出现这些问题？
　　3. 在为散拼团队客人提供导游服务应注意哪些事项？

模块三
实务技能

项目八　导游服务技能与方法

项目目标

　　导游服务是整个旅游服务的轴心，作为旅游产品的一部分向旅游者出售，是区分旅游产品质量高低最敏感的部分，导游服务的质量也直接影响着旅游者的消费行为。通过本项目的教学，要求学生了解导游员应具备的基本素质；掌握导游人员带团的基本技能和讲解技巧；学会针对不同旅游者的需求，提供有针对性的导游服务；能够独立处理带团过程中的一般事件和突发事件，从而达到可以独立完成导游服务的目的。

项目分解

　　任务一　导游人员的带团技能
　　任务二　导游人员讲解技能
　　任务三　旅游者个别要求的处理
　　任务四　特殊旅游者的接待

　　对每一位导游人员来说，带团既是一种工作又是一门艺术。在导游服务工作中，导游人员直接面对旅游者，是旅游接待计划的执行者，为旅游者提供或落实食、住、行、游、购、娱等旅游服务。因此可以说，导游人员是通过服务使旅游者获得愉快的经历与享受，而导游服务的质量则体现在对游客服务的"满意度"上。为此，导游人员必须运用"协调、沟通、应变、控制"等技术来提高旅游者的旅游质量。除此之外，导游带团时所持的理念也是决定导游在面临困难时应该采用何种技巧、情绪及工作方法的心理基础。

任务一 导游人员的带团技能

任务情境

情境一

2013年2月7日，游客张某随单位20余人，在某旅行社两位导游的带领下前往一家滑雪场参加滑雪二日游。在滑雪过程中张某不慎滑倒摔伤，他要求旅行社赔付医疗费、误工费等共计3.6万元，因与旅行社协商未果，遂投诉至质监所。张某称，导游购买了门票，并未告知注意事项，雪场周围无防护措施。

情境二

导游员小李几次带团，都对领队与"群头"头痛不已，一次因购物与领队发生了分歧，领队便与"群头"联合对他发起攻击，让他十分难堪；另一次则是因为客人用餐不满就煽动"群头"向其发动进攻。

情境三

某旅行社组织了30人赴某地区旅游。按照合同约定，旅游者于出发日乘某次火车硬卧返程。地接社难以买到约定的车次车票，购买了其他车次返程车票。旅游者明确表示无法接受，要求旅行社给予赔偿。由于双方分歧过大，结果旅游者滞留在旅游目的地。

【任务分析】

情境一，本次旅游事故中导游的问题在于，一是没有尽到"安全提示"义务，二是在游客发生意外事故后没有采取适当的处置措施，三是没有及时报告旅游行政管理部门。导游应该有自己的一套人性化、科学化的事故处置步骤和技巧，这样才能真正做到临事不慌乱，才能树立起导游的新形象。

情境二，导游员带团顺利与否，搞好与领队的关系至关重要。首先要积极争取领队的支持和配合，建立起良好的感情，导游员主动找"群头"做工作，与他商量，以满足其自尊心和荣誉感。只有和领队、"群头"关系处理好了，即使在旅游过程中出现一些遗憾和不足，由他们出面说几句话，遗憾和不足就会得到弥补，旅游者中不愉快的情绪也会很快过去。

情境三，首先组团社应当为旅游者提供约定车次火车票，而不能以另换车次火车票代替，旅行社应当承担由此给旅游者造成的损失。其次，由于旅游者的滞留，人为地给旅行社和旅游者自身造成不必要的损失。

"导游"是旅游行业第一线的尖兵，是最能体现一个区域旅游形象的代言人。导游人员一方面是旅行社派出的代表，目的是要完成旅行社产品的消费环节，从而实现产品的价值；另一方面对旅游者来说，旅游者购买旅行社的产品是为了享受满意的旅游体验与服务。所以，导游人员带团中要以旅游者的需要为中心，在带团中找到与游客之间的利益平衡，最终用真诚的工作态度赢取客人的信任与微笑，才是导游服务工作的最终目的。"这就要求一个合格的导游，不仅要有良好的职业态度，更要具有较高的专业技能。"

 ## 知识链接

知识点一 树立良好形象

良好形象的塑造是指导游员要在游客心目中确定可依赖、可帮助他们和有能力带领他们安全、顺利地在旅游目的地进行旅游活动的形象。

（一）树立良好形象的重要性

1. 有助于增强旅游者对导游人员的信任感

近年来，很多人对导游人员的信任越来越难，随着个别极端负面事件的曝光与广泛传播，某种程度上，让"导游"与"黑心"成为逻辑关联词汇。旅游团中常见的"购物"、"加点"等逐渐成为敏感词，游客、导游之间的互信每况愈下。因此，导游员良好形象的塑造就显得尤为重要。旅游团中的旅游者来自不同的国家和地区，在旅游活动中常常会遇到时差、习惯迥异、气候差异等。这时，导游人员应该用自己的真心和微笑在旅游者的心目中树立安全感、可信赖、有能力带领旅游者顺利开展旅游活动的形象。

2. 有助于缩短导游人员与旅游者间的心理距离

随着2013年《旅游法》的出台，不仅在源头上杜绝了导游和旅行社之间因"买团"和"卖团"行为所产生的一系列利益纠纷；同时规定导游和领队应当严格执行旅游行程安排，不能再收取购物和自费项目的回扣。这在一定程度上拉近了导游人员与旅游者间的距离，使旅游者在旅游活动中更有安全感。导游形象的良好树立有利于融洽与旅游者彼此之间的关系，由于旅游团队的旅游者在年龄、性别、职业、文化水平和性格等方面存在着差异，对旅游者提出的合理而可能的要求，导游应给予最大程度的满足与帮助，使导游服务更加人性化。

（二）树立良好形象的途径

导游人员在旅游者心目中树立良好形象的途径是多方面的，主要表现在礼貌礼仪、待人接物、服务态度等方面。良好形象的树立从根本上来说主要靠导游人员的实际行动来实现。

1. 重视"第一印象"

导游人员在工作一开始就应注意给旅游者留下一个好的印象，即第一印象。因为导游人员与旅游者的接触与交流仅限于旅游活动的几天行程，旅游者很难客观、全方位地对导游人员做一个整体评价，导游员若不注重第一次交往效果，极容易造成误会，而印象一旦固定，要改变它就得做很大的努力，有时未必能达到预期效果。因此第一印象会在旅游者心目中留下潜影，关系到旅游者对导游人员的最终评价。导游人员在旅游者面前的首次亮相，是留给旅游者第一印象的关键。而第一次亮相的关键在于导游员的仪表、仪容和使用的语言，也就是常说的"出面、出口和出手"。

"出面"——指导游员要显示出自己良好的仪容、仪表、神态、风度。短暂的接触给游客的印象往往是外在形象起主导作用。因此导游员的衣着要整洁、得体、化妆和发型要适合个人的身体特征和身份。除此之外，精神饱满、乐观自信、端庄诚恳的导游员也会给第一次见面的游客留下深刻的印象。

"出口"——指导游员使用的语言、讲话时的声调和音色。初次见到游客时，导游员谈吐高雅脱俗、优美动听、幽默风趣、快慢相宜、亲切自然，这样很容易获得游客的好感。

"出手"——表现在动作、姿态方面。待人自然大方，办事果断利索，与人相处直率而不鲁莽、活泼而不轻佻，工作紧张而不失措，这样的导游员比较容易获得游客的信任。

综上所述，导游人员必须重视第一印象。这是树立良好形象、得到赞扬肯定的第一扇大门。

补充资料 8-1

成都导游联合体抵制"人头团"，重塑持证导游形象

成都导游联合体（http：//www.cddylht.com）是一群拒带"人头团"，重塑持证导游形象的一伙草根导游于 2012 年 3 月 1 日在成都自发成立的，是四川第一个大张旗鼓拒带"人头团"的导游组织。它们 2012 年 6 月在成都旅游界制定并实施了导游带团补助的政策，拥有自己的旅行社计调团队和导游团队，还拥有四川人数最多的中级高级导游团队，还有全国优秀导游、四川金牌导游、四川十佳导游、成都优秀导游；还有四川人数最多的美女导游团队！

这里的导游经常从事高端政务接待和一些大型团队的接待，导游经验丰富，熟悉商务 VIP 客户的接待流程，具有良好的职业道德素养和积极进取的工作心态。凡在这里调用导游只需付给导游补助，不产生其他任何费用。导游按资历，级别和经验拿相对应的补助或报酬！持证优秀导游和节假日或特种线路补助价格另议！

这个团体可以与客户签订《导游带团趟次合同》，保证客户与导游双方的权利和义务。

他们的目的：为各旅行社和社会团体及个体游客提供和推荐货真价实，保质保量的持证导游！

他们的口号：我们是持证导游、我们抵制人头团、我们为自己正名、我们展现正能量。

来源：成都导游联合体

2. 用人格魅力感染旅游者

导游人员的人格魅力是其知识、教养、工作能力和应变能力的综合体现。优秀

的导游人员应该知识渊博、谈吐风趣、平易近人，其工作紧张有序，服务热情周到，处事沉着果断，被旅游者视为学识上的师长、生活中的朋友，将优秀的导游服务与美丽的山河风光融为一体，成为旅游途中又一道靓丽的风景线。这样，旅游者不仅可以从导游身上获得安全感，更能真正感到游有所乐、游有所益、游有所获，从而把对导游的崇敬化为对导游工作的支持和配合。

3. 言必信，行必果，多干实事

要达到这些要求，导游人员在其工作中就必须脚踏实地，对旅游者说过的话必须付诸实施，不随口许诺，乱开"空头支票"。那种信口开河、言无实物、模棱两可、华而不实的工作作风最易引起旅游者反感。在旅游者心目中，这类导游人员被认为是不可靠、不值得信赖的。言而有信，行而有果，这是取得旅游者信赖的主要途径之一。

4. 与旅游者的互相尊重

在旅游活动中，旅游者不仅是导游人员的服务对象，也是合作伙伴。只有双方互相尊重、通力合作，旅游活动才能顺利进行并达到预期效果。所以，导游人员应该正确把握旅游者的心理，尊重旅游者的人格尊严和合法权益，在合理而可能的情况下努力满足旅游者的个性需求，才能得到旅游者的尊重，保持自己在团队中良好的角色地位和职业形象。

5. 与旅游者进行多方位沟通

同旅游者进行沟通，包括意见沟通和情感沟通两方面。前者指导游服务过程中与旅游者产生意见分歧时，应及时排除干扰，以求与旅游者的建议趋于一致，达到相互认同的良好效果。后者要求导游人员要重视与旅游者之间的情感共鸣，即一方面尽量满足旅游者正当的情感要求，如友情需要、自尊需要、自我实现需要等；另一方面要尽量使自己的情感与旅游者趋于一致，做到乐旅游者之所乐，急旅游者之所忧。

知识点二　搞好与领队的关系

导游人员在旅游团整个旅游过程中，与领队搞好关系，得到领队的理解、合作和支持是导游人员带好旅游团的一个重要方面。

对旅游团中的领队，目前我国分为两种。一种是真正意义上的"领队"，出现在出境团队或入境团队中，一般是组团旅行社派出的代表。在旅游团的旅游过程中，负有监督接待社落实旅游合同的责任，而导游则是地接社派出的代表。另一种"领队"则是国内各团体（单位）出游中，团体（单位）的领导或者是此次旅游的负责人。游客把领队视作保护神和可信赖者，而领队也时时处处表现出这一神圣的"职责"。上述领队，在旅游团中都是客人的代言人，负有维护旅游者合法权益的责任，导游人员在旅游过程中，若得不到领队的协作，就可能处处受制，很难把旅游团带好。因此，在带团过程中，导游人员要取得领队的理解、合作与认可是十分重要的。

做个出境领队不容易

2012年6月中旬，广西出境领队资格考试吸引上千人前来竞逐，热闹非凡。有关部门预测，由于考试难度提高，出境领队面临考验严峻。通过采访多名经验丰富的出境领队，记者了解到他们光鲜职业背后不为人知的苦与乐。

出境前要做足功课

对广西凯撒国旅的傅××来说，作为一名出境领队，基本的外语口语交流能力、能适应倒时差、良好的体力和耐力，了解各种必需的海关和边检知识，冷静应付各种突发事件，都是必须具备的。傅××做了3年国内导游后，拿到了广西首批出境领队资格证。到如今，她已经有10年的出境领队经验，曾带团到东南亚、日韩、欧洲等数十个国家，积累了非常丰富的经验。比如去香港，带的香烟不能超过19支；去新加坡带口香糖会被没收。傅××还会提前了解当地机场的结构，仔细掌握出游线路，对行程做到心中有数，才能恰当地提醒游客，避免出现一些不必要的麻烦。

突发事件是一种考验

即便出行前准备再充足，行程中总难免会碰到一些突发事件。比如，航班推迟、出入境资料丢失、行李不见、台风、事故等。虽然事情可能不大，但在国外语言不通、手机不通的情况下，也会造成不小的麻烦。广西海外旅行社的黄女士从事出境领队也有两三年时间了。给她印象最深刻的一次"意外"，发生在今年年初，她带团去日本，飞机在东京降落办理入境手续时，团内的一名女游客突然发现自己的护照不见了。女游客很着急，眼睛都哭肿了，黄女士一边安抚游客，一边同机场、出入境部门协调，陪同游客原路返回机舱进行寻找。努力了三四个小时，仍然寻找无果。最后女游客只好乘机经广州返回南宁。现在想来，黄女士还是觉得十分遗憾。

来源：南国早报

1. 尊重领队

"尊重"指敬重、重视。人的内心里都渴望得到他人的尊重，但只有尊重他人才能赢得他人的尊重。尊重他人是一种高尚的美德、是个人内在修养的外在表现、是顺利开展工作及建立良好的社交关系的基石。导游要想搞好与领队的关系，首先要尊重领队。导游人员要尊重领队的人格，尊重他的工作，适当发挥他的特长。遇事与领队多磋商，在旅游日程、旅行活动的安排上，在出境问题上多与领队商量，尊重他的意见和建议，一则是领队有权审核旅游活动计划的落实情况，二则可通过领队更清楚地了解旅游者的兴趣爱好以及他们在生活、游览方面的具体要求，从而向他们提供更具针对性的服务，掌握工作的主动权。如遇到一些可以显示权威的场合，应多谦让领队，这样更容易获得领队的支持和配合。

2. 支持领队的工作

导游人员在尊重领队的基础上，还要积极支持领队的工作。维护旅游团的团结、与接待方旅行社的导游人员联络是领队的主要工作。领队提出意见和建议时，导游人员要给予足够的重视；在工作中或生活上遇到麻烦时，导游人员要给予领队必要的支持和帮助；旅游团内部出现纠纷、领队与旅游者之间产生矛盾时，接待方导游人员一般不要介入，以尊重他的工作权限，但必要时可助其一臂之力。这样做有助于相互产生信任感，加强双方的合作。也就是说，领队与导游在工作中要相互尊重和配合。只有这样，才能让旅游团的游客感到多方的温暖，团队的计划完成也会更有保证。

3. 避免正面冲突

导游带团活动中，与领队在某些问题上意见出现分歧是正常现象。一旦出现这种情况，接待方导游人员要主动与领队沟通，力求及早消除误解，尽力避免与领队发生正面冲突。

领队与导游对分歧的处理主要有两种情况，一种是游客对导游不满时的矛盾处理，另一种是指领队与导游发生分歧的处理。针对第一种情况，当发生游客对导游不满时，领队是唯一可以担当调停人的。通常情况下，这些人在旅游团队中一般有威望、影响大、说话有权威。旅游团中的游客也都支持他们。导游如果平时与领队关系相处融洽，此时由他们出面说几句话，遗憾和不足就会得到弥补，游客的不愉快情绪也会很快过去。第二种情况，当领队与导游发生分歧时，应及时找到原因，当领队提出的要求或意见是合理而可能的，导游人员应尽量予以满足；如提出的意见或要求不合理，导游人员应主动向其解释，以求对方理解与配合。

总之，领队与导游工作之间有着密不可分的联系，相互配合和尊重才是接待好旅游团的重要因素。

知识点三　向旅游者提供心理服务

（一）提供心理服务的必要性

旅游团是由旅游者组成的，导游人员要带好旅游团，除了要与领队搞好关系外，更重要的是把主要的注意力放在旅游者的身上。对导游人员而言，旅游者才是真正的"上帝"，是导游服务的对象。带好旅游团，关键是带好旅游者，而带好旅游者的关键，是向他们提供包括心理服务在内的周到细致的全方位服务，真正使他们高兴而来，满意而归。

旅游团不同于散客，散客的自由度大，完全按照个人的意愿行事，不受他人约束。旅游团中的旅游者则受团体的限制，组团社代表旅游者同旅游目的地接待社之间签署的旅游合同中的旅游项目，只是集合了旅游者的共同要求，而旅游者的个别要求、想法则难以在旅游合同中反映出来。当旅游者到达旅游目的地后，个人的想法和要求会在心里产生，继而在情绪上、行动上有所反应。此外，在旅游目的地的旅游过程中，还可能遇到一些问题，这些问题有的来自接待服务的某个环节的欠缺，有的来自与旅游团中其他旅游者的关系，有的出自旅游者本人或其家庭，但碍于团体关系不便表示出来，从而形成心理障碍。这些情况不仅表明导游人员接待旅游团比接待散客更为复杂，同时还表明导游人员除了要执行旅游合同中规定的旅游者有权享受的服务项目之外，还有必要向旅游者提供心理服务。

（二）了解向旅游者提供心理服务的前提

心理服务亦称情绪性服务，即导游人员为调节旅游者在旅游过程中心理状态失衡所提供的服务。

导游人员要有效地、有针对性地向旅游者提供心理服务，必须首先了解旅游者的心理变化。

1. 从国籍、职业、年龄、性别和阶层等方面了解旅游者

每个国家、每个民族都有自己的文化和习俗，有不同的性格和思维方式，即使是中国人，不同地区、不同民族人的性格、思维方式也有很大差异。并且，旅游者所属的社会阶层不同，职业、性别和年龄的不同，其心理特征、生活情趣也各不相同。对此，导游人员应给予足够的重视，要努力了解他们，并根据具体情况向他们提供心理服务。

（1）东、西方人的性格和思维方式有很大差异　东方人：含蓄、内向，善于控制感情，往往委婉地表达意愿；东方人的思维方式一般从抽象到具体、从大到小、从远到近。西方人：开放、爱自由、易激动，感情外露，喜欢直截了当地表达意愿并希望得到肯定的答复；西方人的思维方式一般由小到大、由近及远、由具体到抽象。

不过，同是西方人，不同国家居民的个性、心理特征还是存在很大差异。例如，英国人：矜持，幽默，绅士派头十足；美国人：开朗，大方，爱结交朋友但随随便便；法国人：喜自由，易激动，爱享受生活；德国人：踏实，勤奋，不尚虚文；意大利人：热情，无拘无束，热爱生活。

根据西方人的思维特征，要求导游员在宣传和导游讲解时不要自己先下结论，而要对他们讲真的、让他们看实的，让他们看完、听完后自己去下结论。

根据各国、各民族人民的不同心理特征，导游员要有的放矢地向他们提供各类服务。

作为东方人的日本人办事严谨，注重礼节礼貌，感情不外露，重视人际关系。与日本人交往时，导游员应注意他们的性格和心理特征，设法与他们建立起友好的私人关系。

补充资料　 8-3

法国人深谙享受生活之道

法国人对生活的享受表现在多方面，如一切讲求方便和自动化。法国人的日常生活是与高度的自动化紧密联系的。接触到的一些法国人宣称，他们不讲究豪华、气派（如街头见不到多少名牌汽车，清一色的国产车：雪铁龙、标致或雷诺），却十分注重生活的自如和方便。

元旦、圣诞节加之名目繁多、各式各样的宗教节日，法国人有太多的休闲时

间。除去上述法定公假和周末、周日外，每年每人还可享受35天的年假。

法国的气候多变，总体还是以阴雨连绵的时候为多。夏天是法国最好的季节，每年的七八月是法国举国上下放长假的日子，上至公司总裁、下至平民百姓都选择这一时间往海滨、到森林、去山区度假。度假的内容其实也很简单，就是去晒太阳。

度假的去向因人而异，但一般都会选择走出国门。出国，尤其在欧洲境内旅行，对欧洲人来说是再方便不过的事情，因为欧洲国家公民不需签证即可自由往来。如打扫办公室卫生的清洁工换了一个临时的，一打听方知清洁工去葡萄牙休假了，可见出国度假的普遍。

据说《圣经》中有故事说在星期日工作的人该杀该剐，因为星期天上帝也休息。不知道这个说法的真伪，但十分注重休息和娱乐的法国人每到周日和节日大小商店家家关门、户户打烊却是的的确确的。照常理，星期天和节假日往往是消费最旺，人气最足的时候，但法国的店家却可以为了休息而放弃生意，由此可见法国《劳动法》的严明以及休闲和享受在法国人心目中具有怎样崇高的位置。

法国人民太懂得生活与享受了，更了解休息与工作的关系，在他们看来，休假是神圣不可侵犯的。

（2）来自上层社会的旅游者，大多严谨持重，发表意见往往经过深思熟虑，一旦发表，希望得到导游人员的重视；他们期待听到高品位的导游讲解，获得高雅的精神享受。一般旅游者则喜欢不拘形式的交谈，话题广泛，比较关心带有普遍性的社会问题及当前的热门话题；在参观游览时希望听到有故事性的讲解，轻轻松松地旅游度假。

（3）老年人好思古怀旧，对游览名胜古迹、会见亲朋老友有较大兴趣；他们希望得到尊重，希望导游人员多与他们交谈，以求暂时抚慰孤独的心灵。而年轻的旅游者则好探新求奇，喜欢多动多看，对热门社会问题有浓厚的兴趣。

（4）女性旅游者，特别是中年女性一般都喜欢听带故事情节的导游讲解，喜欢谈论商品及购物；她们希望导游人员热情友好，能满足她们的一切要求。

旅游者的国籍、职业、年龄、性别和所属社会阶层反映的这些特征，对多数的旅游者来说带有普遍性。导游人员掌握了这些基本特征，就可结合所带旅游团的结构情况，安排好他们的旅游活动。

2. 从出游动机了解旅游者

人们旅游行为的形成有其客观条件和主观条件。客观条件主要是人们有足够的可自由支配收入和余暇时间。主观条件是指人们必须具备旅游的动机。人们的旅游动机多种多样，概括起来分为如下四大类。

（1）社会动机　包括探亲访友、旧地重游、从事公务活动、出席会议、参加社团交流活动、考察别国的社会制度和人民生活方式等。

（2）文化动机　包括观赏风景名胜、文物古迹，外出求学，进行专业考察和学术交流等。

（3）身心动机　包括度假休息、参加体育活动或其他消遣娱乐活动、到异地治疗疾病或疗养等。

（4）经济动机　包括洽谈贸易、购买土特产品和工艺品等。

动机是需要的表现形式。一个人有什么样的需要，为了满足这种需要，就会以相应的动机表现出来。旅游动机满足的需要有如下几种。

（1）探新求异的需要　即到异国他乡寻找刺激，以满足其追新、求奇、求异的需要。

（2）知识和发展的需要　即通过出外旅游以丰富知识、充实内心，谋求个人或单位事业发展的需要。

（3）变换生活环境，调节身心节律的需要　即通过出游以暂时变换原有的工作和生活环境，是消除疲劳、调节身心状态和治疗疾病的需要。

（4）寻求尊重和自我实现的需要　即在外出旅游中寻求他人的尊重和自我价值与抱负实现的需要。

有的游客是由一种动机和需要的驱使而出游的，有的游客是以某一种动机和需要为主，同时带有其他动机和需要。导游人员只有了解旅游者的旅游动机，才有可能有的放矢地安排旅游活动，提供的导游服务才有可能符合他们的需要和愿望，才能使他们达到预期的旅游目的。

补充资料　**8-4**

威海这样开拓俄罗斯市场

近年来，威海积极开发对俄罗斯旅游产品、开通直航包机、加强营销推广，取得良好成效。威海已成为山东省接待俄罗斯游客最多的城市。

"知己知彼，方能百战百胜。"威海市旅游局局长说，"我们在对俄罗斯市场进行深入分析研究的基础上，决定细分市场，按照由近到远、由浅到深、由低端到高端的步骤分步开发。"

富于创新的威海旅游人摒弃了其他地方开发旅游产品"大、多、全"的老把式，而是通过举办高端论坛的形式，真心诚意地把中俄两国旅游专家、学者、媒体精英请到威海来，让俄罗斯人自己说出他们的旅游偏好，通过举办论坛，了解他们喜欢晒什么样的沙滩、住什么样的酒店、看什么样的演出，论坛已经成为双方交流合作的良好平台。

如今在俄罗斯远东地区，"山东威海"已成为旅游业界耳熟能详的旅游品牌，具有较高的知名度和美誉度，威海也成为俄罗斯游客最喜爱的中国度假旅游目的地之一。这些成果离不开威海人高效的营销工作。

来源：中国旅游报

3. 通过分析旅游活动各阶段旅游者的心理变化了解旅游者

导游人员可通过书本、同行的经验介绍来了解旅游者，不过，在现实的旅游活动中、在与旅游者相处过程中了解旅游者则显得更为重要。导游人员在不同旅游活动阶段分析旅游者的心理活动，了解他们的心理变化和情绪变化，对导游工作具有特别重要的意义。因为只有了解旅游者的真实心理状态，才能向他们提供有针对性的导游讲解服务和生活服务。

一个人到异国他乡旅游，摆脱了日常紧张的生活、烦琐的事务，成为无拘无束的旅游者，希望自由自在地享受欢乐的旅游生活。由于生活环境和生活节奏的变化，在旅游的不同阶段，旅游者的心理活动也会随之发生变化。

（1）初期阶段　求安全心理、求新心理。

旅游者初到一地，兴奋激动，但人生地不熟、语言不同、环境不同，因而会产生孤独感、茫然感、惶恐感和不安全感，存在拘谨心理、戒备心理以及怕被人笑话的心理。总之，这一阶段的旅游者心中总有一种不安心理，唯恐发生不测，有损自尊心，危及财产甚至生命。

这个阶段，旅游者求安全的心态表现得非常突出，甚至上升为他们的主要需求。因此，消除旅游者的这些感觉成为导游人员的重要任务。旅游者一到达目的地，导游人员就要笑脸相迎，以礼相待，热情周到，处处维护他们的利益，时时保卫他们的人身财产安全；当旅游者提出安全问题时，导游人员必须认真倾听、认真对待、妥善处理；处理问题时要果断、利索、有条不紊，努力以实际行动让旅游者感到导游人员是一个可信赖、可依靠的人，从而获得安全感。

人们外出旅游，他们的注意力和兴趣从日常生活转移到旅游目的地，到处寻找刺激，以满足其追新、求异、猎奇、增长知识的心理需求，这在入境初期阶段表现得尤为突出，往往与不安全感并存。所以在消除旅游者不安全心理的同时，导游人员要合理安排活动，满足他们的求新、求奇心理。

初到一个陌生的地方，旅游者对什么都感到新奇，什么都想看、都要问、都希望知道，即使是当地人司空见惯、不值一提的平常事对他们来说都可能是件新鲜事。为了满足旅游者的这些需求，导游人员可多组织些轻松愉快的参观游览活动，并做生动精彩的导游讲解，耐心回答他们的问题，即使有些问题幼稚可笑，导游人员也必须认真回答。旅游者最怕的是遇上一个"哑巴"导游，这个阶段尤为突出。

（2）个性表露阶段　懒散心态、求全心理。

随着时间的推移，旅游活动的进展，接触的增多，旅游团成员间、旅游者与导游之间越来越熟悉，旅游者开始感到轻松愉快，会产生一种平缓、轻松的心态。但是，正由于这种心态的左右，旅游者往往忘却了控制自己，常常自行其是，个性解放，性格暴露，还会出现一些反常言行及放肆、傲慢的态度和无理行为。

在这个阶段，旅游者的心理特征主要表现如下。

① 懒散心态。旅游者的弱点越来越暴露，时间概念更差，群体观念更弱，游览活动中自由散漫，到处丢三落四，旅游团内部的矛盾逐渐显现。

② 求全心理。人们花钱外出旅游，往往会把旅游活动理想化，希望在异国他乡能享受到在家中不可能得到的服务，希望旅游活动的一切都是美好的、理想的，从而产生生活上、心理上的过高要求，对旅游服务横加挑剔，要求一旦得不到满足，就有可能产生强烈的反应，甚至会出现过火的言行。

旅游者在这个阶段提出的问题范围更广泛、更深刻，有个别人还会提出一些不友好、挑衅性的问题。

导游人员在旅游活动的这一阶段的工作最为艰巨，最容易出差错。因此，导游人员的精力必须高度集中，对任何事不得掉以轻心，游览活动要更有计划性，导游讲解要更生动精彩；导游人员要向旅游者反复强调出发时间、游览路线、集合时间和地点，积极调动他们的群体心理，导游要向他们多讲注意事项，多提醒他们保管好证件和物品，注意安全；全陪、地陪和领队要密切合作，遇事多商量，还要与司机配合，注意交通安全。总之，导游人员要全力以赴，使旅游活动顺利进行，让旅游者获得最大满足。

这个阶段最能考验导游人员的组织能力和独立处理问题的能力，也是对其导游技能、心理素质的一次重要考验，每个导游人员都应十分重视这个阶段的工作。

（3）结束阶段　忙于个人事务。

旅游活动后期，旅游者的心情波动较大，开始忙乱起来，要与家人及亲友联系，要购买称心如意的纪念品等。总之，他们希望有更多的时间处理个人事务。

在这一阶段，导游人员应根据旅游者的这种心态给他们留出充分的时间处理自己的事情，对他们的各种疑虑要尽可能耐心地解答，必要时做一些弥补和补救工作，使前一段时间未得到满足的个别要求得到满足，设法让对旅游活动不满、肚中憋气的个别旅游者有机会发泄不满和怨气，尽量挽回消极影响。

总之，以上叙述的旅游活动各阶段旅游者的心态具有普遍性。但来自不同国家、不同阶层的旅游者具有不同的生活情趣，他们在旅游活动各阶段的心理特征不尽相同；而且，旅游环境在变化，旅游者的情绪在波动，这为导游人员向旅游者提供心理服务增加了难度。因此，导游人员要做个有心人，在旅游活动中勤于观察，敏于思索，随时了解旅游者，切实掌握他们的心理活动，根据具体情况有的放矢地向他们提供心理服务，以求获得最佳效果。

4. 通过言行举止了解旅游者

人们的言谈、举止、面部表情往往是其心理活动的外部表现。俗话说"察言观色"，就是指通过观察人们的行为来洞悉其内心世界。

旅游专家们将旅游者的性格大致分为两大类：外向型和内向型；又将每一类分为稳定型和不稳定型。旅游专家们从性格上将旅游者定义为活泼型（多血质）旅游者、急躁型（胆汁质）旅游者、稳定型（黏液质）旅游者和忧郁型（抑郁质）旅游者。

导游人员从旅游者的言行举止可以判断其性格，了解旅游者的性格，目的在于向他提供相应的服务，特别是心理服务，以求获得最佳的服务效果。

（1）活泼型旅游者　爱交际，喜讲话，好出点子，乐于助人，喜欢多变的游览项目。对这类旅游者，导游人员要扬其长，避其短，要乐于与之交朋友，但应避免与他们过多交往，以免引起其他团员的不满；要多征求他们的意见和建议，但注意不让其左右旅游活动，打乱正常的活动日程；可适当地请他们帮助活跃气氛等。活泼型旅游者往往能影响旅游团的其他人，导游人员应与之搞好关系，在适当的场合表扬他们并表示感谢。

（2）急躁型旅游者　性急，好动，争强好胜，易冲动，好遗忘，情绪不稳定，比较喜欢离群活动。对这类比较难对付的旅游者，导游人员要避其锋芒，不与他们争论，不激怒他们；在他们冲动时不与之计较，待他们冷静后再与其好好商量，往往能取得良好的效果；对他们要多微笑，服务要热情周到，而且要多关心他们，随时注意他们的安全。

（3）稳重型旅游者　稳重，不轻易发表见解，一旦发表，希望得到他人的尊重。这类旅游者容易交往，但他们不主动与人交往，不愿麻烦别人；游览时他们喜欢细致欣赏，购物时爱挑选比较。导游人员要尊重这类旅游者，不要怠慢，更不能故意冷淡他们。导游人员要主动多接近他们，尽量满足他们合理而可能的要求；与他们交谈要客气、诚恳，速度要慢，声调要低；讨论问题时要平心静气，认真对待他们的意见和建议。

（4）忧郁型旅游者　身体弱，易失眠，忧郁孤独，少言语但重感情。面对这类旅游者，导游人员要格外小心，别多问，尊重他们的隐私；要多亲近他们，多关心体贴他们，但不能过分地表示亲热，主动与他们交谈些愉快的话题，但不要与之高声说笑，更不要与他们开玩笑。

上述介绍的四种性格的旅游者中以活泼型和稳重型居多，急躁型和忧郁型只是少数。不过，单性格只能反映在少数旅游者身上，大部分人的性格则表现不明显，往往兼有其他类型性格的特征，而且，在特定的环境中，人的性格往往会发生变化，有时会出现复杂的特殊表现。因此，在向旅游者提供服务时要因人、因时而异，要随时观察旅游者的情绪变化，及时调整，力争使导游服务更具针对性。

（三）提供心理服务的主要方面

1. 尊重旅游者

自尊心人皆有之。自尊心，也包括虚荣心，是人最为敏感的心理状态。尊重人，就是要尊重旅游者的人格和愿望，就是要在合理而可能情况下努力满足旅游者的需求，满足他们的自尊心和虚荣心。

尊重在心理上的位置极为重要，有了尊重才有共同的语言，才有感情上的相同，才有正常的人际关系。

旅游者对能否在旅游目的地受到尊重非常敏感。他们希望在旅游过程中，在同旅游目的地的人们的交往中，人格得到尊重，意见和建议得到尊重；希望在精神上能得到在本国、本地区所得不到的满足；希望要求受到重视，生活得到关心和帮助。旅游者希望得到尊重是正常的、合理的，也是起码的要求。导游人员必须明白，只有旅游者生活在热情友好的气氛中，自我尊重的需求得到满足时，为他提供的各种服务才有可能发挥作用。

"扬他人之长，隐其之短"是尊重人的一种重要做法，在旅游活动时，导游人员要妥善安排，让旅游者进行"参与性"活动，使其获得自我成就感，增强自豪感，从而在心理上获得最大的满足。

尊重人是人际关系中的一项基本准则，因此，不管旅游者来自境外，还是来自境内；是来自东方国家，还是来自西方国家；也不管旅游者的肤色、宗教、信仰、消费水平如何，他们都是客人，导游人员都应一视同仁地尊重他们。

尊重是相互的，也是相对的。当导游人员礼貌待客、热情服务并认真倾听旅游者的意见和要求时，就在心理上满足了他们自我尊重的需求。一般情况下，满意的旅游者也会尊重导游人员，努力与导游人员一起搞好旅游活动。

2. 保持微笑服务

微笑是自信的象征，是友谊的表示，是和睦相处、合作愉快的反映。微笑是人所拥有的一种高雅气质，微笑是一种重要的交际手段，"微笑是永恒的介绍信"，微笑也是信赖之本。真诚的笑、善意的笑、愉快的笑能产生感染力，引起共鸣，从而缩短人们之间的距离，架起和谐交往的桥梁。

发自内心的笑才是美的笑，而只有美的笑才能产生魅力；不过，最令人难忘的笑是"眼笑"。"眼笑"让人感到心灵在笑，眼能笑，微笑也就显得很自然了，加上亲切、真诚和谦和的态度，文质彬彬的问候，热情周到的服务，可使旅游者感到温暖可亲、宾至如归。

微笑是一种无声的语言，有强化有声语言、沟通情感的功能，有助于增强交际效果。德国旅游专家哈拉尔德·巴特尔在《合格导游》一书中指出："在最困难的局面中，一种有分寸的微笑，再配上镇静和适度的举止，对于贯彻自己的主张，争取他人合作会起到不可估量的作用。"导游人员若想向旅游者提供成功的心理服务，就得向他们提供微笑服务，要笑口常开，要"笑迎天下客"。只要养成逢人就亲切微笑的好习惯，你就会广结良缘，事事顺利成功。

3. 学会使用柔性语言

"一句话能把人说笑，也能把人说跳。"导游人员在与旅游者相处时必须注意自己的语言表达。一句话说好了会使旅游者感到高兴，赢得他们的好感；有时一不当心，甚至是无意中的一句话，就有可能刺伤他们的自尊心，得罪他们。

让人高兴的语言往往柔和甜美，所以称之为"柔性语言"。柔性语言表现为语气亲切、语调柔和、措辞委婉、常用商讨的口吻与人说话。这样的语言使人愉悦亲切，有较强的征服力，往往能达到以柔克刚的交际效果。

4. 与旅游者建立"伙伴关系"

旅游活动中，旅游者不仅是导游人员的服务对象，也是合作伙伴，只有旅游者的通力合作，旅游活动才能顺利进行并达到预期的良好效果。为了获得旅游者的合作，一个很重要的方法就是导游人员设法与旅游者建立正常的伙伴关系。

建立"伙伴关系"，首先要与旅游者建立起正常的情感关系。导游人员诚恳的态度、热情周到的服务、谦虚谨慎的作风、让旅游者获得自我成就感等做法都有助于与其建立情感关系。当然，旅游者、导游人员之间的这种情感关系应是合乎道德的、正常明智的，绝不是无原则的低级趣味。并且，导游人员应与每一个旅游者建立情感关系，与所有旅游者保持等距离，对他们一视同仁，切忌亲近某些人而冷落另一些人。

建立"伙伴关系"，导游人员要正确把握与旅游者交往的心理状态，尊重他们，与他们保持平行交往，与旅游者建立融洽无间的关系，使他们产生满足感。

5. 多提供个性化服务

个性化服务是相对规范化服务而言的、针对旅游者个别需要而在合理与可能的条件下提供的服务。它也是一种建立在理解人、体贴人基础上的富有人情味的服务。导游人员在按照《导游服务质量标准》要求做好旅游合同规定的导游服务的同时，对旅游者的特殊需要给予"特别关照"，这样会使旅游者感觉备受优待，增强对旅游活动的信心，从心里感到满足。

在现实的导游工作中，提供个性化服务的机会很多，导游人员的一句话、一个行动、帮助旅游者做一件小事往往会产生预想不到的效果。但是，一些不起眼的"小事"做起来并不那么容易，因此，多提供个性化服务的关键在于导游人员心中是否有旅游者，眼中是否有"活儿"，是否能主动服务。一名合格的导游人员善于了解旅游者的心情、好恶、困难、要求和期望，然后根据可能的客观条件，主动提供服务，尽力满足他的合理要求，解决它的困难，避其所恶，投其所好，以不知疲倦的服务换取旅游者的愉快和满意。

导游人员要努力了解旅游者，有针对性地、体贴入微地为旅游者服务，即使是小事也应积极去做，"细微之处见真诚，莫因事小而不为"应是导游人员的箴言。

6. 具有针对性

泛泛地谈论为旅游者提供心理服务是不够的，提供心理服务必须具有针对性，才能产生预期的效果。要使心理服务具有针对性，首先应该了解旅游者，了解他们的期望、要求和困难，了解他们的心理特征、兴趣爱好和审美情趣，了解他们的出游动机以及在旅游过程中的情绪变化。只有在充分了解服务对象的基础上，向他们提供的心理服务才可能有的放矢，才不至于出现"好心办坏事"的现象。比如我们知道中国人常说："谁不说俺家乡好。"所以对山东人讲：你真像山东人（意夸其好汉）；对江西人讲：你真是老（革命精神不变），都会令他们高兴。可如果对上海人讲：你真像上海人呀，便犯忌。因为许多社会学家研究表明，上海人最喜欢的话是不像上海人，特别指人际关系，经济往来上。所以导游员带团时心理服务一定要注意针对性，切忌一概而论。

知识点四 调节旅游者的审美行为

旅游活动从本质上说，是一种以审美为突出特征的休闲活动，是综合性的审美实践。人们到异国他乡旅游，其欲望之一就是通过观光游览寻求不同于本地的自然、人文景观和社会风貌，从而欣赏和享受异域的自然美、社会美和艺术美。所以，旅游活动是一项动态的欣赏美、创造美的活动，它不仅能满足人们爱美、求美之需求，而且还能起到净化情感、陶冶情操、增长知识的作用。导游人员在带领旅游团时，在向不同层次、不同审美情趣的旅游者进行导游讲解时要尽可能地满足他们的审美追求，注意因势利导，正确调节旅游者的审美行为。导游员的服务在旅游过程中，是因其所处地位而产生的，一切都是围绕满足旅游者审美需求而进行的。

（一）传递正确的审美信息

　　旅游者来到旅游目的地，由于对其旅游景观，特别是人文景观的社会、艺术背景不了解，审美情趣会受到很大的限制，便不知其美在何处，从何着手欣赏。尤其是外国旅游者，他们的审美观同中国人的审美观差别较大，对中国旅游景观的美更是茫然。即使有些外国旅游者对中国旅游景观的审美标准有所了解，懂得一点中国人的审美观，但是，有所了解并不意味着会欣赏，就是置身于中国的旅游胜地，他们也并不一定能获得美的享受。例如：旅游名城承德，它的旅游资源类型繁多，种类丰富。既有自然景观，又有人文景观，自然景观中有典型的丹霞地貌和国家级自然保护区和森林公园。在人文景观中，又有世界顶级的文化遗产——避暑山庄与周围寺庙。要做好承德的导游工作，导游员就必须不断丰富自己的知识，至少要掌握历史知识尤其是清史的知识。还须掌握园林知识、宗教知识和美学知识。在山庄游览时，要结合具体的景物，将中国古典园林立意构思、叠山理水、亭台楼阁、题名点景、诗情画意等审美要素和审美特征加以正确的传递。

　　由此说明，只有被人们感知了的和认识了的事物才能引起美感。即使是风光美，虽然几乎人人都能感受到，但是，感觉、知觉还只属于较低层次的审美，只有达到理解领悟的程度，人们才能自觉地、全面地、深入地进行观赏，才能获得最大的美的享受。俗语云：江山无限美，全凭导游一张嘴。要准确地为旅游者传递出景观蕴含的审美信息，导游员还必须练好语言基本功。使自己的导游语言符合信、达、雅的要求。同样是用有声语言传达旅游审美信息，形象生动的语言不但对审美信息传达的效果好，而且听众在接受这些信息的同时，本身也成为一种审美享受。

（二）激发旅游者的想象思维

　　旅游消费者对旅游产品和服务的认识过程是通过感觉、知觉、记忆、想象、思维等心理机能的活动完成的。审美赏景是客观风光环境和主观情感结合的过程。人的审美情趣、审美知觉、审美判断、审美感受诸方面不仅存在差异，而且一个人的审美情趣还与他当时的情绪、心理状态以及思维活动密切关联。此外，审美主体的审美选择性很大，即旅游者审美动机的各不相同，造成了旅游者审美需要的多样性和审美意识的差异性，从而也决定了导游讲解的针对性和灵活性。

　　在旅游活动中，旅游者的丰富的想象力会对其消费行为产生神奇的作用，想象力的参与和发挥，会使旅游者的旅游体验效果达到更高的程度。人们在审美赏景时离不开丰富而自由的想象，想象思维是审美感受的枢纽。例如：导游员带游客在避暑山庄游览时，如遇下雨，在雨中能引领游客登临烟雨楼的青莲岛，则会观赏到平日难得一见的细雨蒙蒙，水天一色，湖山尽洗，雨雾如烟的美景。此时导游员再顺势为游客讲解清乾隆皇帝"最宜雨态烟容处，无碍天高地广文。却胜南巡凭赏者，平湖风递芍荷香。"的诗句，旅游者会顿感烟雨楼的美学意境，更会感受到中国古典园林天人合一的独特的美学特征。一名优秀的导游人员必须善于将景物的形体美和内在美的特征与旅游者的审美需要和美感经验结合起来，努力使导游讲解"寓景于情、借景抒情、情景交融"，突出最能引起旅游者审美情趣的内容，激发他们的想象思维，从而达到旅游活动最佳状态。

海口名胜——金牛岭公园

金牛岭公园是一个具有九园一湖一场的大型园林景区。园内绿树成荫，鸟语花香，有"海口之肺"的美称。提示词：公园概况—金牛瀑布—健身广场—金牛湖—烈士陵园—热带亚热带果园、菠萝蜜园—竹园—白鸽园—花卉园—综合型动物园—蝴蝶园

【金牛瀑布】走过这条笔直的大道，就是公园门口，大家现在便可看见一头金牛高高在上。在金牛的脚下，一道清澈的水流漫过石山直泻下来，给陡峭的石山挂起一幅又大又长的银光闪闪的水帘，这就是"金牛瀑布"。请大家仔细看这头牛，它高大健壮，浑身金光闪耀，稳稳实实地站立在高高的石山顶上，它是那么用力地踏着地面，以至于我们可以看到它那绷紧的肌肉。它抬着头向东眺望，表情虔诚而执著。你们说，它这是在干什么呢？它是在呼风唤雨，解救百姓。相传，很久以前，金牛岭这片土地灌木杂草丛生，加上年年干旱，百姓生活十分艰苦。这一年又是大旱，老百姓艰难地生存着。一天，天上的一头神牛从这儿经过，无意间低头一看，只见漫山遍野的草木没有一丝生机，田地里的庄稼更是干枯如柴，老百姓面黄肌瘦，无精打采，神牛顿生恻隐之心。于是，当夜幕降临的时候，神牛四蹄用力踏着地面，昂首向东呼叫，刹那间，风起云涌，下起了倾盆大雨。以后，海口便风调雨顺，庄稼丰收。这山也年年林木苍翠，花香果累。为了表示对神牛的感谢，老百姓便把这里取名为"金牛岭"。金牛岭瀑布下面比较开阔，周围花红树绿。我建议大家在这里合影留念，以瀑布为背景，把金牛放在照相机里带回家，它会保佑大家年年好运气。

来源：张中朝．风情海南·海南导游词精典

（三）帮助旅游者保持最佳审美状态

导游人员既要把握旅游景物的美感特性及其品味，又应当尽量了解自己所带游客的审美情趣，然后，便可以此作为自己导游内容展开的重点，从而，促成游客对所观赏的旅游景点产生浓厚的兴趣和积极的心态。一般来说，旅游者在旅游活动中，导游员要把握旅宜速，游宜缓的原则，引导旅游者处理好旅与游的关系，处理好重点区域与一般区域的张弛急缓。在动态观赏时，要通过旅游速度、节奏的变化引导旅游者对动态景观步移景异的审美感受。在旅途中遇到经典景观时一定要让旅游者息心驻足，认真品味，充分感受旅游景观的美感。例如，北京颐和园中的万寿山与上海外滩边的黄浦江，两者具有的审美场区别很大。即便是同一个审美客体，其四周的审美场值，也因时间、空间等条件的变化而有所不同。例如，对于某尊雕塑这一审美客体，就空间方向而言，其正前方的审美效果最佳。

因此，导游人员要以提供热情周到的服务，丰富的审美知识，使旅游者的情绪愉快而稳定，保持、提高他们的游兴及最佳审美状态是旅游活动成功的基础保

证，也是衡量导游人员的能力和水平的一个重要标准。

1. 调节旅游者的情绪

情绪的产生跟人的心理需求有着密切的关系，它受客观条件的直接影响，也受本人生活方式、文化修养、宗教信仰等因素的制约和影响。

情绪是由特定的条件引起的，条件变化，情绪也随之变化。因此，情绪是短暂的、不稳定的、可以改变的。导游人员要努力使自己成为旅游者情绪的组织者、调节者和支配者。

调节旅游者的情趣，首先必须了解产生消极情绪的主观、客观原因。对产生消极情绪的因素了解越详细、越透彻，就越容易解决问题，导游人员的工作就越主动。

调节旅游者情绪，消除其消极情绪的方法很多，导游人员要根据不同情况采取不同的方法。归纳起来，基本上有以下三种。

（1）补偿法　从物质上或精神上给予补偿，从而消除或弱化旅游者不满情绪的方法称之为补偿法。

物质补偿法：在住房、饮食、游览项目等方面若不符合协议书上注明的标准，应给予补偿，而且替代物一般要高于原先的标准。

精神补偿法：因某种原因无法满足旅游者的合理要求，导致他们不满时，导游人员应实事求是地说明困难，诚恳地道歉，以求得旅游者的谅解，从而消除旅游者的消极情绪；在无可奈何的情况下，可让旅游者（有时还要引导他们）将不满情绪发泄出来，待气消后，在设法向他们解释。总之，导游人员要通过各种方法使有不满情绪的旅游者获得新的心理平衡。

（2）转移注意法　导游人员有意识地去调节旅游者的注意力，促使他们的注意力从一个对象转移到另一个对象的方法称为转移注意法。

当旅游团内出现消极现象时，导游人员就应设法用新的、有趣的活动，新的事物和真挚的感情去刺激他们，或者用幽默、风趣的语言，诱人的故事去吸引他们，从而转移他们的注意力，忘掉或暂时忘掉不愉快之事，恢复愉快的心情。

（3）分析法　将造成旅游者消极情绪的原委讲清楚，并一分为二地分析事物的两面性及其与旅游者的得失关系的方法称之为分析法。

这种方法有时能消除旅游者的不满情绪。例如，对因某些特殊要求得不到满足而情绪不佳的旅游者，导游人员要从"合理"和"可能"两方面加以分析。又如，旅游者被迫坐火车从甲地到乙地而不是飞机，他们当然不满。此时，导游人员除说明购不到机票的原因外，可进一步一分为二地分析得失：不能及早到乙地，失去了在乙地的部分游览时间确实可惜，但坐火车可游览沿途风光，加上沿途精彩的导游讲解，旅游者可享受到空中游览享受不到的乐趣。不过，导游人员要明白，采用分析法往往是不得已之举，不能滥用。

2. 保持、提高旅游者的兴趣

旅游者精神饱满、游兴很高并不时产生新的游兴，是旅游活动成功的基本条件，也是导游活动成功的重要标志。

兴趣是动机中最活跃的成分，使人们从事各种活动的强大的动力之一，它在人的心理生活中占有重要的位置。人们的兴趣不相同，有些差异由人们的不同需求造成，它受到人所处的社会地位、从事的职业、年龄、文化水平的影响和制约，也受到当时所处环境的影响和制约。

兴趣分直接兴趣和间接兴趣两类。

直接兴趣：景物的形象和知名度（如长城、桂林山水）以及特定意义的行为本身（如探险、风筝节）引起人们对它产生的兴趣。

间接兴趣：行动（如导游人员介绍新景点）的结果激起的兴趣。

人的兴趣具有能动的特点，存在转移性和变化性。人的兴趣可随时转移，即从对一种事物的兴趣转移到另一种事物的兴趣；人对某一种事物的兴趣可产生、可消失，其兴趣的程度既可增也可减。兴趣的这种能动性特点要求导游人员认真思考并切实解决如下 3 个问题。

① 如何使旅游者从无兴趣、兴趣不高转为有兴趣或增加兴趣的强度？
② 如何保持旅游者的游兴稳定和持久并不断产生新的游兴？
③ 如何防止旅游者的游兴突然消失？

如果导游人员能在保持、提高旅游者游兴并使其不断产生新的游兴方面做好文章，他的导游技能和导游服务的层次就会大大提高。通常情况下，导游人员应在导游讲解的技巧方面狠下工夫，这是因为灵活、幽默、富于联想的讲解是激发游兴的手段，真挚、适时、方法多样的讲解是提高游兴的法宝，而生动、形象、别具一格的讲解则是增添游兴的浪花。在增添新的游览项目或不得已改变游览内容时，导游人员的精彩介绍可促使旅游者对新景点或替代项目产生新的兴趣。

（四）灵活掌握观景赏美的方法

观赏同一景物，有的旅游者获得了美感，有的人却没有；有的人得到了最大的美的享受，有的人则感到不过如此。究其原因，除了文化修养、审美情趣和思想情绪诸因素外，还存在观景赏美的方式方法问题。作为导游人员，必须正确地引导旅游者去观赏景物，既要根据旅游者的审美情趣和时空条件做生动精彩的导游讲解，还要帮助旅游者用正确的方式方法去欣赏美景，只有这样，旅游者才能得到美的享受，导游活动才可能获得成功。

观景赏美的方法很多，这里介绍几种常用的方法。

1. 动态观赏和静态观赏

无论是山水风光还是古建园林，任何风景都不是单一的、孤立的、不变的画面形象，而是活泼的、生动的、多变的、连续的整体，随着观赏者的运动，空间形象美才逐渐展现在人的面前。旅游者漫步于景物之中，步移景异，异变影响感受，从而使人获得空前进程的流动美。我们常说"游山玩水"、"浏览风景"，正表明了审美活动处于"动"的状态。

然而，在某一特定空间，观赏者停留片刻，作选择性的风景观赏，通过联想、感觉来欣赏美、体验美感，这就是静态观赏。这种观赏形式时间长、感受较深，人们可以获得特殊的美的享受。（例如：在浙江海宁县盐官镇观钱塘江大潮时，在泰山顶观赏云海玉盘、黄河金带、旭日东升和晚霞夕照时，让人遐想，令人陶醉。）

至于何时"动观"，何时"静观"，则应视具体的景观及时空条件而定。导游人员要灵活运用，"动"、"静"结合，努力使旅游者在动之以情、情景交融中得到最大限度的美的享受。

2. 观赏距离和角度

（1）距离和角度　距离和角度是两种不可或缺的观景赏美因素。自然美景千姿百态、变换无穷，一些似人似物的奇峰巧石，只有从一定的距离和特定的角度才能领略其风姿。（例如：从长江游轮上观赏三峡胜景神女峰，远远望去，朦胧中看到的是一尊风姿秀逸、亭亭玉立的中国美女像。然而，若借助望远镜观赏神女峰，定会令人失望，看到的只是一堆石头，毫无美感可言。又如，在黄山半山寺望天都峰山腰，有堆巧石状似公鸡，头朝天门，振翅欲啼，人称"金鸡叫天门"，但到了龙蟠坡，观看同一堆石头，看到的则似五位老翁在携仗登险峰，构成了"五老上天都"的美景，这就是由于观赏角度不同造就的不同景观。）作为导游人员，必须非常熟悉所游览风景名胜的情况，带团游览时要适时地指导旅游者从最佳距离、最佳角度，以最佳方法去观赏风景，使其获得美感。

这种步移景异的空间流动美构成了山水风光的一大特色，初来乍到的旅游者不经指点是领略不到这种多姿多彩、奥妙无穷的自然美景的，不十分认识大自然美景的导游人员也很难诱发旅游者的审美情趣，指导他们进行有效的审美活动。此外，还必须注意，不要一味地用"像这个，像那个"来评述大自然的美景，大千世界展现在人们眼前的景致是极其丰富、多姿多彩的，有的清幽、有的险峻、有的雄奇、还有的秀丽旖旎……导游人员要具有更高的审美能力，才能诱发游人的游兴，共享大自然的美妙。

（2）心理距离　观赏美景除掌握空间距离以外，还应考虑心理距离。心理距离是指人与物之间暂时建立的一种相对超然的审美关系。适当的心理距离是审美活动的一项基本原则和显著特征。一般情况，人们外出旅游，其目的往往就是要暂时切断与紧张、繁琐的日常生活及工作的关系，暂时摆脱烦恼和不愉快的心情，还有的人希望通过旅游忘记心中的痛苦，获得新的心理平衡。在审美过程中，旅游者只有真正从心理上超脱于日常生活中功利的、伦理的、社会的考虑，超然物外，独立地、自由地进入审美境界，才能尽情地享受美，真正获得观景赏美的愉悦。一个人若不能超然物外，就不可能在旅游赏美活动中获得美感。（例如：恐海者不可能领略大海的波光粼粼、天水相连，或波涛汹涌、惊涛骇浪的美景；刚失去亲人的旅游者一般欣赏不了地下宫殿的宏伟、吐鲁番古墓中木乃伊的奇迹；情绪低落的人就是身处蓬莱仙境也不一定能享受美的愉悦。常年生活在风景名胜中的人往往对周围的美景熟视无睹，加上日夜为生存奔波，也不一定能获得赏美带来的欢快。"不识庐山真面目，只缘身在此山中"说的就是这个道理。）

3. 观赏时机

观赏美景要掌握好时机，即掌握好季节、时间和气象的变化。光照、时令和气候影响着大自然中的色彩美、线条美、形象美、音响美、静态美和动态美。清明踏青、重阳登高、春看兰花、秋赏红叶、冬观腊梅等都是自然万物的时令变化规律造成的观景赏美活动；（例如：在泰山之巅看晨曦中的旭日东升、黄昏时的晚霞夕照，美不胜收；晴天下午16时左右从景山顶观望故宫，错落有致、层次分明的宏伟宫殿群尽收眼底；在蓬莱，有时能观赏到海市蜃楼；在峨眉山顶有时能看到佛光……这些都是因时间的流逝、光照的转换造成的美景。）

变幻莫测的气候景观是欣赏自然美景的一个重要内容。云蒸雾绕中的黄山美景令人回味无穷；庐山之美就在缥缈含蓄的云雾之中；游漓江，晴天的奇峰侧影、阴天的云雾山中、大雨天的漓江烟雨，景景都令人流连忘返。

在运动中观赏美景时必须精确地掌握好时机，有的美景的观赏时机只有几分钟，甚至几秒钟，稍有疏忽就可能失之交臂，后悔莫及。这就要求导游人员十分熟悉所游览的景点并把握好时机，才能帮助旅游者及时地观赏到绝伦的美景。

补充资料 8-6

黄山云霞气象景观欣赏

黄山位于安徽省南部黄山市境内，以奇松、怪石、云海、温泉"四绝"闻名于世。

云霞气象景观包括日出朝霞、日落夕阳、云海、佛光、雨凇、雾凇等，还有春光、夏景、秋色、冬装等气候景观。它们在时空分布上呈现出一定的规律。例如云海一般在雨后初晴，受高气压控制，且有逆温层存在时最易形成。这时大气比较稳定，对流不强，云顶高度在几百米至1500米以下。观云海的时间以冬、秋季最好，春季次之，夏季因对流旺盛，多不稳定天气，形成云海的机会较少。观看云海宜在高山峰顶，视野开阔之处。如在光明顶看天海，清凉台看后海，排云亭看西海，白鹅岭观东海，玉屏楼看前海，都能达到很好的效果。黄山因水汽丰沛，云雾多，全年均可出现佛光。一天中佛光在早上9时以前或傍晚16时以后出现的最多，中午则较少见。黄山山势陡峻，一般晴天清晨登上山顶，都可看到日出。看日出的地方，以夜宿地点而定，住北海宾馆可到清凉台观看。夜宿光明顶气象站，则在光明顶观看。日出时分依季节的不同有所差异，一般介于清晨5时10分（7月1日）至7时3分（1月1日）。太阳落山时的景色，也很美丽，西海排云亭是观看晚霞的好地方。黄山四季景色迥然不同，春季百鸟争鸣，繁花似锦；夏季气候宜人，瀑布流泉，清溪翠谷；秋季层林尽染，云雾成海；冬季银装素裹，冰挂三尺，青松傲雪。由于云霞气象景观时间性很强，因此，来黄山旅游可根据各人的喜爱，选择不同的季节和时间观赏不同的云霞气象景观。

来源：安徽师范大学学报

4. 观赏节奏

观赏节奏无一定之规，应视观赏内容、观赏主体的具体情况（年龄、体质、审美情趣、当时的情绪等）以及具体的时空条件来确定并随时调整。一般旅游者的审美目的主要是悦耳悦目、悦心悦意，是为了轻松愉快、获得精神上的享受。如果游览活动安排得太紧，观赏速度太快，不仅使筋疲力尽的旅游者达不到上述观赏目的，还会损害他们的身心健康，甚至会影响旅游活动的顺利进行。因此，在安排审美赏景活动时导游人员要注意调节观赏节奏。

（1）有张有弛，劳逸结合　导游人员要根据旅游团的实际情况安排有弹性的活动日程，努力使旅游审美活动既丰富多彩又松紧相宜，让旅游者在轻松自然的活动中获得最大限度的美的享受。

（2）有急有缓、快慢相宜　在具体的审美活动中，导游人员要视具体情况把握好游览速度和导游讲解的节奏，哪儿该快、哪儿该慢、哪儿多讲、哪儿少讲甚至不讲，必须做到心中有数；对年轻人多讲、讲得快一点、走得快一点、活动多一点；对老年人则讲得慢一点、走得慢一点、活动少一点……总之，审美节奏要因人、因时、因地随时调整，努力使观景赏美活动获得良好的效果。

（3）导、游结合　讲解是必不可少的，通过讲解和指点，旅游者可适时地、正确地观赏到美景，但在特定的地点、特定的时间让旅游者去凝神遐想，去领略、体悟景观之美，往往会收到更好的审美效果。

综上所述，导游人员要努力当好一名导演，要从审美主体的实际情况出发，力争使观赏节奏适合旅游者的生理负荷、心理动态和审美情趣，安排好旅游活动日程，组织好旅游审美活动，让旅游者感到顺乎自然、轻松自如。只有这样，旅游者才能获得旅游的乐趣和美的享受，才是成功的导游活动。

任务实训

【实训目标】

通过本任务的实训，使学生能够在带团过程中确立自己在团队中的主导地位，同旅游者友好相处，具有一定的凝聚力、影响力与控制力，也是顺利开展旅游活动的前提。

【实训步骤】

一、实训准备

1. 根据教师下发的情境资料进行准备。

2. 根据情境材料进行分组讨论。

3. 根据企业专业家提示进行分析。

二、实训内容

1. 针对导游带团接待中如何树立良好形象、搞好与领队的关系的重要途径与方法及调节旅游者的审美行为进行模拟实训。

2. 实训案例导入

[案例1] 王先生周末参加了南京、扬州两日游。上了中山陵、进了总统府、

游了瘦西湖，惟一遗憾的是导游太差劲。第一站，才进中山陵"博爱"门楼，导游便一句："10 点 30 分在此集中"，然后不知去向；第二站，又是刚进总统府的大门，便叫客人自由活动；第三站，在瘦西湖行至一半，下令客人自行欣赏，在全团客人强烈要求下勉强同游。快到长堤时，导游说："自己经常来，但从未到过瘦西湖长堤。"

　　[案例 2] 一个 25 人旅游团在离开四川前有 3 张意见表上几乎都是不满意，其中有领队填的。这样就导致了一个问题：除领队和 2 位客人评价不太好以外，其余的客人对我们的导游给予极高的评价。从领队口中得知，这两个人来过几次四川，对当地的情况非常的熟悉。一口咬定导游有几个问题：①有一次没有叫早、一次没有帮客人看行李；②两次没有帮客人抢早餐，讲话中几乎没有提到领队的作用，黄龙只陪了几个没有上山的人，等等，因此认定导游的服务有缺陷。从其他客人中我们了解到：导游的服务非常仔细认真，讲解非常专业有趣，特别是客人发生高山反应时积极联系医院并陪同客人一起到深夜才回宾馆休息，第 2 天按时带客人去游览，吃饭时也尽量照顾大家，帮忙添饭添菜，有几次都没有吃上饭……这样的优秀导游一定要表扬、奖励。

　　[案例 3] 2011 年 6 月，盛夏将至，北京花红草绿，各大热门景点迎来旅游旺季。为了取悦游客，旅行社导游带团讲解颐和园、故宫、天坛等著名景点时，往往不认真讲史实，而是添油加醋、夸大渲染一些历史人物的私生活。颐和园一枚"败家石"的搬运过程，就听到了 4 种说法，且互相矛盾，让人听得一头雾水，不知道应该相信谁。

　　3. 模拟地陪针对以上情境进行处理。

三、实训总结

1. 学生互评。

2. 教师点评。

3. 企业评价。

4. 汇总实训成绩。

实训评价表

评价项目与内容		小组评价	教师评价	企业评价
课前准备 （20分）	下发计划准备			
	分组准备			
论点论据 清晰合理 （60分）	如何树立良好形象			
	搞好与领队的关系			
	调节旅游者的审美行为			
职业素养 （20分）	能够认识到导游带团技能的重要性，并能根据实际情况进行适时的处理			
总成绩				

任务情境

情境一

A. 一位导游在讲解乐山大佛时说道：各位，这就是闻名遐迩的千年古佛——乐山大佛。他是世界上最大的一尊石刻弥勒佛，人们形容它"山是一尊佛，佛是一座山"，我们在他跟前显得多么渺小啊！

B. 另一位导游则这样介绍：各位，我们常说"桂林山水甲天下"。到乐山，我们更应该说"乐山大佛甲天下"。伫立在大家眼前的这尊佛像就是举世闻名的乐山大佛。它是世界上最大的一尊石刻弥勒佛，通高71米，肩宽24米，颈高3米，指长8米，脚宽近9米。大佛的一只脚上便可坐数十人。佛头上的发髻共有1051个，其雕刻之精巧，令人叹为观止。乐山大佛雄伟壮观，人们发自内心地感叹道："山是一尊佛，佛是一座山"。

情境二

小王讲解中常爱"吊胃口"、"卖关子"，被客人戏称为"卖关子"的导游员。每次去杭州六和塔，旅游者都会问：登到顶点有多少级阶梯？她都暂不作答，而是让大伙数一数，看谁数的对，来一次比赛。她这么一讲，旅游者往往兴趣大增，纷纷登阶而上。登过之后，大家七嘴八舌，各自报数，此时，她才告诉他们是266级，旅游者们都笑了起来。

【任务分析】

情境一，从上述两例可看出，A例的遣词造句较为简单抽象，仅仅向旅游者传递了一个"高"的信息，且缺乏说服力，无法引起旅游者的共鸣。B例的字句富于文学色彩，运用了比较、列举、感叹、议论等多种表达方法，具有较强的表现力，会给旅游者留下鲜明的印象。

情境二，此法利用旅游者想知道结果、了解来历的迫切心情，故意引而不发，巧妙使其产生悬念，想听下回分解。有时也利用此法，提问题，暂时停顿，给旅游者稍加思考的时间。欲知后事，就得继续听导游讲解，使得导游始终处于主动地位，让旅游者非得跟着走不可。

导游讲解是导游员的基本功之一，也是导游工作的重点。精彩的导游讲解，可使尘封千年的文物古迹死而复生，使万里山河由静态变为动态，使经典的传统工艺栩栩如生，从而使旅游者感到旅游生活充满情趣，其美好印象难以磨灭。"工欲善其事，必先利其器"。要成为优秀的导游人员，既要有扎实的语言功底，更要有灵活的讲解技巧。所以，导游人员必须重视讲解要领的掌握。

宜昌 64 岁导游荣获全国导游大赛最佳讲解单项奖

2012 年 12 月 27 日，历时三天的第二届全国导游大赛在珠海海泉湾落下帷幕。长江三峡旅游发展公司的老工人导游李小毛获得最佳讲解单项奖。

据悉，湖北省代表队共 4 人，其中宜昌有 2 名，分别是长江三峡旅游发展公司的老工人导游李小毛和三峡大学经管学院的李苗。经过形象风采展示、景点讲解、知识问答、情景再现、才艺展示五个环节的角逐，湖北省获得三个单项奖，二个二等奖。这次大赛共设五个单项奖，湖北囊括 3 个，其中宜昌 64 岁的李小毛以年龄最大的参赛选手获得最佳讲解单项奖，并受到国家旅游局领导和各评委的高度肯定，他对导游工作的热爱，对生活的热情，在赛场激起来自全国各地选手的尊敬，用事实证明导游工作不是吃青春饭的工作。

来源：湖北省旅游政务网

知识链接

知识点一　导游语言运用的原则

1. 正确

正确即导游语言的规范性。它是导游语言科学性的具体表现，同时也是导游人员在进行讲解时必须遵循的基本原则。在导游员向旅游者传播文明、传递美感的活动中，正确性起着至关重要的作用。讲解的科学性越强，越能引发旅游者的求知欲，导游员也会得到更多的尊重。相反，"一伪灭千真"，如果导游人员信口开河、张冠李戴，旅游者必定会产生极大的反感，从而怀疑导游讲解的可信度，甚至会否定导游人员的一切言行。所以，导游人员在进行讲解工作和回答旅游者相关询问时，应尽量做到准确无误。

导游语言的正确性首先强调导游人员发音的正确、清晰。其次，导游讲解应讲究字斟句酌，注重字、词、句的组合与搭配，不能像平时聊天一样随便而谈。此外，讲解的内容必须有根有据，正确无误，要与旅游景点有一定联系。即便是神话、传说、典故也应有所根据，切忌随意虚构。那种动辄就大量穿插神话、传说的讲解往往会使旅游者产生空洞的感觉。

2. 生动

生动是导游人员语言艺术性和趣味性的具体表现。导游人员在做到讲解内容准确健康的前提下，应进一步追求鲜明生动，言之有神，言之有趣，切忌平铺直叙、毫无生气的讲解方式。导游人员的语言表达如果生硬呆板，旅游者必定会产生不耐烦或厌恶的情绪，讲解效果难以达到。而妙趣横生、形象生动的导游语言则能引人入胜。导游语言的生动既在于讲解的组织方式，更在于表达方式的多样化，叙述、议论、抒情、说明并重，对比、夸张、借代、比拟交错。多种修辞方法的运用会使导游语言富于美感，有声有色，更能激发旅游者的游兴。旅游者会主动去领会导游的讲解内容，去体验导游所创造的相关意境。

温馨提示	8-1

杭州西湖欢送辞

各位朋友：人们常常把杭州西湖和瑞士日内瓦的莱蒙湖比喻为世界上东西方辉映的两颗明珠，正是因为有了西湖，才使意大利的马可波罗把它比喻为"世界上最美丽华贵的天城"。西湖做为著名景点，接待过世界各国的元首不计其数。因此，西湖不仅是杭州的明珠，更是东方的明珠，世界的明珠。

"忆江南，最忆是杭州。山寺月中寻桂子，郡亭枕上看潮头。何日更重游？"这是白居易为颂扬西湖给后人留下的回味无穷的千古绝唱。各位朋友，当我们即将结束西湖之行时您是否也有同样的感受呢？但愿后会有期，我们再次相聚，满觉陇掩赏桂子，钱塘江上看潮头，让西湖的山山水水永远留住您美好的回忆。

来源：360 问答

3. 清楚

要做到清楚这一原则，首先要求导游人员要口齿清晰，简洁明了，讲解时声音要清晰圆润，富于磁性，避免出现过重的喉音、鼻音、吐气声。讲解中，导游人员应懂得科学运用发音器官，做好气息控制，形成有效配合，这样发音才会正确清楚。

4. 流畅

流畅的语言是保证讲解效果、吸引旅游者注意力的基本条件。导游人员不论做自我介绍、景观讲解、途中讲解，还是交谈、讲故事、说笑话，均要求导游语言流畅，富于连贯性。导游人员在讲解中更应注意克服不良习惯，如结结巴巴、过多重复、频繁停顿等现象。导游人员讲话的音调应正确优美，节奏应不急不缓，语法应准确无误，思维逻辑清晰明了，中心内容重点突出，富于整体性和连贯性。这样的导游语言才能具备顺畅自如的特性。

5. 简洁

导游人员在讲解时，遣词造句要简洁明了，尽量使用通俗易懂的语句，多用口语化短句，慎用书面化长句，忌用歧义语和生僻词汇。假如导游大量使用"清峻奇绝，体例精短，花木扶疏，泉流萦回，亭台楼阁，交错其间"等词语来讲解苏州园林，旅游者接受起来一定有难度。

一名优秀的导游员应以准确，高雅的语言生动形象的进行导游讲解，内容趣味无穷，修辞优美，语言富有表现力，高低和谐，转折自然，听了让客人难以忘怀。导游员除了具有各个方面丰富的知识和扎实的语言功底，还要使语言有浓厚的趣味性。

导游语言的音、 调和节奏

导游语言是一种职业化的口头语言。口头语言表情达意的媒介是语音，语音则有音量、语调、语速等要素。一名优秀的导游人员，在进行导游讲解时，必须讲究音调的高低强弱、语气的起承转合以及节奏的抑扬顿挫。为了淋漓尽致发挥导游语言艺术的魅力，导游人员应努力使导游语言的音、调、节奏配合得恰到好处，并做到因人、因地、因时、因情不同而灵活转换。

1. 注意音量

音量即声调的强与弱。在讲解过程中，注意音量大小的调节必不可少。其要求有二：一是根据旅游者的多少和干扰强度的大小来调节音量。一般来讲，讲解音量以在场的每位旅游者都能听清为宜。旅游者众多，音量增大；旅游者较少，音量减小。室外讲解，音量大些；室内（车内）讲解时则小些。讲解时忌声音过高或过低。声音过高造成噪音；声音太低影响效果，并容易给人以信心不足、畏首畏尾之感。二是根据讲解内容的重要性来调节音量。对关键词语应加大音量，强调突出。例如：“请各位旅游者下车时注意安全并关好车窗”这句话中强调安全性的字眼应音量稍大。“这里是全世界最大的城市中心广场——天安门广场”这句话中强调景点价值地位的关键词汇语也应着重突出。

这样更能强调导游语言的表达效果，起到强化印象的作用。

2. 巧用语调

语调是贯穿于整个句子的语音高低升降配置。在导游讲解中有高潮也有低潮。高潮时，音色应洪亮、圆润；低潮时，音色应平稳、沉着。根据讲解内容的不同，语调高低升降，曲折有致，既富于变化又亲切自然，从而打动旅游者的心弦，激发他们的游兴。总而言之，导游的语调应与旅游者接受的“心律”合拍，声情并茂，力戒矫揉造作。

3. 调节语速

语速是指语流速度的快慢。实际操作中，有的导游讲解往往匀速前进，背诵味浓厚。这样的解说会让旅游者备觉乏味，且容易产生困乏感。调节语速快慢的出发点有二：一是旅游者的组成。如团队中中青年旅游者占多，语速应不急不缓；如老年旅游者占多，则语速稍微减慢。二是谈话内容的性质。对那些需要特别强调的内容，如集合时间、地点、重点景观、年代、人名等，应放慢语速交代，而不太重要的事情则可稍快带过。

补充资料 8-8

令人难忘的藏族导游姑娘讲解

导游讲解方式有若干种，如介绍式、讲授式、演说式、朗诵式、主持人式、小品式、背诵式等。近日笔者去云南迪庆藏族自治州的布搭错国家公园，听了景区导游卓玛的讲解，真有耳目一新之感，对导游讲解风格又有了深层次的理解。

卓玛是一个典型的藏族姑娘。接待的第一个步骤——在旅游车上致欢迎辞，就让人觉得她与众不同。她不像其他导游那样站在车辆前部、面对车上游客（这是标准和服务规范所要求的），而是微侧身坐在座位上，与游客同方向。在大半天的景区游览过程中，只要是在车上讲解她都是这种方式。她的讲解风格在笔者所接触到的导游中也极少见，不是用标准普通话、标准语速和语调向游客介绍游览计划和有关知识，而是以比较缓慢的语速、轻柔的语调，像亲人、朋友聚在一起拉家常般的，让游客感到亲切、轻松、愉快。对游客的提问，她的回答也是如此，知道的就娓娓道来，丝毫没有"传道、授业、解惑"的优越感，更没有教训之意味，不知道或者不全知道的，也绝不胡编乱造、敷衍搪塞或是慌里慌张、面红耳赤甚至张口结舌，始终给人以平和、平静的感觉。她在车上也主动为游客唱了首歌，歌词、声调以及导入、收尾也都让人感觉自然、亲切，而没有常见的那种生硬感。

不要以为卓玛一定是文化程度高、工作经验丰富的资深导游。据了解，她刚从云南师范大学专科毕业，正在自学本科，还没有考取全国导游资格，从事景区导游服务也不过三年时间。笔者认为，她的导游服务风格的可贵之处，首先在于她以藏族人的自然、淳朴、真诚为基础，加上自己的纯真、敬业、虚心、细心，营造出平等、和谐、轻松的氛围。

笔者当时就向迪庆藏族自治州和云南省旅游局的有关人员建议，在导游培训时，让新老导游都去听一次卓玛的讲解。在"名导进课堂"中，也让卓玛去讲一课，甚至让她去参加地区、全国的导游大赛。

来源：中国旅游报

知识点三 常用的导游方法和技巧

导游方法和技巧是导游艺术的重要组成部分。为了使自己成为旅游者的注意中心并将他们吸引在自己周围，导游人员必须讲究导游讲解的方式、方法，要善于编织讲解的故事情节，结合游览活动的内容，解疑释惑，创造悬念，引人入胜；要有的放矢，启发联想，触景生情；要有选择地介绍，采用有问有答、交流式对话，努力将旅游者导入意境。

一名成功的导游人员要善于针对旅游者的心理活动，灵活地运用导游手法，因势利导，对不同层次的旅游者施加相应的影响，使客、导之间达到心灵的默契，让每位旅游者的需要得到合理的满足，使旅游生活轻松愉快。

巴金对"技巧"有精辟的论述，他说："艺术，最高的技巧就是无技巧。"一名成功的导游人员随时在学习众家之长，但绝不是生搬硬套他人的经验，而是将各种导游手法融会贯通并结合自身的特点，扬长避短，形成自己的导游风格。然而，即使对自己擅长的导游手法，也不应受其约束和限制，而要随机应变，灵活运用，这样才能获得不同凡响的导游效果。

国内外导游界的前辈们总结出了很多行之有效的导游方法和技巧，优秀导游员们还在通过实践不断予以补充、丰富，现介绍八大特色讲解技法。

（一）分段讲解法

对比较小的、次要的景点可采用平铺直叙的方法进行讲解，但对规模大的重要景点就不能面面俱到、平铺直叙地介绍，而应采用分段讲解的方法。

所谓"分段讲解法"就是将一处大景点分为前后衔接的若干部分来分段讲解。首先，在前往景点的途中或在景区入口的示意图前介绍景点概况（主要包括历史沿革、欣赏价值、主要景观名称及特点等）给旅游者留下了初步印象，产生"百闻不如一见"的期待心理。通过游前略讲，将旅游者带入审美对象的境界，然后到现场依次详细讲解。在讲解这一景区时，注意不要过多涉及下一区的景物，但要在快要结束本区游览时适当点出下一区引人入胜之处，目的是为了引起旅游者对下一景区的兴趣，并使导游讲解一环扣一环，让景物讲解环环扣人心弦。（例如：游览颐和园，旅游团的参观路线一般由东宫门进，从如意门出，所以通常分三段进行导游讲解，即以仁寿殿为中心的政治生活区、以慈禧太后的寝宫乐寿堂和戊戌变法失败后的"天子监狱"玉澜堂为中心的帝后生活区以及游览区的昆明湖和前山。旅游者边欣赏沿途美景边听导游员有声有色、层次分明、环环相扣的讲解，定会心旷神怡，获得美的享受。）

（二）突出重点法

所谓"突出重点法"就是在导游讲解时避免面面俱到，而是要突出某一方面的讲解方法。一处景点，要讲解的内容很多，导游员必须根据具体的时空条件和对象区别对待，有的放矢，做到重点突出、详略得当。

1. 突出大景点中最有代表性的景观

游览规模大的景点，导游员必须做好周密的计划，确定重点景观。这些景观既要有自己的特征，又能概括全貌。到现场游览时，导游员主要讲解这些具有代表性的景观。（例如：去天坛游览，主要是参观祈年殿和圜丘坛，讲解内容主要也是这两组建筑。如果讲好了这两组建筑，加上绘声绘色地介绍当年皇帝在圜丘坛祭天的仪式和场面，不仅让旅游者了解了天坛的全貌，还能使他们欣赏到举世无双的中国古代建筑艺术。）

2. 突出景点的特征及与众不同之处

旅游者在中国游览，总要参观很多宗教建筑，它们中有佛教寺院，有道教宫观，有伊斯兰教清真寺，各具特色。导游人员应尽力发掘景点的独特性，在解说中加以突出。（例如：如同为佛家寺院，洛阳的白马寺、郑州的少林寺、开封的大相国寺，在其历史、建筑结构、规模、宗派、建筑特点、供奉的佛像等方面各不相同。假如旅游者在"郑汴洛"一线游览，导游人员若区分不出三家寺院的不同之处，旅游者会有"白天看庙，晚上睡觉"的抱怨，因为在一般旅游者的眼中，寺院都一样，而实际上却并非如此。白马寺的价值在于它是佛教传入中国后由官府创建的第一座寺院，少林寺的特色在于其禅与武，而大相国寺的独特之处是其"皇家寺院"的显赫与壮丽等。）导游人员在讲解类似景点时，要突出介绍其特性，以求吸引旅游者的注意力，避免旅游者产生"雷同"的感觉。

3. 突出旅游者感兴趣的内容

旅游者的兴趣爱好各不相同，但从事同一职业的人、文化层次相同的人往往有共同的爱好，导游人员在研究旅游团的资料时要注意旅游者的职业和文化层次，以便在游览时重点讲解旅游团内大多数成员感兴趣的内容。

投其所好的讲解方法往往能产生良好的导游效果。（例如：游览故宫时，面对以建筑界人士为主的旅游团，导游人员一般除介绍故宫的概况外，要突出讲解中国古代宫殿建筑的布局、特征，故宫的主要建筑极其建筑艺术，还应介绍重点建筑物和装饰物的象征意义等。如果能将中国的宫殿建筑与民间建筑进行比较，将中国的宫殿与西方宫殿的建筑艺术进行比较，导游讲解的层次就会大大提高。如果是面对以历史学家为主的旅游团，导游人员就不能大讲特讲建筑艺术了，而应更多地讲解故宫的历史沿革，它在中国历史上的地位和作用，以及在故宫中发生的重大事件了。）

4. 突出"……之最"

导游人员在讲解时应把景点的价值介绍给旅游者，使他们觉得物有所值，不虚此行。在突出景点的价值时，可用"最……"来总结，如"最大的"、"最小的"、"最古老的"、"最高的"、"最低的"等，用这些内容吸引他们，激发其游兴。这些"……之最"可以从高往低排，能排上"世界之最"当然好，假如排不上，可以是中国之最、本省之最、本地之最。（例如：白马寺是中国最早的官办寺院，黄河是世界上含沙量最高的河流，少林寺是"天下第一名刹"，殷墟博物院中有中国最早的文字甲骨文等。）需要注意的是，在突出"……之最"时，应准确无误，不能无中生有、信口开河，必须是实事求是，要有根据。

（三）触景生情法

"触景生情法"就是见物生情、借题发挥的导游讲解方法。在讲解时，导游人员不能就事论事地介绍景物而是要借题发挥，利用所见景物借题发挥，引人入胜，使旅游者产生联想，从而领略其中的妙趣。（例如，外国旅游者刚下飞机，从机场高速公路经四元立交桥进北京时，导游可趁机介绍北京市政府为了改善城市交通，在全市修建了大量的立交桥、过街天桥的业绩。又如，旅游团经过昆明市博物馆，看到风格独特的青铜雕朔时，导游人员可顺势讲解云南省少数民族的概况，起到以点带面的作用。）触景生情的第二个含义是导游讲解的内容要与所见景物和谐统一，使其情景交融，让旅游者感到景中有情，情中有景。（例如：当旅游团参观宽广的太和门广场、高大魏峨的太和殿时，导游人员可适当描述皇帝登基的壮观场面：金銮殿香烟缭绕，殿前乐鼓喧天，广场上气氛庄严肃穆；皇帝升殿，文武百官三跪九叩，高呼万岁、万万岁。还可以讲一点末代皇帝溥仪三岁登基时被隆重的场面吓得直哭，闹着回家，而他的父亲连说"快完了、快完了"。哄他的历史趣闻。旅游者望着宏伟的太和殿，听着风趣的讲解，定会发出欢快的笑声。）

触景生情贵在发挥，要自然、正确、切题地发挥。导游人员要通过生动形象的讲解、有趣而感人的语言，赋予死的景物以生命，注入情感，引导旅游者进入审美对象的特定意境，从而使他们获得更多的知识和美的享受。

黑色旅游，灾难带来的力量

黑色旅游是指到死亡、灾难、痛苦、恐怖事件或悲剧发生地的旅游现象。1996年苏格兰大学的玛尔考姆·弗尔列和约翰·莱侬首次提出"黑色旅游"的概念。在欧美国家，黑色旅游较成功的事例有很多，比如：第2次世界大战时波兰的奥斯维辛集中营，150万人葬身于此，自战后建成博物馆以来，此地已成波兰十大著名旅游景点之一，堪称黑色旅游的样板基地。2001年，美国9·11事件后，世贸中心废墟也成了许多游客的必访之所。以灾难为吸引物，适时适地地开发黑色旅游，不仅突出了旅游业的社会效益，也为旅游产品的创新带来了启示。

我国比较著名的黑色旅游资源如下。

地震类：2008年"5·12"四川汶川地震遗址，2010年"4·14"青海玉树地震，1976年"7·28"唐山大地震遗址；

火山遗址类：东北五大连池火山遗址，云南腾冲火山遗址；

泥石流遗址：2010年云南"8·18"贡山特大泥石流遗址，2010年甘肃"8·8"舟曲泥石流遗址；

洪水灾害：1998年的长江洪灾，1938年6月黄河"花园口事件"；

赤潮：渤海、黄海、东海的赤潮；

森林火灾：1987年大兴安岭特大森林火灾；

战争遗址：南京大屠杀遇难同胞纪念馆，山西大同的万人坑，北京圆明园遗址；

陵墓：南京中山陵，北京明十三陵，陕西秦陵兵马俑；

交通事故：2008年"4·28"胶济铁路特别重大交通事故；

我国拥有丰富的黑色旅游资源，为发展黑色旅游奠定了丰富的物质基础。

来源：精品阅读

（四）虚实结合法

虚实结合法就是在导游讲解中将典故、传说与景物介绍有机结合，即编织故事情节的导游手法。就是说，导游讲解要故事化，以求产生艺术感染力，努力避免平淡的、枯燥乏味的、就事论事的讲解方法。

虚实结合法的"实"是指景观的实体、实物、史实、艺术价值等，而"虚"则指与景观有关的民间传说、神话故事、趣闻轶事等。"虚"与"实"必须有机结合，但以"实"为主，以"虚"为辅，"虚"为"实"服务，以"虚"烘托情节，以"虚"加深"实"的存在，努力将无情的景物变成有情的导游讲解。例如讲解颐和园十七孔桥时，当然要讲十七孔桥是模仿北京的卢沟桥和苏州的宝带桥修建的，阳数之极"九"在桥上的体现，桥上的狮子比卢沟桥上的还多等。但是，只是这样讲就显得平淡无奇，如果再加上一段关于鲁班帮助修桥的传说，就显得生动、风趣得多了。

一处景点有好几种传说，导游人员到底应该选择哪个作为讲解内容好呢？其实这些传说导游都可以采用，关键在于选择那些积极上进的、有教育意义和生动的传说。总之，讲解每一个景点，导游人员应编织故事情节，先讲什么，后讲什么，中间穿插什么典故、传说，心中都应有数。加上形象风趣的语言，起伏变化的语调，导游讲解就会产生艺术吸引力，受到旅游者的欢迎。

（五）问答法

问答法就是在导游讲解时，导游人员向旅游者提问或启发他们提问题的导游讲解方法。使用问答法的目的是为了活跃气氛，激发旅游者的想象思维，促使客、导之间产生思想交流，使旅游者获得参与感或自我成就感；也可以避免导游人员唱独角戏的灌输式讲解，加深旅游者对所游览景点的印象。

问答法有多种形式，一是自问自答，即导游人员自己提问自己回答。二是我问客答，即导游人员提问让旅游者来回答，这一形式比自问自答更能让旅游者参与。但导游应注重提问技巧。它要求导游人员必须充分了解旅游者的知识程度，提问要便于旅游者作答，并能对旅游者的回答进行点评和褒扬。除了上述两种主动形式之外，还有一种被动的客问我答形式，即激发旅游者提问的兴趣，导游员回答旅游者的相关问题。经验不足的导游要慎用这一形式，否则容易弄巧成拙。

（六）制造悬念法

导游人员在导游讲解时提出令人感兴趣的话题，但故意引而不发，激发起旅游者急于知道答案的欲望，使其产生悬念的方法即称为"制造悬念法"，俗称"吊胃口"、"卖关子"。

这是一种常用的导游手法。通常由导游先提出话题或提出问题，激起旅游者的兴趣，但不告知下文或暂不回答，让他们去思考、去琢磨、去判断，最后才讲出结果。这是一种"先藏后露、欲扬先抑、引而不发"的手法，一旦"发（讲）"出来，会给旅游者留下特别深刻的印象，而且导游人员可以始终处于主导地位，成为旅游者的注意中心。但再好的导游方法也不能滥用，"悬念"不能滥造，以免起反作用。

（七）类比法

类比法就是用旅游者熟悉的事物和眼前景物进行类比，帮助旅游者理解和加深印象，以达到触类旁通、举一反三的效果。由于地理、民族、文化等方面的差异性，每个旅游者对导游的讲解不可能一听就明白，肯定会存在不易理解的地方。因此，导游人员有时必须借助类比的方法以熟喻生，帮助旅游者更好地接受讲解内容。类比时可采用同类相似类比和同类相异类比等多种方法，还可以在时间上做比较。

1. 同类相似类比

将相似的两景物进行比较，便于旅游者理解并使其产生亲切感。例如将北京的王府井比作日本东京的银座、比作美国纽约的第五大街、比作法国巴黎的香榭丽舍大街；把上海的城隍庙比作日本东京的浅草；参观苏州时，可将其称作"东方威尼斯"；讲到梁山伯与祝英台或《白蛇传》中的许仙与白娘子的故事时，可以将其称为中国的罗密欧与朱丽叶等。

2. 同类相异类比

这种类比法可将两种景物比出质量、水平、价值等方面的不同。例如在规模上将唐代长安城与东罗马帝国的首都君士坦丁堡相比；在价值上将秦始皇陵地宫宝藏同埃及第18王朝法老图坦卡蒙陵墓的宝藏相比；在宫殿建筑和皇家园林风格与艺术上，将北京故宫和法国巴黎附近的凡尔赛宫相比，将颐和园与凡尔赛宫花园相比等，不仅使游客对中国悠久的历史文化有较深的了解，而且可让游客对东西方文化传统的差异有进一步的认识。

3. 时代之比

在游览故宫时，导游人员若说故宫建成于明永乐十八年，不会有几个外国旅游者知道这究竟是哪一年；如果说故宫建成于1420年，就会给人以历史久远的印象。但是，如果对美国旅游者说在哥伦布发现新大陆前72年、对英国旅游者说在莎士比亚诞生前144年中国人就建成了眼前的宏伟宫殿建筑群，这不仅便于旅游者记住中国故宫的修建年代，给他们留下深刻的印象，还会使外国旅游者产生中国人了不起、中华文明历史悠久的感觉。又如，游览故宫时，导游人员一般都会讲到清朝的康熙皇帝，但外国旅游者大都不知道他是哪个时代的中国皇帝，如果导游人员对法国游客说康熙皇帝与路易十四同一时代，对俄罗斯人说他与彼得大帝同代，还可以加上一句，他们在本国历史上都是很有作为的君主。这样介绍便于旅游者认识康熙皇帝，他们也会感到高兴。

要正确、熟练地使用类比法，要求导游人员掌握丰富的知识，熟悉客源国，对相比较的事物有比较深刻的了解。面对来自不同国家和地区的旅游者，要将他们知道的风物与眼前景物相比较，切忌作胡乱、不相宜的比较。正确运用类比法，可以提高导游讲解的层次，加强导游效果，反之，则会惹旅游者耻笑。

（八）画龙点睛法

画龙点睛法是指导游员在讲解的关键处或者整个内容讲解结束时用一两句话点明要旨，使所讲内容更加生动传神，从而使旅游者记忆犹新、印象深刻。要运用好画龙点睛法应该做好以下几条。

1. 首先"龙"要画得好

导游员在讲解过程中，无论是整体介绍也好，分段讲解也罢，一个故事、一段传说，大到整个景区，小到一处景物等都要讲解好，就好比画龙点睛那样，龙画得好，点上眼睛才会飞走，龙画得不好像条蛇，即便点上龙眼，人们看后只会吓一跳。

2. "点睛"要点得妙

浓缩精妙的词语是导游员运用画龙点睛的神来之笔，它不仅能加深游客对景物的印象以及对其中的文化内涵有所了解，而且能弥补导游员在讲解中的缺陷和不足。例如：旅游团游览云南后，导游人员可以用"美丽、富饶、古老、神奇"来赞美云南的风光；参观南京后，可用"古、大、重、绿"四个字来描绘南京的风光特色；总结青岛的风光特色可用"蓝天、绿树、红瓦、沙滩、碧海"五种景观来概括。又如，游览颐和园后，旅游者可能会对中国的园林大加赞赏，这时导游人员可指出，中国古典园林的造园艺术可用"抑、透、添、夹、对、借、障、框、漏"九个字概括，并帮助旅游者回忆在颐和园中所见到的相应景观。这种做法定会起到画龙点睛的作用，不仅加深了旅游者对颐和园的印象，还可以使其对中国的园林艺术有初步的了解。

应该说导游员的神来之笔来源相当广泛，为了表达一层意思和内容，都可在不同程度上找来那些神来之笔，但是问题的关键是点睛要点得妙。至于神来之笔的来源也很多，可自己提炼，也可从讲解内容的题目上寻找，必要时还可从宣传资料以及广告词上寻觅。总而言之，点睛之词要靠自己经常整理、编排、挖掘、创作，这样才能画出更美的龙，点出更神的睛。

温馨提示 8-3

导游词画龙点睛顺口溜

有时候在导游词中加入一些顺口溜等，能起到画龙点睛的作用。

1. 飞雪长白山；避暑往庐山；　　日出仁泰山；晚霞岳麓山；
　　奇秀峨眉山；奇险数华山；　　道场武当山；寺群五台山；
　　水中普陀山；迷地虎丘山；　　少林卧嵩山；伟人出韶山；
　　探宝祁连山；仙水落天山；　　云海恋黄山；红叶赏香山；
　　世界最高点；喜马拉雅山。

2. 入境广州观车头；　　　　　　飞抵桂林观山头；
　　转至西安观坟头；　　　　　　游览北京观墙头；
　　过往天津观码头；　　　　　　远足青海观源头；
　　参拜西藏观佛头；　　　　　　故都南京观石头；
　　醉游上海观人头；　　　　　　莫忘杭州观丫头。

来源：贵州学习网

任务三　旅游者个别要求的处理

任务情境

> **情境一**
>
> 旅游活动过程中，游客的要求无时无刻都会提出来，这些所求各种各样。有的马上能解决，有的不属导游员管辖范围，有的合理又有解决的可能，有的合理但不可能办到的等。导游员用好"拒绝"这个技巧是至关重要的。

情境二

某个旅游团上午乘火车到达 G 市，按原计划安排上午参加旅游景点，下午自由活动，晚上再组织大家观看演出。部分客人得知，当地正在举行少数民族节庆活动，当晚还有篝火晚会等丰富多彩的文艺节目。于是向导游提出，希望晚上去参加少数民族节庆活动，愿意放弃观看晚上的文艺演出。

情境三

王女士随旅行社去某名山旅游，当日上午行程安排的景点游玩结束后，导游说可以休息也可自由活动，同时介绍该景点不远处有瀑布。全团游客听后均未休息，爬山去看瀑布。导游交代了自由活动时间和集合时间后，即在山下等。但到山上后，因瀑布流下的水打湿山路，山路很滑，王女士滑倒摔伤，共花去医疗费 2 万余元。自由活动时出事故旅行社是否承担责任？

情境四

2008 年 5 月初，黄先生报团参加某旅行社的九寨沟双飞团，缴齐了所有费用。谁知道，12 日突发汶川大地震，噩耗传来，黄先生一方面为死难的同胞伤心，另一方面马上致电旅行社。为安全起见，黄先生提出退团。为了避免进一步的损失，旅行社对退团客人百般阻挠。黄先生得到的答复是不能得到全额退款。黄先生应该怎么办呢？

【任务分析】

情境一，当游客向导游员提出自己所求时，如果当场说出"不"、"不行"、就好比用一桶凉水从游客的头上浇到脚——全身都凉了，切记不要开口就说那个"不"字。当游客对导游员提出有所求的问题时，导游员应先向游客诚恳地表示尊重、同情和理解的态度，积极地与游客一起商量、探讨所求问题的性质和难度，尽量做好说服工作，从而增加导游和游客之间的友谊和感情。

情境二，部分旅游者愿意放弃计划中的节目而去观看其他感兴趣的节目，其理由正当又不影响全团的活动，属于既合理又能办到的个别要求，导游人员应该努力满足他们的要求。

情境三，旅行社是否承担责任的关键是要看旅行社是否存在过失。旅行社组织旅游，应当为旅游者办理旅游意外保险，对可能危及旅游者人身、财物安全的事宜，应作出真实的说明和明确的警示。导游只交待了自由活动和集合时间，未对自由活动注意事项进行提醒。所以可认为旅行社告知行为存在一定的瑕疵。因此，旅行社要在其责任范围内承担赔偿责任。王女士也应当承担部分责任。

情境四，黄先生应先找旅行社协商，第一时间拿旅游合同和发票到旅行社沟通。同时关注实时资讯，了解即时的资讯非常重要。其实在地震当天下午，国家旅游局就下发了关于做好停止组团前往和途经四川地震灾区旅游的紧急通知。多向航空公司咨询，多渠道了解机票退款情况。如果与旅行社协商不来，游客可向广东省旅游质量监督管理所投诉。投诉有效期是纠纷发生起 90 天内。如果游客还不满意，还可以诉诸司法途径。

旅游者的个别要求是旅游团在达到旅游目的地后的旅游过程中，个别或少数旅游者因生活上的特殊需要而临时提出的要求，它是相对于旅游团共同的要求而言的。旅游者的个别要求多种多样，而且具有时间上的随机性。如何在满足旅游者共同要求的同时处理好他们的个别要求，不仅是对导游人员处理问题能力的一个考验，也是对导游人员服务质量的一种检验。因此，对旅游者提出的个别要求，只要是合理而可能的，不论其难易程度如何都应予以满足与帮助，使得满足的旅游者心情愉快，没有得到满足的旅游者能够理解，力争使旅游团每一位成员都能有一个满意的旅程。

 知识链接

知识点一 旅游者个别要求处理原则

1. 合理且可能的原则

　　旅游者是导游员的主要工作对象，满足他们的要求，使他们愉快地度过旅游生活是导游员的主要任务。所以，游客提出的要求，只要是合理的，又有可能办到的，即使很困难，导游员也要设法给予满足。在短暂的旅游过程中，许多旅游者不愿打扰别人，往往不轻易求人，但这并不表明他们没有困难，不需要他人的帮助。一旦旅游者开口提出要求，说明他们的确遇到了困难需要帮助。所以，对旅游者的要求，导游人员决不能掉以轻心，必须认真对待。因此，导游员要细心地观察他们的言行举止，设法了解他们的心理活动，即使他们不开口，也能提供他们需要的服务。导游员若能提供这样的个性化服务，他的工作必然会得到旅游者的高度评价。

2. 认真倾听、耐心解释的原则

　　旅游者提出的某些要求虽然具有一定的合理性，但很难办到，给导游人员的工作增加了很大的难度；有些要求看似合理，但在旅游合同中没有规定提供这类服务或在我国目前还无法提供这类服务；还有极少数旅游者出于某种心态，对导游人员的工作过分挑剔，甚至横加指责。

　　面对旅游者的过高要求和挑剔，导游人员一要认真倾听，不能没有听完就给予指责或胡乱解释；二要微笑对待，不能一听到不顺耳的话就表示反感或恶语相向；三要耐心解释，对合理但不可能办到的要求，要耐心、实事求是地进行解释，不能因办不到而一口回绝；四要继续服务，导游员要继续为他们热情服务，设法满足他们的合理且可能办到的要求。因此，面对旅游者的个别苛求和挑剔，导游员绝不能意气用事，应正确对待，遵循"认真倾听、耐心解释"的原则进行处理。

3. 以礼相待、不卑不亢的原则

　　尊重旅游者、满足其合理且可能的要求，是导游人员应尽的责任。旅游团中不免有无理取闹的人，对这类人的言行，导游员要沉着处之，不卑不亢，要以正确方法予以处理。处理这类问题时，导游员要坚持原则——不伤主人之雅，不损客人之尊，理明则让。如果个别旅游者无理取闹影响了旅游团的正常活动，导游人员可以请领队出面协助解决，也可以直接面对全体旅游者，请他们主持公道。如果经过多方努力仍不能解决，导游人员应向旅行社汇报，请求领导帮助。导游员要记住自己是主人，要以热情好客的态度，宽宏的度量为旅游者服务。

知识点二 旅游者生活服务方面个别要求的处理

旅游者在生活方面的个别要求较多，这是因为吃好、住好是旅游者活动顺利进行的前提；丰富的娱乐活动可以给旅游者留下美好的回忆，起到锦上添花的作用。因此，导游人员要高度重视旅游者生活服务方面的个别要求，尽量予以满足。

（一）饮食方面个别要求的处理

1. 特殊的饮食要求

由于生活习惯、宗教信仰、民族传统、身体状况等原因，部分旅游者会提出一些特殊的饮食要求，如：不吃荤、不吃油腻及辛辣食物，不吃猪肉、牛肉或其他肉食，甚至不吃盐、糖等。若这些特殊要求在旅游合同中有明文规定，接待社要早做安排，地陪在接团前应检查落实情况，并严格按照合同执行。若是旅游团抵达后才提出，需视情况而定。一般情况下地陪应与餐厅联系，在可能的情况下尽量满足；如确有困难，地陪要解释清楚，也可协助旅游者自行解决。

2. 要求换餐

若旅游者提出换餐，如将中餐换成西餐、便餐换成风味餐或更换用餐地点等，如果是在用餐前 3 小时提出，地陪应与餐厅联系，尽量予以满足；如果是在接近用餐时提出，一般不应接受，但导游人员要做好解释工作；若旅游者仍坚持换餐，导游人员可建议他们自己点菜，并说明费用自理。旅游者用餐时，要求增加菜肴或酒水饮料，导游人员应给予满足，但费用自理。

3. 要求单独用餐

由于旅游团内部不团结或其他原因，个别旅游者不愿与大家在一起用餐希望能单独用餐。此时，导游人员应耐心解释，予以劝阻，并告诉领队请其出面调解。如果旅游者坚持己见，导游人员可协助其与餐厅联系，满足他的要求，但餐费要自理，并告知综合服务费不退。

4. 要求在客房内用餐

旅游者因病不能去餐厅用餐，导游人员应通知餐厅提供送餐服务，也可自己将饭菜端进房间以示关心。如果其他旅游者也希望在客房内用餐，只要餐厅提供此项服务，导游人员应满足他们的要求，但要告知服务费自理。

5. 要求自费品尝风味餐

旅游团要求外出自费品尝风味餐，导游人员应协助与有关餐厅联系订餐。风味餐预订之后旅游团因故又不想去，导游人员应规劝他们在预订的时间前往用餐，并说明若不去须赔偿餐厅的损失。如果旅游者邀请导游人员一起去，这时旅游者是主人，导游人员是客人，去不去应视情况而定，不能反客为主。

6. 要求提前或推迟用餐时间

旅游者因生活习惯或其他原因，要求提前或推迟用餐时间，导游人员要向旅游者说明餐厅有固定的用餐时间，过时用餐需另付服务费，如果旅游者同意付费，可满足其要求。

（二）旅游者住房方面个别要求的处理

1. 要求调换房间

旅游者在某地旅游，有时会因各种原因导致所住客房低于原协议的标准，或用同等级的其他饭店代替协议中标明的饭店。对此，旅游者会提出异议，导游人员必须履行协议，负责调换，如确有困难须说明原因，并给予适当补偿。客房内如有蟑螂、臭虫、老鼠等，旅游者不愿入住而要求换房，导游人员应满足其要求，必要时应调换饭店。客房内卫生不达标或设备、用品破损，应立即清扫、消毒或维修更换。旅游者要求调换不同朝向、不同楼层的同一标准客房，若饭店有空房应适当予以满足，或请领队在内部调配；无法满足时，应做好解释工作，敬请谅解。

2. 要求住更高标准的客房

个别旅游者要求较高，要求住高于合同规定标准的客房，如果饭店有条件，导游人员应给予满足，但要交付退房损失费和房费差价。

3. 要求住单人间

住标准间的旅游者要求住单人间，如饭店有空房可予以满足，但房费差价和其他损失自理。住同一标准间的旅游者，因关系不融洽或生活习惯不同而要求换房或住单间时，导游人员应请领队调解或在内部调配，若调解或调配不成，饭店有空房亦可满足其要求，但事先要说明房费由旅游者自理（一般是谁提出住单间谁付房费）。

4. 要求购买客房内物品

有时旅游者会看上客房内某一装饰物品或使用物品，并要求购置，导游人员可协助其与饭店有关部门联系，饭店将根据有关规定出售。

（三）旅游者娱乐活动方面个别要求的处理

安排娱乐活动时，由于每个旅游者爱好不同，一般不强求统一。如果旅游者提出娱乐活动方面的个别要求，导游人员应视具体情况妥善处理。

1. 计划内的娱乐活动

计划内的娱乐活动一般在协议中有明确的规定，若无明确规定，导游人员最好事先与旅游者商量，然后再进行安排。

旅行社已安排观赏某场文艺演出后，旅游者要求观赏另一场演出，如果时间允许又可以进行调换，旅行社应尽量满足；如因票已订好不能退换等原因而无法调换，导游人员要耐心解释，请大家谅解；如果旅游者仍坚持要求观看另一场演出，导游人员可以协助，但费用自理。

当一部分旅游者要求观看某场演出，而另一部分旅游者要求观看另一场演出时，如果两部分人所去的地方在同一线路上，导游人员应与司机商量，尽量用一辆车接送，为少数旅游者提供方便；若不同路，则应为少数人安排车辆，但车费自理。

2. 计划外的娱乐活动

旅游者提出自费观看文艺演出或参加某项娱乐活动，导游人员一般应予以协助，帮助购买门票、安排车辆等，但一般不必陪同前往。如果旅游者要去大型或情况复杂的娱乐场所，导游人员应提醒客人注意安全，必要时可陪同前往。

3. 要求前往不健康的娱乐场所

个别旅游者要求去不健康的娱乐场所和过不正常的夜生活时，导游人员应断然拒绝，并介绍我国的传统和道德观念，严肃指出这类行为在我国是禁止的，属于违法行为。

（四）旅游者购物要求的处理

1. 旅游者的购物动机

购物是旅游者的旅游动机之一，因其个体背景是千差万别的，所以购物动机是多种多样的，概括地说，有以下几个方面。

（1）纪念性动机　这种心理非常传统和典型。表现为游客对异地具有民族特色、地方特色、审美价值和纪念价值的旅游商品兴趣浓厚，并购买它们作为礼物带回家送给亲友或留作旅游纪念以加深对旅游经历的感受。如以华东线为例，到南京的雨花台购买雨花石；到江苏宜兴购买紫砂壶等。

（2）馈赠性动机　礼尚往来是一种我国传统的礼仪，所以旅游者也会购买旅游商品赠送给亲朋好友。比如说厦门的金门菜刀，温州人（温州有"五把刀子走遍全国"的说法）去厦门买菜刀并不是很多，但是让温州人把它作为一种礼物送给亲朋好友时就会有不同的效果。

（3）新奇动机　喜欢标新立异，追求自我价值。这类游客不重视商品的实用性和价格高低，而是更多地关注时尚、新颖及独特的物品等。

（4）实用动机　注重实用、实惠。这类游客在购物时仔细慎重、精打细算，不易受外形、包装、商标和广告宣传的影响。

除此之外，不同的消费人群对旅游购物的侧重点也不一样，例如：老年旅游者的购物行为强调经济实用，舒适安全，质量可靠，使用方便。女性旅游者的购物行为具有较大的主动性，她们的购买行为带有强烈的感情色彩。知识分子旅游者的购物行为注重旅游商品的艺术性和具有保存价值。

以上这些常见的旅游购物心理是相互交织的，游客在购物中往往希望旅游商品能带给他们多方面的满足。

2. 旅游者购物要求的处理

根据 2013 年《旅游法》第三十五条的规定：旅行社不得以不合理的低价组织旅游活动，诱骗旅游者，并通过安排购物或者另行付费旅游项目获取回扣等不正当利益。旅行社组织、接待旅游者，不得指定具体购物场所，不得安排另行付费旅游项目。但是，经双方协商一致或者旅游者要求，且不影响其他旅游者行程安排的除外。发生违反前两款规定情形的，旅游者有权在旅游行程结束后三十日内，要求旅行社为其办理退货并先行垫付退货货款，或者退还另行付费旅游项目的费用。

当旅游者有购物要求时，旅行社应根据游客的实际旅游需求，按照诚实信用、自愿平等、协商一致的原则，与旅游者订立书面合同，且不得诱骗旅游者，不得通过指定具体购物场所和安排另行付费旅游项目获取回扣等不正当利益，也不得影响其他不参加相关活动的旅游者的行程安排。

温馨提示 8-4

新旅游法：禁止指定购物场所并非取消购物环节

2013年10月1日开始实施的《旅游法》规定，不得以不合理低价组织旅游活动，不得指定具体购物场所，不得安排另行付费项目。导游、领队不得擅自变更旅游行程或者中止服务活动，不得向旅游者索取小费，不得诱导、欺骗、强迫旅游者购物或者参加另行付费项目。

是不是以后团队游都不能购物了？"其实这是一种误解。"携程旅行网旅游业务部业务副总经理何勇告诉记者，携程的做法是，在不影响客人利益的情况下，在行程的自由活动时间，为游客推荐部分免税店及面向当地居民开放的大型百货商场。何勇表示，"是否有购物点、在哪里购物、购物时长等，都是要和游客商榷后，明明白白写进合同，经游客确认同意后，就不能擅自变更行程。"

据了解，《旅游法》实施后，包括购物、自费景点等具体内容，旅行社必须在出团前都白纸黑字落实明白，杜绝"打闷包"。大通旅游负责人何一伟举例说，比如建德二日游的路线中，清楚写着"上午可以在酒店自由活动或自主选择景点"，若游客选择自选景点，必须在签订合同前就作出，并且同时支付相关费用。对于选择自由活动的游客，旅行社也要事先明示具体安排。

来源：新华网

〈知识点三〉旅游者观光游览方面个别要求的处理

参加集体旅游的旅游者为了更好地达到自己的旅游目的，往往要求旅行社给予适当的自由活动或单独活动时间，选择自己感兴趣的项目参观游览。因此，导游人员应认真回答旅游者的咨询，提出建议，并在合理又可能的前提下，尽量予以安排。对不宜让旅游者单独活动的一些情况，导游人员要耐心解释，说明原因，以免发生误会。

（一）允许旅游者自由活动的情况

① 旅游团中有的个别旅游者已多次来华游览过某一景点，因而希望不随团活动，如果其要求不影响整个旅游计划，可以予以满足并提供必要的帮助。例如：提醒旅游者带上饭店的住房卡，写一便条给旅游者带上，便条上写清楚前去游览地的名称、地址或下榻饭店的名称和电话；协助寻找交通工具，提醒旅游者记住晚餐的用餐时间和地点等。

② 旅游者在某一游览点希望不按原定的路线游览，而要求自由参观或摄影，若环境许可（游人不多、秩序不乱），导游人员可满足其要求，但要提醒旅游者注意集合的时间、地点及旅游车的车号。必要时给旅游者留一便条，以备不时之用。

③ 若无活动安排，旅游者要求自由活动时，导游人员应建议其不要走得太远、不要去秩序较乱的场所，不要回来太晚等。可让旅游者带上饭店的住房卡，以防迷路。

（二）劝阻旅游者自由活动的情况

下述情况不宜让旅游者单独活动。

① 如旅游团即将离开本地或计划去另一地旅游，若个别旅游者提出要留在本地活动，由于牵涉面太大，为不影响旅游团整体活动计划的顺利进行，导游人员要劝其随团一起行动。

② 有些地方存在安全问题或隐患，导游人员要向旅游者说明情况，劝阻他们不要外出活动，更不能单独活动。此外，还应劝阻旅游者不要到人生地不熟、复杂热闹的地方自由活动。

③ 在江、河、湖、海等景点旅游时，少数旅游者提出希望划小船或在非游泳区游泳的要求时，导游人员不能答应，不能置大多数人于不顾而陪少数人划船、游泳。

④ 旅游者要求去不对外开放的地区、机构或单位参观游览时，导游人员应婉言拒绝，不得自作主张答应旅游者的这种要求。

知识点四　旅游者要求延长旅游期或中途退团的处理

由于种种原因，旅游团或部分旅游者要求延长旅游期或中途退团的现象时有发生，对这类特殊要求，导游人员不能擅自处理或独立解决，需要报告接待社领导，由领导作出指示和决定后再做具体工作。

（一）旅游者要求延长旅游期

① 旅游者在旅游团活动结束后仍然余兴未尽，希望继续旅游，若不需要延长签证，一般可满足其要求；若需要延长签证，原则上应婉言拒绝。

② 个别旅游者确有特殊原因需要留下，导游人员应请示旅行社领导，然后再根据领导的指示为其提供必要的帮助。如：可陪同旅游者持接待社的证明、护照和集体签证，到当地公安机关办理有关签证手续，协助其重订机（车、船）票和饭店客房，所需费用由旅游者自理。

③ 旅游者因伤病住院治疗，需要延长居留时间，导游人员应为其办理有关手续，还应经常前往医院探视，帮助解决伤病者极其家属生活上的困难。

旅游团离去后，留下的旅游者若需要旅行社继续提供导游及其他服务，则需另签协议。

（二）旅游者要求中途退团

① 旅游者因患病、家中出事或工作急需等原因，要求中途退团，终止旅游的，经接待社与组团社协商后可予以满足。对未享受的综合服务费，按旅游协议书的有关规定处理，或部分退还，或不予退还。

② 旅游者无特殊原因，只是因为某个要求未得到满足而提出提前退团，导游

人员要协助领队做好说服工作，尽可能劝其继续随团旅游。若接待社确有责任，应向客人道歉并设法弥补。若旅游者提出的是无理要求，导游人员要耐心解释，劝说无效后可满足其退团要求，并告知未享受的综合服务费不予退还。

③ 由于存在严重的服务质量问题，领队一再交涉仍无明显改进，旅游者提出中止旅游。出现这种情况，导游人员可按投诉的有关规定处理。旅游团或部分旅游者如因天灾人祸而中途退团，这种要求应予以准许，但经济损失并非旅行社的原因所造成的，故不予赔偿。

④ 外国旅游者不论什么原因希望提前回国，导游人员都要在旅行社领导的指导下协助旅游者重订机（车）票，办理分离签证及其他离团手续，但所需费用由客人自理。

知识点五 旅游者要求探视亲友或要求亲友随团旅游的处理

（一）旅游者要求探视亲友

旅游者在旅游期间，希望探望在当地的亲戚朋友，这可能是他们到某地旅游的主要动机之一。当旅游者提出此类要求时，导游人员如能帮助他们实现自己的心愿，则会使旅游活动在旅游者心情愉快的基础上高质量地进行。

1. 旅游者要求探视亲友的处理方法

① 如果旅游者知道亲友的姓名、地址，导游人员应帮助联系，并向他们讲明具体的乘车路线。

② 如果旅游者只知道亲友的姓名或某些线索，具体地址不详，导游人员可通过旅行社请公安部门帮助寻找，找到后及时转告旅游者并帮助联系。若没找到，可请旅游者留下联系地址和电话，找到其亲友后立即通知他们。

③ 旅游者要求会见中国同行洽谈业务、联系工作、捐款捐物或进行其他活动，导游人员应向旅行社领导汇报，根据领导指示给予帮助。

④ 旅游者慕名求访某位名人，导游人员应了解他们要求会见的目的，向领导汇报后按规定办理。

⑤ 如发现旅游者与探视亲友或朋友有不正常来往或有违法行为，应及时报告有关部门领导。

2. 旅游者要求探视亲友应注意的事项

① 导游人员在帮助旅游者联系会见亲友或同行时，一般不参加会见，即使是外国旅游者也没有担当翻译的义务。

② 外国旅游者要求会见驻华使、领馆人员或在华外国人，导游人员不应干预，若需要帮助，可提供电话号码、行车路线、详细地址等，但一般不陪同前往。

③ 旅游者邀请导游人员参加外国亲友或使、领馆举行的活动，导游人员应谢绝，如盛情难却，须请示领导，经同意后方可出席。

（二）旅游者要求亲友随团活动

个别旅游者到达某地后，希望在当地的亲友能和自己一道随团旅游，甚至到外地共同游览。当旅游者提出这类要求时，导游人员应根据不同情况妥善处理。

① 应先征得领队和旅游团其他成员的同意。

② 了解旅游者亲属的工作单位、住址、电话等基本情况及随团活动时间。

③ 了解旅游车上是否有空座位，应注意不要让随团活动的旅游者的亲友妨碍其他旅游者的正常活动，若没有空位时，应婉言拒绝。

④ 与旅行社有关部门联系，如无特殊情况可到旅行社出示有效证件，办理入团手续，交付各种费用，并向其提出应注意的事项，如遵守时间、多谦让等。特殊情况下，也可先随团活动后补办手续。

⑤ 办好一切手续后，该随团亲属应该享受相应的平等待遇。导游人员也应同样热情照顾，这会使旅游者亲属感到高兴。

⑥ 如果旅游者的外国亲友是外交官员或以记者身份随团旅游，一般不予同意，特殊情况应请示上级有关部门，按有关规定办理。

知识点六 旅游者要求转递物品或信件的处理

旅游者要求导游人员帮助其向有关部门或亲友转递物品、信件时，导游人员一般应婉言拒绝，让旅游者自己办理。如客人确有困难，导游人员可予以协助，但要视具体情况，按有关规定和手续办理。

1. 旅游者要求转递信件的处理

导游人员可协助查询通信地址和电话，请其自行办理。如对方确有困难，可代为转交。如为一般信件，代转后通知本人，以示办妥。如为重要信件或文件资料，应把旅游者的有关情况记录下来，如国籍、姓名、性别、所属旅游团、详细通信地址等，以备反馈。将信件或文件资料交给收件人后，请收件人开具收据，注明所收信件或资料，并签字盖章。将收据转交给旅游者本人，旅行社可保留一份复印件以备查验。

2. 旅游者要求转递物品的处理

原则上由旅游者自己转递，导游人员可代查地址和电话。如果客人要求帮助代转，也应同意。但请客人开列物品清单，当面点清，并请收件人出具收据，收据上应注明收到的物品，并签名盖章。收据交本人前，旅行社可复印一份存档。总之，转递手续要完备。如果旅行社有规定，则按规定办理，一般拒绝代转食品和药品。

3. 旅游者要求向外国使、领馆或在华外国人转递物品或信件的处理

一般请其自行办理，但可代为查询地址和电话，请其自行联系。如本人确有困难（如时间紧迫），可交旅行社代办，但要注意手续完备。

4. 旅游者提出向我国投资、贷款、捐款、赠物等问题的处理

导游人员应积极与有关部门联系，办理过程中必须请示有关领导；必须坚持自愿原则；导游人员只起牵线搭桥作用，不得擅自做主表态，更不许强迫旅游者捐款、赠物。

以上代客人传递物品或信件等事宜，导游人员若无暇办理，可请旅行社后勤人

员办理。有的饭店总服务台也办理此项服务，并收取服务费。

温馨提示　8-5

一般旅游合同中不包括的安排及服务项目

主要有未指明包括的项目，如：护照签证，酒、水、咖啡、茶、牛奶等饮料，洗衣、烫衣服务，自行点菜膳食，超重行李，私人付小费及为旅游团安排之外服务付的小费，还有戏票，机场及海港的登（船）机着陆税（除非事先说明包括在内），甲板上的躺椅等使用，以及其他未指明包括的空中或海上交通费，建议旅客采用的行李及个人保险等。

但在我国，目前有的做法与上述有所不同，如我国很多旅行社为旅游者提供饮料或矿泉水，有些旅行社还为旅游者在华期间提供人身财物的保险等。导游人员对上述规定有所了解，在处理问题时才能做到心里有数。

任务实训

【实训目标】

通过本任务的实训，使学生掌握在带团过程中针对客人的实际需求或突发情况进行合理及时的解决，使客人能够满意或理解。

【实训步骤】

一、实训准备

1. 根据教师下发的情境资料进行准备。

2. 根据情境材料进行分组讨论。

3. 根据企业专家提示进行分析。

二、实训内容

1. 针对旅游者在住宿、娱乐、中途退团等方面的个别要求进行模拟实训。

2. 实训案例

［案例1］团队入住某酒店，在办理入住手续时，地陪才被告知由于时值旅游旺季，原定的全部标准双人房被部分的三人房取代，被分到三人房的客人均不愿意入住，要求导游提供更高等级的其他酒店。

［案例2］团队在用完晚餐准备参观广州上下九步行街时，有几个客人表示已经去过了，希望导游员帮忙联系安排广州珠江夜游，并请求旅游车接送。

［案例3］某游客因其不合理要求未能得到满足，要求中途退团。

3. 模拟地陪针对以上情境进行处理。

三、实训总结

1. 学生互评。

2. 教师点评。

3. 企业评价。

4. 汇总实训成绩。

实训评价表

评价项目与内容		小组评价	教师评价	企业评价
课前准备 （20分）	下发计划准备			
	分组准备			
论点论据 清晰合理 （60分）	住宿方面个别要求的处理			
	娱乐方面个别要求的处理			
	中途退团的处理			
职业素养 （20分）	能够认识到导游带团中的突发情况，并能根据实际情况进行适时的处理			
总成绩				

任务四 特殊旅游者的接待

任务情境

情境一

有一位老人参加安徽合肥一家旅行社组织的浙江绍兴2日游。由于当时天气比较热，老人在去旅途中感觉到不适，建议旅游车司机开空调，却遭遇拒绝，导致老人脱水，未能游览部分旅游景点。"玩"回家后，老人挂起了点滴。谁来承担老人的损失呢？

情境二

家住中山的盲人阿梅最喜欢自由行。经过《广州日报》的牵线，旅行社为阿梅制订了最新的旅游计划——6月中旬的西藏之旅。其实早在1997年的时候，西藏的朋友就给她介绍了当地的美丽风光。但由于时间、身体、价格等多种因素，一直都未能成行。现在她终于可以实现了，希望能登上珠穆朗玛峰。在接待类似阿梅这样的特殊游客时旅行社应注意些什么？

【任务分析】

情境一，季节转换时，天气变化无常，有时会很热，而不同人因身体条件不一致，对高温耐受度又不一样。有的旅游车司机为省钱，不开空调；还有下榻酒店不开空调的情况，建议当时就投诉。经查事实属实，旅行社应承担老人的医药费，司机进行书面道歉。

情境二

首先，旅行社设计的线路务必要平坦顺畅。其次，旅行社需配备助理导游，要注意性别的合理搭配。再次，导游的解说非常重要，一定要形象生动；行进速度要适中。只要导游在上下车、用餐、住宿等方面多点细心和耐心，残疾人团和普通旅游团并无区别。

导游人员对旅游者的接待应该是一视同仁，无特殊与一般的区别。但是在旅游团中，常常有一些"特殊"的旅游者，比如具有特殊身份和社会地位的旅游者、老弱病残旅游者、宗教界旅游者等，他们具有不同于一般旅客的特殊需求，需要导游人员在带团过程中给予特别的关照，为其提供"特殊"的服务。

 ## 知识链接

知识点一 对有特殊身份和社会地位旅游者的接待

导游人员在带团过程中，有时会遇到有特殊身份和社会地位的客人。这些客人主要包括外国在职或曾经任职的政府高级官员，对华友好的官方或民间组织、团体负责人，社会名流或在国际、国内有一定影响的各界知名人士，某些国家皇室或贵族成员，著名政治家、社会活动家等。

这些客人除参观游览外，往往还担负其他任务和使命。因此，做好这些人的导游服务工作，对扩大我国对外影响，加强我国和世界各国人民之间的友好往来，具有十分重要的意义。

这些客人大多是我国有关部门与旅行社共同配合接待，必要时，有关方面负责人或领导人还要出面接见。因此，对他们的礼遇和服务，既要与普通旅游者有相同的一面，又要与普通旅游者有不同之处，不仅服务上要更加热情周到，生活上也要给予更多关心和照顾。导游人员在具体工作中可按有关规定和要求办理，并注意多请示汇报。

补充资料 8-9

外国元首们的长城导游——"长城吴"

有机会为外国元首提供讲解服务的我国导游凤毛麟角，而已74岁高龄的吴进存，正是其中一位。吴进存曾作为北京八达岭景区工会主席在景区从事外事接待工作多年，接待了170多位外国领导人。他向元首们详细讲解有关长城的一切知识，因此被各国元首们亲切地称为"长城吴"。

当然，吴进存被元首们推崇的一个重要原因在于他是一个"长城通"。据吴进存讲，每次的讲解内容由他自己起草，并有很多临场发挥。"只有这样，才能让外国人更加理解中国古老的历史和文化。"

每位来到长城的客人总是对长城有各种各样的问题，而"长城吴"总能给出满意的答案。即便如"八达岭"的命名由来这样一个带有民间传说意味的问题他也能说出至少5种解释。

吴进存受到外国领导人喜爱，还因为他将游客当成了好朋友。1995年，时任韩国国务总理的李洪九在游览完长城后，其夫人不肯离开，想保留一片长城城砖。作为国家文物，城砖不能被随便带走。可对待远道而来的客人又要成人之美，最后"长城吴"从长城脚下拾来一块核桃大的砖碎片，客人才心满意足。总理夫人小心

222 ◄ 导游实务

翼翼地用随身携带的手绢包裹起来，带回家里将其奉为"镇宅之宝"。

当然，也有一些领导人对长城乃至中国仍存误解，"长城吴"尽量纠正他们的错误看法。俄罗斯前任总统叶利钦曾问"长城吴"："长城是中国的国界么？""长城吴"郑重回答道："长城就是在分裂时期由各个诸侯国修建的，现在，它成为中国最重要的历史文物之一。"

"长城吴"目前已退休 10 年，在他之后，先后有两位讲解员继承了他的工作，继续将长城历史、中华文化介绍给外国首脑。吴进存说，在宣传长城的事业上，他永远也不会退休。他欢迎世界各地的客人来长城游玩，领略文明古国的博大精深。

来源：新华网

知识点二 对残疾旅游者的接待

在旅游团中，有时会有轮椅、聋哑、盲人或视力障碍等残障旅游者。对这类旅游者的导游服务，要求导游人员首先要端正态度，在任何时候和任何场合都不应歧视和讥笑他们，也不打听其残障的原因，要满腔热忱、不厌其烦，切实做到认真负责、细心周到，尽量为他们提供方便，尽量满足他们的合理要求。其次在安排活动时，导游人员要考虑到他们的身体缺陷情况和特殊要求，提供服务时不要伤害了他们的自尊心。

1. 对轮椅旅游者的导游服务

① 根据接待计划，明确这类旅游者是否需要准备轮椅，如需要，应提前通知饭店和有关单位进行准备。

② 与计划部或有关部门联系，安排方便存放轮椅和其他物品的旅行车。

③ 提前到机场办理有关手续，以便导游人员直接进入卫星厅迎送他们。

2. 对聋哑旅游者的导游服务

对这类旅游者，导游人员应将其安排在旅行车前排就座，以便他们在导游人员讲解时通过辨别口形来获取信息。导游人员应面向他们，并适当放慢讲解速度，以便他们了解更多的讲解内容。

3. 对有视力障碍旅游者的导游服务

导游人员也应注意将旅游者安排在前排就座，以便他们上下车便利和揣摩导游人员的讲解内容。导游人员在进行讲解时，应主动站在其身边。参观游览中，凡能触摸东西或物品时应尽量让其触摸。

总之，导游人员在带团过程中，对残障旅游者要充分考虑他们的生理特点和特殊需要，如选择游览线路尽量避免走台阶，用餐尽量安排在一楼餐厅，提前告诉他们卫生间的位置等。

补充资料 8-10

飞行轮旅行社：专为残疾人打造的旅行团队

飞行轮旅行社是 1970 年 4 月由芭芭拉和贾德·雅各布森创建的。贾德是因为一次潜水意外而导致四肢瘫痪，因此也促使他下决心成立一个专为残疾人提供旅游服务的旅行社。芭芭拉回忆说，1968年，当她第一次在夏威夷与贾德见面时，当时为了旅行，他不得不寻找一位可以背着他前进的助手。飞行轮旅行社是无障碍旅游协会的成员之一，同时他们也在为美国残疾人法案的通过做着积极的努力。

目前，飞车轮旅行社为身患残疾和慢性疾病并计划休闲旅游的人们提供旅游服务，他们发现有很多人更喜欢简单、多样的游轮假期。飞行轮旅行社的专业人士为喜欢油轮观光旅游及陆地旅游的人们提供旅游服务。在2007年，飞行轮组织了87位身患多发性硬化症的人们乘坐油轮游访阿拉维斯加和岸上游览的机会，同时旅行社还提供陪同个人护理援助服务。

今天的飞行轮旅游团队可以为顾客提供单独的个人旅行方案，定制有专业陪护在身边服务的各种旅行项目。

来源：中国残疾人网站

知识点三 对老龄旅游者和儿童的接待

1. 对老龄旅游者的导游服务

在旅游者队伍中，老年旅游团和一般旅游团中老年旅游者在逐渐增多，其中70岁以上的高龄旅游者也不再鲜见。导游人员应发扬中华民族自古以来尊敬老人的优良传统和美德，态度要谦虚敬重，服务要细致入微，充分体现自己良好的素质和修养。老年人阅历深、见识广、经验丰富，喜欢将遇到的事情与自己过去的经历进行比较，对什么问题都可能会重复问几遍。遇到这种情况，导游人员要耐心、不厌其烦地给予解答。老年人的特殊要求较多，如抱怨空调太冷、米饭太硬、菜肴太咸、讲解太快等，有的不一定合理，有的暂时难以解决。但是，导游人员要不怕辛苦，设身处地地为他们着想，尽可能地给予关心和照顾，安排饮食起居、旅游活动时，要充分考虑老年人的心理特点和身体状况，多听取他们的意见和建议。

2. 对儿童的导游服务

在旅游团中，常有成年旅游者携带儿童旅游的情况，尤其是在国内旅游中，一些家长常将旅游作为其子女增长见识的重要途径。对此，导游人员应在做好旅游团中成年旅游者导游工作的同时，还要根据儿童的生理和心理特征，做好关心和照料工作。

儿童对环境和生活条件的适应能力比成年人要差。因此，导游人员在儿童饮食起居方面要多关心，多向家长了解其生活习惯。天气变化时，导游人员要及时提醒家长给孩子增减衣服；人多拥挤时，要帮助家长带好孩子；在工作时间或陪同旅游者活动时，不要单独把客人的孩子带走，也不宜给儿童买零食和玩具；儿童生了病，导游人员要及时建议家长请医生诊治，而不宜建议服什么药，更不能将自己随身携带的药品给孩子服用。

儿童在订机（车、船）票、安排房间、用餐等方面有一定的标准。导游人员在带团过程中要注意这些问题。

游客附加费成旅行社潜规则 老人小孩参团另加钱

据中国之声《央广新闻》报道，春节过后，旅游产品价格大幅下降，其中，港澳游价格甚至降到了 1000 元左右。但是，不少游客反映，部分旅行社竟然存在"看人下菜碟儿"的怪现象，老人、孩子参加旅行团需要另外交纳附加费。

呼和浩特市 60 岁的范女士，最近想到澳大利亚旅游，去旅行社咨询后，得知除了团费以外还要收取 3000 块钱的老年附加费，这让范女士心里不舒服，她觉得这对老年人来说是个歧视。随后，记者对呼和浩特的多家旅行社进行了暗访，发现范女士所说的这种情况并不是个例。

工作人告诉记者，根据旅游目的地不同，附加费的金额也不同。澳大利亚方向，每人加收 3000 元左右；香港和澳门每人加收 300～500 元；云南等国内的城市也会加收 300 元左右的附加费。对年龄的限制，不同的地方也有不同的规定，大多数限定的是 21 岁以下和 60 岁以上的游客，而港澳地区则是限定 23 岁以下和 55 岁以上的游客收取附加费。

旅行社工作人员表示，境外的旅行社"地接"（目的地接待旅行社）那边都觉得老人消费水平低，就一直要求加钱。旅行社是在赔着成本做，它在赌客人的消费能力，不能赔得太多，所以老人和小孩就多收一些。《旅行社条例实施细则》第三十三条规定，在签订旅游合同时，旅行社不得要求旅游者必须参加旅行社安排的购物活动或者需要游客另行付费的旅游项目。呼和浩特市旅游局表示，将对部分旅行社违规宣传、擅自加价的违规行为严令禁止，加大打击力度。同时，提醒游客慎重签约。

来源：中国广播网

◀知识点四 对宗教界人士的接待

在海外来华旅游者中，有些是宗教旅游团，有时在一般旅游团中也有宗教界人士参与。他们虽以普通旅游者身份来华旅游，但导游人员在带团中需要予以一定程度的区别对待，除了要特别注意尊重其宗教信仰和生活习惯外，还应设法满足其特殊要求。

①	学习和掌握我国的宗教政策，了解相关情况。

②	认真分析接待计划，了解接待对象的宗教信仰，并对该宗教的教义教规等情况进行事先了解，以免在接待中发生差错。

③	在具体接待时，对这类人士的参观游览、社交活动和生活方面的特殊要求早做准备，认真落实，以免处理不当而引起误会。

④	向饭店服务人员及其他有关人员交代接待对象的宗教习惯和戒律，提醒他们注意尊重客人的宗教信仰。

⑤	不要向客人宣扬无神论，避免涉及有关宗教问题的争论，更不要把宗教与政治、国家之间的问题混在一起，随意评论。

补充资料 8-12

台湾地区旅行社积极开拓全球穆斯林旅游市场

"我们很看重穆斯林旅游市场，这次来参加世界穆斯林旅行商大会，主要是想多跟埃及、阿联酋、马来西亚等国的旅行商接洽，以寻求进一步的合作。"台湾地区行家旅行社董事长海英伦告诉记者。

世界穆斯林旅行商大会 2013 年 9 月 7～9 日在宁夏举行，来自 20 多个国家和地区的旅行商借此平台共同开拓穆斯林旅游市场，海英伦和其他几家台湾地区旅行社负责人此行的目的也是如此。

"我们有专门的穆斯林导游，会陪着游客做礼拜，讲解台湾地区穆斯林的风俗人情。"身为穆斯林，海英伦所经营的旅行社也是台湾有资质接待穆斯林游客的旅行社之一。海英伦表示，现在公司平均每月能接待约 20 个大陆穆斯林旅游团，主要来自新疆、青海、宁夏等地，回程后的评价也都很不错。

目前全球 1/5 以上的人口是穆斯林，随着伊斯兰国家和地区社会经济的发展，民众出游需求持续旺盛，出游比例逐年扩大，已成为各大旅游目的地争相吸引的重要客源市场。

来源：新华网

◁项目小结▷

本项目对导游人员带团过程中涉及的带团技能、讲解技能、个别要求的处理及对特殊旅游者的导游服务技能进行了阐述。导游人员只有确立了主导地位并取得了游客的信任才能具有凝聚力、影响力和调控力，才能真正带好一个旅游团。需要说明的是，导游服务技能与方法主要不是依靠书本知识获得，而是通过反复的导游服务实践，在实践中不断摸索，不断总结而逐步形成和丰富起来的。提高服务技巧，对导游来说，是一个需要长期积累而又充满乐趣的过程。社会需要导游与时俱进，提供高水平的服务。因此，导游更要加强自身建设，不断超越自我。

1. 谈谈导游人员如何树立良好的对客"第一印象"。
2. 任选一处你所在的城市景点，尝试用"类比法"、"画龙点睛法"进行讲解。
3. 谈谈导游人员处理好旅游者生活服务中的个别要求对带团的好处。
4. 试比较老年团与儿童团的区别。

综合案例

13位广东游客投诉导游×××在带"黄山—婺源三日游"的旅行团时"讲解质量差、水平低"，旅游安排不合适，降低服务质量，致使游客极度不满意，引发联名投诉。旅行社收到此投诉后，立刻做出了处理，按游客的投诉要求，赔偿了每位游客500元，解决了此事。旅行社反应迅速，行动及时，在最快时间和最小的范围处理了此次投诉，无疑是值得赞扬的。但是问题出在旅行社对被投诉导游的处理上，旅行社将引发投诉的责任大部归于导游，要求导游承担赔偿金额的80%，而导游认为被投诉固然有自己的原因，但主要是旅行社方面的问题引起的。双方就此争执不下，旅行社遂上报旅游局，请求旅游局对导游员处理。

请问：本案例中导游和旅行社究竟谁有责任，为什么？

项目九 导游服务中主要问题和事故的预防与处理

项目目标

　　处理带团中可能发生的各种事故是对导游员的组织能力和独立工作能力的重大考验。通过本项目的教学，使学生了解导游带团中可能会遇到哪些问题和事故，熟悉在实际工作中怎样才能有效地预防这些问题和事故的发生，掌握一旦事故发生能够圆满处理问题的方法，为以后的工作做好心理和知识上准备。

项目分解

任务一	计划或日程变更的处理
任务二	漏接、错接、空接的预防与处理
任务三	误机（车、船）事故的预防与处理
任务四	旅游者丢失证件、钱物、行李的预防与处理
任务五	旅游者走失的预防及处理
任务六	旅游者患病、死亡的处理
任务七	旅游者越轨行为的处理
任务八	旅游安全事故的预防与处理

任务一 计划和日程变更的处理

任务情境

　　情境一

　　哈尔滨旅游团一行20人到云南旅游，走的是昆明—大理—丽江—香格里拉旅游线路，在香格里拉返回昆明的途中游客要求在虎跳峡一带下车游玩（不在计划范围之内），导游面对游客提出的临时要求，应该怎么办？该旅游团回到昆明后，临时提出不到世博园游览，而要自由活动，作为导游，你在面对游客的要求时应该如何处理呢？

　　情境二

　　杭州一旅游团在四川乐山旅游过程中，正逢下大暴雨，道路路基受损，至少要抢修5个小时。面对此种情况，作为导游你应该如何处理呢？

　　【任务分析】

　　情境一，游客要求在游程中临时增加游览点，从而导致逗留时间增加，影响行程。游客要求在旅游途中游览虎跳峡，不是计划内的行程安排，涉及变更旅游计划的问题，导游应该及时向游客说明，途中下车游览一方面增加了景点，另一方面需要时间，由于这两方面的增加，会涉及费用、安全、时间、后续行程等诸多方面的问题，不便单方面违反合同规定。对游客的要求应该婉言拒绝，并按旅游计划、日程的要求，安排游览活动。

情境二，属于客观的不可抗力的原因造成延长在一地逗留时间的问题。由于客观的不可抗力的原因造成延长逗留时间达半天之久，针对此种情况，可如下处理：做好游客的安抚工作，用精彩的讲解和组织多样有趣的娱乐活动，调解活跃途中气氛；分析由此原因会给各方带来的影响和游客心理反应，如果涉及吃、住问题，还应该根据具体情况制订应变计划，并报告旅行社，通过计调部门给游客解决吃、住、离站等后续接待问题；报告组团社，如果有下一站，还需要及时通知下一站地接社计划变更的情况。

 ## 知识链接

知识点一　计划变更的原因

旅游计划和活动日程一旦商定，各方都应当严格执行，一般不要轻易更改。但有时一些不可预料的因素会迫使旅行团变更旅游计划和日程。

一是气候突变，如暴风雪、沙尘暴等。

二是自然灾害，如洪水、地震、泥石流等。

三是交通障碍，如飞机机械故障导致航班长时间推迟或取消、山体滑坡、公路塌陷等。

四是工作差错和失误，如票务问题、导游人员疏忽造成误机等。

知识点二　旅游计划和活动日程变更的类型

旅游计划变更一般会出现以下几种情况：一是缩短甚至取消在一地的游览行程；二是延长在一地的游览时间；三是在一地的游览时间不变，但被迫取消某一活动，由另一活动替代。

知识点三　计划和日程变更的一般应对措施

无论遇到哪种变更情况，导游人员都必须要采取以下应变措施，以便顺利执行变更计划把旅游者的不满降低到最低点。

1. 制订应变计划并报告旅行社

不管因何种原因导致旅游计划和日程的变更都必然会引起旅游者的不快，影响旅游者的游兴，但导游员仍要设法说服旅游者接受事实。计划的被迫变更有时是发生后旅行社通知带团的导游人员，有时是团队在旅游过程中遭遇到的。因此导游员要分析事故的性质、严重性及其可能造成的后果，还要分析旅游者可能出现的心理状态和情绪，根据具体变更情况提供给旅行社，以帮助旅行社制订、调整应变计划或迅速制订出可行的应变计划及时报告旅行社。

2. 设法说服旅游者以执行应变计划

导游员不能把自己的计划强加给旅游者，直截了当地宣布计划的变更，势必会引起旅游者群情激奋甚至是全陪和领队的不满，使制订的变更计划难以实行。为了说服旅游者接受事实，妥善处理出现的问题，导游员一般应按以下步骤采取措施：地陪、全陪协商一致后，找个适当的时机向领队及团内有影响力的旅游者实事求是地说明困难，诚恳地道歉，以求得到他们的谅解；提出可行的应变计划，讲清补救措施，争取他们的认可和支持；然后分头做旅游者的工作，力争处理得圆满，在多数旅游者同意的情况下，宣布并实施计划的变更。

3. 给予旅游者适当的物质补偿和精神补偿

必要时经领导同意可采取适当地加菜、加酒、赠送具有本地特色的小纪念品等物质补偿的方法，或请旅行社领导出面诚恳地向旅游者表示歉意以圆满的解决问题。

知识点四 计划和日程变更的具体应对措施

1. 缩短一地游览时间

旅游团提前离开或推迟抵达，都会缩短在一地的游览时间，地陪应针对具体情况采取如下措施。

① 导游员要尽量抓紧时间，将计划内的活动内容安排完成；如果确实时间有限，就应当选择先安排当地最代表性的最具特色的景点游览，使旅游者对当地的旅游景观有个基本的了解，例如，某团队在中午抵达哈尔滨后因特殊原因在抵达的当晚就要离开，此时应该首先安排行程中的参观太阳岛雪雕和中央大街这样最能代表哈尔滨这个城市冰雪文化和欧陆风情的景点。

② 向旅行社领导及有关部门报告，与饭店、车队联系，及时办理退餐、退房、退车等事宜。

③ 及时通知或提醒旅行社有关部门通知下一站团队提前抵达的具体情况。

总之，导游在处理这类问题时，不要让旅游者觉得的非常遗憾，吃亏太大。

2. 延长一地游览时间

旅游团提前抵达或推迟离开都会延长在一地的游览时间，地陪应采取以下措施。

① 与旅行社有关部门联系，重新落实该团用餐、用房、用车的安排。

② 调整活动日程，适当延长在主要景点的游览时间，酌情增加游览景点。

③ 晚上适当安排文娱活动或市容游览，努力使活动内容充实，力求让旅游者感到充实、愉快。

④ 及时通知下一站。

总之，对这类问题的处理，导游员应采取必要的措施，努力使旅游者感到多停留的时间值得而不是浪费时间。

3. 行程变更超过半天或取消一地游览时间

行程变更超过半天或取消了一地的游览时间，势必会影响整个旅游行程的安排。当时间超过半天时，全陪应报告组团社，由组团社做出决定并通知有关地方接待旅行社。如果情况发生在某地方接待社，该地方接待社要及时通知组团社并通知下一站接待社。

4. 活动内容的变更

当行程中的某一内容因特殊原因，由另一活动替代，导游员要以精彩的介绍、新奇的内容和最佳的安排激起旅游者的游兴，即使新的安排得以实现又让旅游者对替代景点满意。

任务实训

【实训目标】

通过本任务的实训，使学生能够掌握游客提出变更旅游计划或活动日程要求的处理，遇到因客观、不可预料因素而需要变更计划和日程时，能认真分析，冷静处理。

【实训步骤】

一、实训准备

1. 根据教师下发的情境资料、书面旅游合同、变更计划进行准备。

2. 根据情境材料中的角色进行分组。

二、实训内容

1. 学习旅游活动计划和日程变更的处理原则和方法，根据操作要点和注意事项进行模拟实训。

2. 实训案例

［案例1］天津一旅游团按计划于 10 月 2 日 10:30 乘火车抵达哈尔滨，10 月 6 日 19:30 乘火车离开哈尔滨。由于正赶上国庆长假，哈尔滨地接社未能按计划为该团买到火车票，只好安排该团乘坐临时旅客列车于 10 月 6 日 14:20 离哈尔滨。

［案例2］一旅游团在北京游览，计划于 5 月 4 日 11:30 飞离该市。但由于雾霾天气，接待社接到通知，当天航班取消，具体起飞时间等候通知。

［案例3］哈尔滨一旅游团一行 25 人到西安旅游，原计划在 4 天的游览时间内，先参观秦始皇兵马俑，再游览华清池，但因交通堵塞，不能参观华清池，地陪想带领游客去参观秦始皇陵来代替华清池。

3. 模拟地陪针对以上情境与全陪、领队和游客进行协商。

4. 模拟地陪对以上问题进行处理。

三、实训总结

1. 学生互评。

2. 教师点评。

3. 企业打分。

4. 汇总实训成绩。

实训评价表

评价项目与内容		小组评价	教师评价	企业评价
课前准备 （20分）	下发计划准备			
	分组准备			
程序完整规范 （30分）	缩短甚至取消在一地的游览时间处理			
	延长在一地的游览时间处理			
	被迫改变部分旅游计划的处理			
服务规范 （20分）	能正确运用导游服务标准，请求指示用语简洁、清晰，道歉态度诚恳，与游客沟通方法得当			
应变能力 （10分）	遇事情绪稳定、思维敏捷、考虑问题周到，能够及时妥善处理突发事件和特殊问题			
职业素养 （20分）	认识到旅游活动计划和日程的严肃性；注重日程安排的科学性、合理性与灵活性；服务态度热情；符合导游员礼仪礼貌规范。			
总成绩				

任务二　漏接、错接、空接的预防与处理

任务情境

情境一

苏州某旅游团按计划乘MH456航班于10月25日16:20飞抵桂林市，地陪提前30分钟到机场迎接，航班准时到达，但如果未接到客人，地陪应该如何处理？

情境二

上海一旅游团一行22人赴西安旅游，到西安机场后没有导游来接，全陪打电话给地陪导游后，地陪导游说他是按照接待计划上的规定来安排接团的，他与司机已经在前往机场的路上了，到达机场还需30分钟，在这种情况下旅游团只好在机场等待地陪的到来，许多游客纷纷抱怨，并指责全陪和对本次旅游组织的不满，如果你作为地陪到达后，面对等待30多分钟的游客应该怎么处理呢？

【任务分析】

情境一，没有接到旅游团，属于空接事故。地陪应向机场工作人员询问，确认本次航班的乘客是否都已经出港，在隔离区内是否还有游客停留。在尽可能的范围内再寻找，若确定已找不到，应与本接待社有关的部门联系汇报情况，再次核实旅行团抵达的日期、航班有无变化，查明原因。若推迟时间

不长，可继续等候；若时间较长，重新落实接团事宜。若属其他原因经确证后，经旅行社同意才能离开机场。返回后，地陪应到该团下榻饭店询问，旅游团有否进驻饭店。

情境二，上海旅游团一行，到西安机场后没有导游来接，在机场等待30多分钟的情况，属于漏接事故。不管漏接原因在哪一方，导游在面对游客的抱怨、发怒，应该首先表示歉意，使游客的情绪尽快稳定下来。尽快地让游客上车，离开机场（车站、码头）。上车后再次道歉，实事求是说明情况，耐心解释，安抚游客的情绪。向游客提供更加热情周到的服务，取得游客的谅解，以挽回不良影响。采取弥补措施，如果是本地接社方原因造成的，视情况必要时可请旅行社领导出面赔礼道歉或酌情给游客一定的物质补偿，如加菜等。

 知识链接

知识点一 漏接的原因、处理与预防

所谓漏接就是指旅游团按计划已抵达一地但无导游员迎接的现象。对导游员来说漏接有责任事故和非责任事故之分，但对旅游者不管何种原因造成漏接，都是旅游服务质量上的缺陷，都会造成旅游者焦急的等待，无安全感，心情不愉快。

（一）由主观原因造成的漏接

1. 主观原因

① 由于工作不细。没有认真阅读接待计划，弄错旅游团（者）抵达的日期、时间、地点。

② 迟到。没有按规定时间提前抵达接站地点。

③ 没看变更记录。只阅读接待计划，没阅读变更记录，仍按原计划接站。

④ 没查对新的航班时刻表。特别是新、旧时刻表交替时，"想当然"仍按旧时刻表的时间接站，因而造成漏接事故。

⑤ 导游人员举牌接站的地方选择不当。

2. 处理方法

① 实事求是地向游客说明情况，诚恳地赔礼道歉，求得谅解。

② 如果有费用问题（如：游客乘出租车到饭店的车费），应主动将费用赔付游客。

③ 提供更加热情周到的服务，高质量地完成计划内的全部活动内容，以求尽快消除因漏接而给游客造成的不愉快情绪。

（二）由客观原因造成的漏接

1. 客观原因

① 由于种种原因，上一站接待社将旅游团原定的班次或车次变更而提前抵达，

但漏发变更通知，造成漏接。

② 接待社已接到变更通知，但有关人员没有能及时通知该团地陪，造成漏接。

③ 司机迟到，未能按时到达接站地点，造成漏接。

④ 由于交通堵塞或其他预料不到的情况发生，未能及时抵达机场（车站），造成漏接。

⑤ 由于国际航班提前抵达或游客在境外中转站乘其他航班而造成漏接。

2. 处理方法

① 立即与接待社联系，告知现状，查明原因。

② 耐心向游客作解释工作，消除误解。

③ 尽量采取弥补措施，使游客的损失减少到最低限度。

④ 必要时请接待社领导出面赔礼道歉，或酌情给游客一定的物质补偿。

温馨提示 9-1

导游凭经验造成的漏接

漏接有时是因为导游人员的经验主义造成的，属于责任事故。导游人员在接到接待计划以后，首先要了解清楚在哪里接团，因为有的城市有两个或多个飞机场（火车站、轮渡口），如果计划上没有写清楚，应向计调人员询问，而不是凭以往的"经验"，否则就会造成"南辕北辙"，搞错接站地点。

（三）漏接的预防

为了避免漏接事故的发生，导游员应做好以下接团准备工作。

1. 认真阅读接待计划

导游人员接到任务后，应了解旅游团（者）抵达的日期、时间和接站地点（具体是哪个机场、车站、码头）并亲自核对无误。

2. 核实交通工具到达的准确时间

导游员一定要实行三核实（计划时间、时刻表时间、问询时间），在旅游团抵达的当天，导游人员应首先与旅行社有关部门联系，弄清班次或车次是否有变更，并及时与机场（车站、码头）联系，掌握有关航班（车次、船次）时刻变更的最新信息，核实交通工具抵达的确切时间。

3. 提前到达接站地点

导游员应与司机商定好出发时间，确保提前30分钟抵达接站地点。

案 例 9-1

弄错航班导致漏接

导游员小张到首都机场去接一个旅游团。按计划该团乘 CA102 航班抵京，但他从 16:00 一直等到 21:00 也没有接到人。小张给社里的内勤打电话，查看航班时间，内勤说航班没有什么变动，小张只好和司机回了家。半夜，社里紧急通知小张再去机场接这个团。当小张赶到机场时，旅游者已经在机场等候很久了。原来，这个团的旅游者是乘 CA1012 航班凌晨 1 时到京，抵达时间已经附在计划的一个传真上，而内勤人员没有注意，把航班 CA1012 写成 CA102 了。

【分析与提示】

导游员在接团之前一定要仔细研究接待计划，查看原始计划的每份通知和每个细节，不能只按照习惯简单地浏览一遍。小张就是由于没有仔细查看计划中的传真，只按内勤写在计划上的飞机航班接人，而造成了把 CA1012 当做 CA102 的差错。因此，导游在接待中应根据实际情况不断查看计划，这也是分析计划和落实计划的延伸，本例中的小张如果在机场等候时要求旅行社内勤人员再仔细地查看一下原始计划，或许能够发现附在计划上关于航班时间的传真，从而避免让旅游者长时间等候的过错。

知识点二 错接的预防与处理

错接是指导游人员未认真核实，接了不该他接待的旅游团（者）的现象。错接属于责任事故，是由导游人员的粗心大意造成的，从某种意义上来说也是一种漏接。

1. 错接的预防

① 接团前提前与全陪或旅游者联系，以确认是自己应接待的团队或旅游者并商定接团标志。

② 导游员要提前到达接站地点迎接旅游团，当旅游团抵达后站在出口醒目的位置，高举接站牌便于旅游团认找。

③ 接团时认真核实。找到旅游团后，要认真核实国内或境外组团社的名称、领队和全陪的姓名（无领队和全陪的要核实旅游者的姓名）、旅游团的代号和团号、旅游团的人数以及下榻饭店等。

2. 错接的处理

只要导游人员按照规范接团并认真核实，错接的现象很少发生，一旦发生导游要及时采取以下措施。

① 发现错接后，导游员应立即向接待社报告，查明两个错接团的情况。

② 若错接发生在同一家旅行社接待的两个旅游团，导游员应立即报告旅行社领导，经同意后，地陪可将错就错，不再交换旅游团，但两位地陪之间需交换接待计划；但是两位导游中如有一位是地陪兼任全陪，则应交换旅游团，向旅游者说明情况并道歉。

③ 若错接恰巧发生在两家旅行社之间，导游员应立即向旅行社领导汇报，尽快找到自己的旅游团，交换回旅游团，并向旅游者实事求是地说明情况，诚恳地道歉。

知识点三 空接的预防与处理

空接，是指由于某种原因，旅游团（者）推迟抵达，导游人员仍按原计划预定的航班或车次接站而没有接到旅游团（者）的情况。

1. 空接事故的原因

① 接待社没有接到上一站的通知。由于天气原因或某种故障，旅游团（者）仍滞留在上一站或途中。而上一站旅行社并不知道这种临时的变化，没有通知下一站接待社。此时，全陪或领队也无法通知接待社，因此，造成空接。

② 上一站忘记通知。由于某种原因，上一站旅行社将该团原定的航班或车次变更，变更后推迟抵达。但上一站有关人员由于工作疏忽，没有通知下一站接待社，造成空接。

③ 没有通知地陪。接到了上一站的变更通知，但接待社有关人员没有及时通知该团地陪，造成空接。

④ 游客本身原因。由于游客本人生病、急事或其他原因，临时决定取消旅游，没乘飞机或火车前往下一站，但又没及时通知下一站接待社，造成空接。

2. 空接的预防

① 上一站的全陪或领队应及时把旅游团临时变更情况通知下一站接待社，本站接待社在遇到特殊的天气等可能延误抵达时间的情况也应主动与上一站接待社或组团社沟通。

② 旅行社内勤人员要有高度责任心，在接到上一站变更通知后，应立即设法通知该团导游员。

③ 导游员自己也应该在接团前再次核实接待计划，查看有关值班记录和变更通知，并按接待计划预定时间提前抵达接站地点。

3. 空接的处理

一旦发生了空接，导游人员应该采取以下措施。

① 导游员应立即询问机场（车站、码头）有关人员，旅游团所乘交通工具是否已经到达或者是否有变更情况。

② 与旅游团下榻的饭店联系，核实旅游者是否已经自己入住饭店，以排除是否属于漏接。

③ 立即与接待社有关部门联系，核实该团抵达时间是否发生了变更，请求协助查明原因。

④ 如果推迟的时间不长，导游员应请示旅行社，留在接待站等候迎接旅游团。

⑤ 若旅游团推迟抵达的时间较长，导游员要按旅行社的安排，重新落实接团事宜。

任务实训

【实训目标】

通过本任务的实训，应学会在导游工作中怎样避免空接、漏接、错接事故的发生，如果事故发生，应及时将事故造成的不良影响降低到最低。

【实训步骤】

一、实训准备

1. 根据教师下发的情境资料进行准备。

2. 根据情境材料中的角色进行分组。

二、实训内容

1. 学习处理漏接、空接、错接事故的方法，根据操作要点进行模拟实训。

2. 实训案例

[案例1] 广西一旅游团按计划乘 CA2196 航班于 8 月 15 日 18：15 飞抵哈尔滨，地陪提前 30 分钟到机场迎接，航班准时到达，但没有接到客人。

[案例2] 地陪小李接一日本团，早 7：30 出发去火车站，因为从他自己家打出租车 10 分钟就能到达，旅游团 8：00 到站。但由于早高峰期间交通堵塞，小李 8：10 才到达火车站。

[案例3] 导游员小张按接待计划去机场接一个 25 人旅游团。航班准时到达。人数、团名一一对上号后，小张带着团队上车。当车到达酒店门口时，全陪突然提出疑问说他们住的酒店不是这家。当全陪拿出接待计划和小张核对后，小张才知道自己接错了团。

3. 分组讨论漏接、空接、错接事故的预防与处理。

4. 分组模拟导游员对以上问题进行处理。

三、实训总结

1. 学生互评。

2. 教师点评。

3. 企业打分。

4. 汇总实训成绩。

实训评价表

评价项目与内容		小组评价	教师评价	企业评价
课前准备 （20分）	下发计划准备			
	分组准备			
程序完整规范 （30分）	漏接的处理			
	错接的处理			
	空接的处理			
服务规范 （20分）	能正确运用导游服务标准，请求指示用语简洁、清晰，道歉态度诚恳，与游客沟通方法得当			
应变能力 （10分）	遇事情绪稳定、思维敏捷、考虑问题周到，能够及时妥善处理突发事件和特殊问题			
职业素养 （20分）	工作认真、细致、严谨，注重细节，勇于担当；职业责任意识强，服务态度热情；符合导游员礼仪礼貌规范			
总成绩				

任务情境

情境一

作为地陪你接待一个 30 人的旅游团，按计划该团将乘 16:45 的火车赴 S 市。午饭后出完行李，你在 14:30 带全团到市中心广场并宣布："请大家在广场自由活动或在附近购物，一小时后集合！"。但集合时只有 26 人返回，待最后几人返回时，已是 16:10 了，匆匆赶到车站，火车已经驶离。此时你应该如何处理？

情境二

某旅游团在苏州旅游后，乘汽车赶赴机场，准备去下一站三亚，在前往机场途中其他车辆发生了重大的交通事故，造成严重的堵车，时间一点一点过去，车子还是在短时间内无法通行，作为导游你心急如焚，面对此种情况应该如何处理？

【任务分析】

情境一，地陪在团队即将离开本地时，安排团队到市中心广场自由活动或在附近购物，造成在规定时间内，无法集合队伍，是属于导游安排不当原因造成。属于既成事故的处理，导游应及时向旅行社领导及有关部门报告。尽快与机场（车站、码头）调度室联系，争取让团体游客乘下一班次的交通工具离开当地。若无法购买当天去下一站的相应交通票，应与游客商量是否能换乘其他交通工具。若换乘其他交通工具也不可能，则应请旅行社有关部门安排购买最近日期的交通票或安排包机（车、船），尽快使旅游团离开当地赴下一站。稳定旅游团游客的情绪，安排好旅游团在当地滞留期间的食宿和游览事宜。及时通知下一站接待社，对日程作出相应的调整。如果对日程影响较大，则应通知组团社。向旅游团的全体旅游者赔礼道歉，必要时请旅行社领导出面致歉，同时采取相应的补偿措施，力争挽回声誉。事后写出书面报告，认清事故责任，接受相应处罚。

情境二，由于是客观原因，造成误机的将成事故，搞不好就变成误机的既成事故。处于一线的导游人员应立即向旅行社有关部门报告，请求帮助。尽快与车站调度室联系，讲明该团名称、人数、所乘航班（车次、船次）及延误原因，现在何处，大概何时能抵达等。旅行社领导应协调各方面关系，力争使该团按原计划离开当地。不管事故是否成为事实，事后都应写成书面报告，查明事故的原因和责任；叙述事故处理的过程及游客对事故的反映，接受旅行社人批评、处罚。

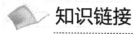 **知识链接**

误机（车船）事故是指由于某些原因，致使旅游者未能按计划离站的现象。误机（车船）事故是重大事故，它导致旅游计划的被迫变更，会影响旅游者接下来的旅游活动或回国后的工作，给旅游者带来心理压力和其他损失；而且势必会给旅行社带来巨大的经济损失，严重影响旅行社在旅游者心中的信誉度，甚至对国家旅游业的声誉也会产生不利影响。因此，导游人员要高度认识误机（车船）事故的严重后果，杜绝此类事故的发生。

知识点一 误机（车、船）事故的原因

1. 客观原因

由于以下客观原因造成误机（车船）事故均属于非责任事故。

① 领队、旅游者未按规定时间集合离开饭店。

② 旅游者突然摔伤、重病、走失等原因。

③ 赴机场（车站、码头）途中遇到交通事故、严重交通堵塞，汽车发生故障等突发情况造成。

2. 主观原因

凡由导游人员或旅行社有关工作人员疏忽和差错引起的误机（车船）事故都属于责任事故。

① 地陪安排日程不当或过紧，没有按规定提前到达机场（车站、码头）。

② 导游人员没有认真核实交通票据，错看或记错时间和地点。

③ 班次已变更但旅行社有关人员没有及时通知地陪。

④ 行李员迟到，地陪无法带领旅游团的旅游者办理登记手续（因机票在行李员手中）。

知识点二 误机（车、船）事故的预防

一是地陪、全陪要提前做好旅游团离站交通票据的核实工作，核对日期、班次、时间（做到四核实：计划时间、时刻表时间、票面时间、问询时间）、目的地等。如交通票据没落实，带团期间要随时与旅行社有关部门联系，了解班次有无变化。

二是临行前，不安排旅游团到范围广、地域复杂的景点参观游览；不安排旅游团到热闹的地方购物，更不能让旅游者自由活动。

三是安排充裕的时间去机场（车站、码头），保证旅游团（者）按规定时间到达离站地点。

四是强化管理，制订必要的规章制度并严格执行，加强接待工作各个环节的检查和审核制度，从根本上杜绝事故的发生。

五是制订处罚条例，责任者要承担经济损失并受政纪处分。

导游安排不当导致误车

一个 40 人的国内旅游团，计划于 4 月 15 日 15:30 分乘火车离开哈尔滨前往北京，旅游团在一家大型商场旁的餐厅用餐，午餐于 13:00 结束，旅游者要求去商场购物，地陪起先不同意，但经不住旅游者的坚持，还是同意了，不过一再提醒大家一个小时后一定要返回原地集合。

一个小时后只有 38 人回来，等了一会儿，地陪让已经回来的旅游者在旅游车上休息，自己与全陪及两名年轻旅游者进商场寻找，找到两人时，离火车离站时间只有 20 分钟了，旅游车赶到哈尔滨火车站时，火车已经离站。

【分析与提示】

这起误车事故的责任在地陪，他犯了以下两个错误。

① 地陪同意旅游者去商场购物，违反了"旅游团离站当天不得让旅游者自由活动，不带旅游者去大型商场购物"的纪律；38 人已经返回，地陪应该让全陪携票证带旅游团先去车站等候，自己留下寻找走失者，而他却让所有的人在旅游车上休息。

② 旅游者进了商场，一旦分散活动，就是再三强调集合时间，不少人还是会因选购中意商品而忘了时间。导游人员应该充分认识到这一点。为了避免旅游者饭后购物，地陪可以安排午餐时间略晚，或用餐时间拖得长一点，以免留有足够的时间让旅游者产生购物欲望；或与计调部门商量更换餐厅，不安排旅游团在靠近大商场的餐厅用午餐。

知识点三　误机（车、船）事故的处理

误机（车船）事故一般会出现两种情况：导游员预知旅游团无法在飞机（车、船）离港前抵达且估计耽误的时间不太长时，误机（车、船）将成为事实的将成事故；另一种是已经造成误机（车、船）事故的既成事故。如果遇到这两种情况，导游员应当机立断，采取应急补救措施。

1. 将成事故的处理

① 导游员要立即向旅行社有关部门报告情况，请求协助。

② 导游员和旅行社有关部门人员要第一时间与机场（车站、码头）调度室取得联系，讲明旅游团的性质、人数、所乘航班（车次、船次）、延误原因、旅游团所处位置以及可能抵达的时间，请求等候。

③ 旅行社应协调各方面的关系，力争让旅游团按原计划离开本站。

④ 在报告旅行社并等待获准的同时，导游员和司机应同心协力，赶赴机场（车站、码头），争取可以避免事故的真正发生。

2. 既成事故的处理

① 导游员应立即向旅行社领导汇报情况。

② 导游员和旅行社应尽快与机场（车站、码头）调度室联系，争取让旅游者乘下一班次的交通工具离开本地或离境，或包机（车厢、船）或改乘其他交通工具

前往下一站。

③ 若旅游团不能马上离开本地，就应当重新安排旅游者停留期间的食宿和游览活动，并及时通知下一站接待人员作必要的变动。

④ 稳定旅游者的情绪，必要时旅行社领导应亲自向旅游者赔礼道歉并给予适当的补偿，尽量挽回旅行社的声誉。

⑤ 写出事故报告，分析事故原因，查清责任，对责任事故者给予相应的处分并承担经济损失。

任务实训

【实训目标】

通过本任务的实训，使学生了解造成误机（车、船）事故原因，掌握事故的预防措施，出现事故后能正确处理，使损失和不良影响降低到最低限度。

【实训步骤】

一、实训准备

1. 根据教师下发的情境资料进行准备。

2. 根据情境材料中的角色进行分组。

二、实训内容

1. 学习误机（车、船）事故的预防措施和处理方法，根据操作要点和注意事项进行模拟实训。

2. 实训案例

地陪小王带的旅游团准备乘坐 11:30 的火车离开上海赴南京，当天上午，应游客要求，小王将游客带到南京路购物。按照约定在 10:30 集合等车时，有两名游客还没回来，小王让全陪照顾全团在原地等候，自己去寻找客人……所有客人都上车后，已经 11:10。等旅游团匆匆赶到火车站时，火车早已驶离站台。

3. 分组讨论误机（车、船）事故的预防与处理。

4. 分组模拟导游员对以上问题进行处理。

三、实训总结

1. 学生互评。

2. 教师点评。

3. 企业打分。

4. 汇总实训成绩。

实训评价表

评价项目与内容		小组评价	教师评价	企业评价
课前准备 （20分）	下发计划准备			
	分组准备			
程序完整规范 （30分）	误机(车、船)的预防			
	误机(车、船)的处理			

续表

评价项目与内容		小组评价	教师评价	企业评价
服务规范 （20分）	能正确运用导游服务标准			
应变能力 （10分）	遇事情绪稳定、思维敏捷、考虑问题周到，能够及时妥善处理突发事件和特殊问题			
职业素养 （20分）	旅游行程安排科学合理；职业责任意识强，工作耐心热情；符合导游员礼仪礼貌规范			
总成绩				

任务四　旅游者丢失证件、钱物、行李的预防与处理

任务情境

情境一

新加坡旅游团一行2人于2月17~27日在华旅行，20日乘KTS4753航班由厦门飞抵广州，该团一位游客发现照相机的变焦镜头遗忘在厦门的华侨饭店，希望全陪设法找回。作为全陪你面对此事应该如何处理？

情境二

你接待了从马来西亚来哈尔滨旅游的几位散客，在入住饭店时，其中一位游客发现自己的护照不见了，此时应该如何处理？

【任务分析】

情境一，涉及外宾团在华旅游期间物品遗忘的问题，并且遗忘在上一站饭店里，游客不可能回到上一站的饭店去找，但又是贵重物品，全陪导游接到游客这样求助时，肯定要想法子帮助游客解决问题，尽可能使游客免受损失。全陪应问清游客在厦门所住房间号，请游客回忆照相机变焦镜头可能摆放的地方。帮助客人打电话给厦门的饭店，请饭店查找，或给厦门的接待旅行社打电话，请其协助寻找。找到变焦镜头后，征求游客的意见怎样送到游客手中，可以请厦门接待社设法将变焦镜头送到该团的下一站，或在出镜前设法送到游客手中。如找不到，全陪要表示歉意，请游客留下通信地址，以便联系。

情境二，涉及外国游客丢失证件的问题，没有证件游客回不了国，游客心理肯定很着急，导游应请失主冷静回忆，详细了解情况并帮助寻找。如确系丢失，导游人员应马上报告旅行社。根据旅行社的安排，协助失主向公安部门报失，重新申领证件。告知游客所需的费用，并请其自理。

旅游期间，旅游者往往自由散漫、丢三落四，患上所谓的"旅游病"，丢失物品是比较常见的现象。如果丢失了贵重物品、证件和行李，不仅给旅游者带来经济损失，造成诸多不便和烦恼，严重影响旅游者的情绪，有时甚至会影响旅游活动的进程，并给导游人员带来不少麻烦和困难。如果造成丢失的原因是因为旅游接待过程中出现差错或是被窃，还会影响我们的形象。因此，导游员要特别提高警惕，采取恰当的措施，尽量防止此类问题的发生。

知识点一　失钱物、证件、行李的预防

1. 多做提醒工作预防钱物的丢失

① 地陪要随时提醒本团的旅游者保管好自己的随身物品和提包。

② 建议旅游者将大额现金和贵重物品寄存在饭店的保险柜里。

③ 在人多拥挤的场所和购物时，提醒旅游者将自己的背包放在胸前，保管好自己的钱包。

④ 离开饭店时，要提醒旅游者检查房间，带齐所有物品和证件。

⑤ 提醒司机清车，每次旅游者下车后，导游人员都要提醒司机检查车内有无旅游者遗留的物品，然后清车、关窗并锁好车门。

2. 证件丢失的预防

① 为了防止旅游者证件的丢失，地陪应提醒那些统一为游客保管证件的领队小心谨慎，以免造成整团护照、签证遗失的局面。

② 导游人员在工作中需用旅游者的证件时，要经由领队收取，用完后立即如数归还，千万不可代为保管。

③ 旅游团离开本地前，导游要认真清点自己的物品，检查是否还保存有旅游者的证件。

④ 中国公民在境外旅游期间，出境领队要时刻提醒旅游者保管好自己的证件，最好由领队统一保管。

⑤ 提醒团员养成将贵重物品存入饭店保险柜的习惯，减少护照、签证的遗失率。

案 例　9-3

少说一句话　惹出大麻烦

地陪小刘带团在一个饭店用午餐，小刘急忙吃完后，看到游客还在用餐，便与饭店结账。由于账目的问题耽搁了一会儿，等他从饭店出来，游客们已经在车上等着他了。小刘一看时间不早了，急忙让司机开车赶往下一个景点，正走在半路途中，一名游客突然喊道："坏了，我的皮包忘在饭店的椅子上了。"旅游车赶紧调头，结果皮包早已不翼而飞，包里有手机和大量的现金。游客在懊恼之余，竟然埋怨起小刘来，说作为导游应该提醒游客餐后带好随身物品，小刘没有提醒，应该赔

偿一部分损失。最后在旅行社的参与下，此事才妥善解决。

【分析与提示】

旅游者在旅游过程中，有时会发生丢失证件、钱物、行李等事情，这不仅会给自己带来诸多不便或造成一定的经济损失，也会给导游人员的工作增添不少麻烦和困难。

在案例中，游客用餐后忘了拿皮包，结果造成钱物丢失，虽然是由游客本人粗心大意引起的，但是导游小刘也负有一定的责任。用餐后离开饭店时，导游要提醒游客带好自己的所有物品，不要遗忘。小刘就是少讲了这样一句程序上的、提醒性的话，结果给自己的工作惹出大麻烦！

案例选自孔永生主编. 导游细微服务.

3. 在中国境内丢失行李的预防

导游员应针对行李容易丢失的环节及原因，积极采取各种预防措施，防止发生旅游者行李丢失的现象。

① 行李交接要认真核对，在每一个交接环节把好关。

② 在离开每一站前集中行李时要确定集中地点，并标明旅游团的名称，最好用网罩罩住，以防其他旅游团的旅游者拿错行李。

③ 提醒旅游者认真检查自己的行李是否有遗漏。

④ 行李上车前要认真清点行李的件数是否正确。

知识点二 丢失证件的处理

旅游证件有很多，如护照、签证、旅行证、《港澳居民来往内地通行证》、《台湾同胞旅行证明》、中国公民的身份证等。导游员对旅游者的旅游证件的丢失应区分不同的情况采取相应的处理。但无论是丢失哪种证件，导游人员都应先请旅游者冷静地回忆，详细了解丢失情况，尽量协助寻找。如确已丢失，应马上报告公安部门、接待社和组团社。根据旅行社的安排，协助失主办理补办手续，所需费用由旅游者自理。

（一）丢失外国护照和签证

① 由旅行社出具证明。

② 请失主准备照片。

③ 失主本人持证明去当地公安局（外国人出入境管理处）报失，由公安局出具证明。

④ 持公安部门的证明去所在国驻华使、领馆申请补办新护照。

⑤ 领到新护照后，再去公安部门办理签证手续。

温馨提示 9-2

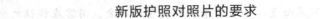

新版护照对照片的要求

① 必须是在照相馆拍摄的近照（6个月内）；

② 必须是正面（头像居中）免冠照片（可见双耳、双眉），不佩戴头饰，不化浓妆；佩戴眼镜者，眼镜不能反光；

③ 白色背景彩照；

④ 请穿着有衣领的服装照相，避免穿吊带或领口较大的衣服；

⑤ 照片规格：48毫米×33毫米；头部宽为21～24毫米，头部长为28～33毫米；

⑥ 请勿用订书机钉照片；

⑦ 必须用光面（Glossy Finish）相纸洗印照片，不能使用布纹相纸（Matte Finish）照片，整体效果不能太暗或太亮。

（二）丢失团体签证

① 由接待社开具遗失公函。

② 原团体签证复印件（副本）。

③ 重新打印与原团体签证格式、内容相同的该团人员名单。

④ 该团全体游客的护照。

⑤ 持以上证明材料到公安部门出入境管理处报失，并填写有关申请表，（可由一名游客填写，其他成员附名单）。

（三）华侨在国内及中国公民在境外丢失护照和签证

1. 华侨在国内丢失护照和签证

① 接待社开具遗失证明。

② 失主准备彩色照片。

③ 失主持证明、照片到公安部门出入境管理处报失并申请办理新护照。

④ 持新护照到其居住国驻华使、领馆办理入境签证手续。

2. 中国公民出境旅游时丢失护照、签证

① 请当地陪同协助到当地警察机构报案，并取得警察机构开具的报案证明。

② 持遗失证明到当地警察机构报案，并取得警察机构开具的报案证明。

③ 持当地警察机构的报案证明和有关材料到我国驻该国使、领馆领取《中华人民共和国旅行证》。

④ 回国后，可凭《中华人民共和国旅行证》和境外警方的报失证明，申请补发新护照。

（四）港澳地区同胞丢失《港澳居民来往内地通行证》

① 向公安部门报失，并取得报失证明；或由接待社开具遗失证明。

② 持报失证明或遗失证明到公安部门出入境管理处申请领取证件。

③ 经出入境管理部门核实后，给失主签发一次性《中华人民共和国入出境通行证》。

④ 失主持该入出境通行证回港澳地区后，填写《港澳居民来往内地通行证件遗失登记表》和申请表，凭本人的港澳居民身份证，向通行证受理机关申请补发新的通行证。

（五）台湾地区同胞丢失《台湾同胞旅行证明》

失主向遗失地的中国旅行社或户口管理部门或侨办报失，经核实后发给一次性有效的出境通行证。

（六）丢失中华人民共和国居民身份证

由当地接待社开具证明，失主持证明到公安局报失，经核实后开具身份证明，机场安检人员核准放行。回居住地后凭公安局的报失证明和有关材料到当地派出所办理新身份证。

知识点三　丢失钱物的处理

1. 外国游客丢失钱物的处理

① 稳定失主情绪，详细了解物品丢失的经过、物品的数量、形状、特征、价值。仔细分析物品丢失的原因、时间、地点，并迅速判断丢失的性质是不慎丢失还是被盗。

② 立即向公安局或保安部门以及保险公司报案。（特别是贵重物品的丢失）

③ 及时向接待社领导汇报，听取领导指示。

④ 接待社出具遗失证明。

⑤ 若丢失的是贵重物品，失主持证明、本人护照或有效身份证件到公安局出入境管理处填写《失物经过说明》，列出遗失物品清单。

⑥ 若失主遗失的是入境时向海关申报的物品，要出示《中国海关行李申报单》。

⑦ 若将《中国海关行李申报单》遗失，要在公安部门出入境管理处申请办理《中国海关行李申报单报失证明》。

⑧ 若遗失物品已在国外办理财产保险，领取保险时需要证明，可以公安部门出入境管理处申请办理《财物报失证明》。

⑨ 若遗失物品是旅行支票、信用卡等票证，在向公安机关报失的同时也要及时向有关银行挂失。

失主持以上由公安部门开具的所有证明，可供出海关时查验或向保险公司索赔。

发生证件、财物，特别是贵重物品被盗是治安事故，导游人员应立即向公安机关及有关部门报警，并积极配合有关部门早日破案，挽回不良影响；若不能破案，导游人员要尽力安慰失主，按上述步骤办理。

2. 国内游客丢失钱物的处理

① 立即向公安局、保安部门或保险公司报案。

② 及时向接待社领导汇报。

③ 若旅游团结束时仍未破案，可根据失主丢失钱物的时间、地点、责任方等具体情况做善后处理。

知识点四　行李遗失的处理

（一）在来华途中丢失行李的处理

海外旅游者的行李如果是在来华途中丢失，其责任一般在旅游者所乘飞机的航空公司，导游员的责任是协助旅游者追回行李。

1. 协助失主办理行李丢失和认领手续

导游员在得知旅游者的行李丢失后，要积极协助旅游者到机场失物登记处办理行李丢失和认领手续。由失主出示机票和行李托运卡，详细说明始发站、中转站、行李件数以及丢失行李的大小、形状、颜色、标记等特征并一一填写在失物登记表上。导游员还应将失主下榻的饭店名称、房间号和电话号码、手机号（如果已经知道的话）告诉登记处工作人员并记下登记处的电话和联系人，记下所乘航空公司办事处的地址和电话，以便联系。

2. 帮助失主购置生活用品

行李丢失会给旅游者带来很多不便，一时找不回行李，导游员要积极地协助旅游者购买一些必要的生活用品，帮其解决部分实际困难，尽量让旅游者心情舒畅。

3. 与机场保持联系、督促寻找行李

每隔一段时间导游员要打电话给机场失物登记处，询问行李寻找情况。若在旅游者离开本地前还没有找到，导游员应帮助失主把后面的全部旅游线路、所要下榻饭店的名称、各地接待社名称以及相关联系电话告诉该航空公司办事处，以便行李找到后及时运往最近地点交还失主。

4. 如果行李确实丢失，同国内组团社负责帮助失主向有关航空公司索赔

案 例　9-4

感谢导游给我的帮助

某年的 10 月，北京的导游员小汪接待了一个 16 人的马来西亚旅游团。团队中有一名客人的一件行李不见了，小汪立刻同客人一起到国际行李查询处登记并办理了行李查询手续，原来这件行李没有随该飞机运送过来，该处工作人员估计行李可能要第二天下午到，要让失主亲自来取。

由于丢失了行李，一路上失主的情绪十分低落。为了不影响大家的游兴，小汪安慰失主说，如果行李一到北京，就一定能找到。即使真丢失了，该航空公司也一定会赔偿。并告诉失主，第二天陪他到商店先买些急用的物品。接着小汪为全团开始了精彩的导游讲解，介绍了在北京的活动安排。

第二天行李还是没有找到，还需再等一天，失主知道后很着急。小汪为了不让失主的消极情绪影响其他旅游者，便尽量调动失主的情绪，在旅游活动中多安慰、多照顾、多突出他的地位、多给他表现的机会，让他暂时忘记因行李丢失带来的不快。其他旅游者见状都很会意，不但不埋怨小汪，还和失主开玩笑说："小汪真是厚此薄彼呀！要知道这样，我们也会弄丢件行李的！"失主听后禁不住"破涕"

为笑。

第三天游览途中，小汪终于接到通知，行李运到了北京。晚饭前，他将客人送回饭店休息，然后陪失主一起去机场将行李取回。

次日团队就要前往下一站了，行李终于失而复得，在临别的晚餐上，失主为小汪的热心服务表示由衷的感谢，其他旅游者也纷纷举杯为找回的行李干杯。大家都觉得行李事件使他们更加感受到中国导游的热情、体贴和强烈的责任心。

【分析与提示】

当旅游者丢失行李后，心情沉重，表现急躁，对旅游活动失去兴趣，此时导游的接待工作比平时困难得多。为了稳定失主的情绪，使之不影响其他旅游者，导游员一方面应更注意活跃气氛，说些轻松欢快的话题去感染失主，使其真正参与到旅游活动中来。另一方面则应积极与有关部门联系，积极查找行李的下落。这样即使找不回丢失的行李，也能帮助失主尽快忘记不愉快，恢复到旅游的状态中来。

（二）在中国境内丢失行李的处理

旅游者的行李在中国境内旅游期间丢失，责任一般在交通部门和行李员。导游人员应高度重视，负责查找。

1. 冷静分析情况，找出差错的环节

（1）如果旅游者在出站前领取行李时，找不到托运的行李，则有可能是上一站行李交接或行李托运过程中出现了差错。此时，导游人员可采取以下措施：带失主到失物登记处办理行李丢失和认领手续。由失主出示机票和行李牌，填写丢失行李登记表。

立即向旅行社领导汇报，请其安排有关部门和人员与机场、上一站旅行社、民航等单位联系，积极帮助寻找。

（2）如果抵达饭店后，旅游者没有拿到行李说明行李就在本市，问题可能是出在饭店内或本地交接或运送行李过程中。此时，地陪应采取如下措施：和全陪、领队一起先在本团成员所住房间寻找，查看饭店行李员是否将行李送错了房间或是本团其他客人误拿了行李。

如找不到，有可能是行李员弄混了旅游团，就应与饭店行李部门迅速取得联系，请其设法查寻。

如饭店行李部门工作人员仍没有找到，应及时向旅行社汇报，请旅行社派人或行李员到本社同时运送行李但下榻在其他饭店的旅游团内查找。

2. 帮助失主购置生活用品，积极查找行李

导游人员应经常与有关方面联系，询问查找进展情况。安慰失主，若是外宾，无论是谁的责任都要对在中国发生这样的事情表示歉意并帮助失主购置必需的生活用品，解决其因行李丢失带来的生活方面的困难。

3. 行李找到后，及时归还失主并诚恳的道歉

若行李确已丢失，则应由旅行社领导出面，说明丢失情况和责任，表示歉意并主动提出赔偿或帮助失主根据惯例向有关部门索赔。

4. 事后写出书面报告

事后，导游员应写出书面报告，报告中要写清行李丢失的经过、原因、查找过程及失主和其他团员的反应等情况，并针对事故发生的原因，总结教训。

补充资料 9-1

中国国际航空公司丢失行李调查表

<table>
<tr><td colspan="4">丢失行李调查表
Missing Property Questionnaire</td><td>DF-253</td></tr>
<tr><td colspan="2">查询编号 File Reference Number:</td><td colspan="2">行李丢失Missing Baggage□　内物丢失Missing Item□</td></tr>
<tr><td colspan="2">尊敬的旅客:
　　中国国际航空公司对您的行李未能与您同机抵达而给您带来的不便深感歉意。如果您在报失后72小时内仍未收到丢失行李，请您将此表列明的各项内容填妥，并尽早邮寄或传真至我处。由于此资料会有助于进一步查找您的丢失行李，请您尽量列明行李内物细节（含丢失物品数量、名称、购买日期及购买价值），以便查找。如果您丢失若干件行李，请分别填写每件行李的内装物品明细。非常感谢您的配合。</td><td colspan="3">Dear Passenger,
Please accept our sincere apologies for the baggage delay on your arrival and for any inconvenience caused. If your missing personal property can not be located within 72 hours, please complete this form, including the inventory list as detailed as possible and send it back to us through mail or fax. This form will be used for baggage tracing, please list details of contents (includes quantity, title, purchasing date and value). In case of multiple missing, we would like you to complete one separate list for each baggage. Thank you for your cooperation.</td></tr>
<tr><td colspan="2">姓氏/Surname</td><td colspan="3">名字/First name</td></tr>
<tr><td colspan="2">联系地址/Contact Address</td><td colspan="3"></td></tr>
<tr><td colspan="2">联系电话/Contact Phone</td><td colspan="3">国家/Country</td></tr>
<tr><td colspan="2">电子邮件地址/Email Address</td><td colspan="3">传真/Fax</td></tr>
<tr><td colspan="2">会员卡号码/Membership No.</td><td colspan="3">职业/Occupation</td></tr>
<tr><td>航空公司 (Airline)</td><td>航班/日期(Flight /date)</td><td colspan="2">起飞机场 (From)</td><td>到达机场 (To)</td></tr>
<tr><td></td><td></td><td colspan="2"></td><td></td></tr>
<tr><td></td><td></td><td colspan="2"></td><td></td></tr>
<tr><td>托运行李总数 （件/公斤）
Total No.of Baggage Check-in (piece/kilo)</td><td>已取行李总数 （件/公斤）
Total No.of Baggage Received (piece/kilo)</td><td colspan="2">丢失行李总数 （件/公斤）
Total No. of Baggage Missing (piece/kilo)</td><td>您最后在何时、何地见到您的行李?/When and where did you see your baggage last?</td></tr>
<tr><td></td><td></td><td colspan="2"></td><td></td></tr>
<tr><td colspan="4">是否已付行李逾重费用?/Have you paid any excess baggage charges?　是 Yes □　否 No □
是否已付声明价值附加费?/Have you paid any excess value declaration charges?　是 Yes □　否No □
请附收据/Please enclose receipt</td><td></td></tr>
<tr><td colspan="5">行李上的特殊标记或姓名地址/Special markings or name and address label on bag</td></tr>
<tr><td colspan="5">行李是否在途中重新交运或更换行李牌?/Was baggage rechecked and new tag issued?
　　　　　　　　　　　　　　　　　　　　　　　　　　　　是 Yes □　否 No □
如果是，在哪个机场?/If yes, at which airport? _____</td></tr>
<tr><td colspan="5">您是否有向其它航空公司报失?/Was loss already reported to other airline　是 Yes □　否 No □
如果是,在哪家航空公司?/If yes,at which airline? _____</td></tr>
<tr><td colspan="5">丢失行李的类型/Type of missing baggage
质地/Material _____　品牌/Brand_____　颜色/Colour _____</td></tr>
<tr><td colspan="5">如果您在到达的站机场时未能及时申报行李丢失，请列明原因/If you did not report the loss at once on arrival,please state reason.</td></tr>
<tr><td colspan="5">您以何种方式申报行李丢失?/Was report made?　亲身前往/In person □　电话/By phone □</td></tr>
</table>

任务实训

【实训目标】

通过本任务的训练，使学生掌握在旅游过程中由于各种原因导致游客证件、物品丢失等事故处理的步骤和方法，提高处理事故的能力。

【实训步骤】

一、实训准备

1. 根据教师下发的情境资料进行准备。

2. 根据情境材料中的角色进行分组。

二、实训内容

1. 学习游客丢失财物的处理原则和方法，根据操作要点和注意事项进行模拟实训。

2. 实训案例

［案例1］导游员在带领旅游团离开酒店前往机场的路上，一名游客发现自己的身份证不见了，他急忙向导游报告。

［案例2］导游小张接待一韩国旅游团，该团在长白山游览期间，小张多次提醒游客看管好自己的随身物品，但第二日，有一名游客声称自己的护照和签证丢失，经多方查找未找到，需要补办证件。

［案例3］一旅游团的游客，在机场领取行李时发现自己的行李破损。

3. 分组讨论案例。

4. 分组模拟地陪、全陪、领队、接待人员对以上案例出现的问题进行处理。

三、实训总结

1. 学生互评。

2. 教师点评。

3. 企业打分。

4. 汇总实训成绩。

实训评价表

评价项目与内容		小组评价	教师评价	企业评价
课前准备 （20分）	下发计划准备			
	分组准备			
程序完整规范 （30分）	游客丢失财物的处理			
	游客丢失外国护照和签证的处理			
	丢失身份证的处理			
	丢失行李的处理			
服务规范 （20分）	能正确运用导游服务标准			
应变能力 （10分）	遇事情绪稳定、思维敏捷、考虑问题周到，能够及时妥善处理突发事件和特殊问题			
职业素养 （20分）	安全意识强；职业责任意识强，工作耐心热情，坚持以人为本，符合导游员礼仪礼貌规范			
总成绩				

任务五　旅游者走失的预防及处理

任务情境

一来自长沙的旅游团，在北京颐和园旅游时，其中一位游客的 10 岁孩子走失了，家长非常着急，面对游客的走失，作为导游应该如何处理呢？

【任务分析】

旅游团走失游客，游客又是孩子，颐和园景区面积很大，寻找难度也很大，而团队的游程不可能由于个别游客走失而停止旅游。地陪要立即向团内其他旅游者了解走失孩子的有关情况，并请孩子家长、全陪分头寻找，地陪继续带领其他旅游者参观游览。在认真寻找后，若仍未找到走失者，地陪应立即向游览地的管理部门和派出所求助，告之走失孩子的特征，请其在各进出口寻找或通过广播形式寻找。如以上措施仍未找到走失孩子，地陪应及时向旅行社报告，必要时经旅行社同意，向公安局报案。

 知识链接

在参加游览或自由活动时，由于活动内容多，时间长，景点地形复杂，参观游览景点内旅游者过多等原因，时常发生旅游者走失的情况。一般说来，造成旅游者走失的原因有四种：一是导游人员没有向旅游者讲清停车位置或景点的游览线路；二是在自由活动、外出购物时旅游者没有记清地址和路线而走失。三是旅游者对某种现象和事物产生兴趣，或在某处摄影时间较长而脱离团队自己走失；四是不抓紧时间游览或跟错了别的旅游团队；无论是以上哪种情况，都会使旅游者极度焦虑和恐慌，严重时会影响整个旅游计划的完成，甚至会危及旅游者的生命财产安全。所以导游人员一旦发现有旅游者走失必须采取有效的措施。

知识点一　旅游者走失的预防

旅游者走失不但给导游工作带来很多麻烦，严重时还会影响整个旅游计划的完成，旅游者走失虽然不一定是导游人员的责任，但与导游人员责任心不强、工作不细致周到有很大的关系。为防止此类事故发生，导游人员必须增强服务意识和职业责任感，遵守工作规范，提高服务水平。

（一）全程陪同导游人员（或领队）应采取的预防措施

1. 行程表每人一份

在出团前，全程陪同导游员或领队应发给每人一份团队旅游行程表，清楚地写上组团社和接待社的名称和联系电话、每日行程安排、游览景点、饭店名称，有的还要写上导游员的手机号码，海外游客还要写上入住饭店的英文名称。

2. 分成小组

全程陪同导游员根据旅游者报团的情况分成若干小组，并指定负责人，提醒各个小组互相关照，告诉旅游者万一走失，不要乱跑，要在原地等候，导游员会沿参观路线回去寻找。

（二）地方陪同导游员应采取的预防措施

1. 入住的饭店要说明

地方陪同导游员每天都要向旅游者通报一天的行程、旅游景点、餐厅，如晚上是换了另一家饭店的，要讲明入住饭店的名称。

2. 下车前要提醒有关事项

到达景点下车前要告诉旅游者在该景点的游览时间、上车时间、地点、车号，等等。

3. 进入景区前进行介绍

进入景区后，地方陪同导游员应集中在该景点示意图前介绍游览路线、所需时间、集合时间和地点。

4. 地方陪同导游员要用高水平的导游讲解艺术和导游技巧去吸引旅游者。

5. 地方陪同导游员、全程陪同导游员、领队要互相配合，在团队行进中，地方陪同导游员在前引路，全程陪同导游员或领队在后面，时常清点人数。

6. 地陪导游人员应把自己的手机号码告诉旅游者，也可要求旅游者留下手机号码，以便联系。

知识点二 旅游者走失的处理

1. 旅游者在参观游览中走失的处理

① 地陪要立即向团内其他旅游者了解走失旅游者的有关情况，并请领队、全陪分头寻找，地陪继续带领其他旅游者参观游览。

② 在认真寻找后，若仍未找到走失者，地陪应立即向游览地的管理部门和派出所求助，告之走失旅游者的特征，请其在各进出口寻找或通过广播形式寻找。同时与下榻饭店联系，询问走失旅游者是否已自行回到饭店。如以上措施仍未找到走失者，地陪应及时向旅行社报告，必要时经旅行社同意，向公安局报案。

③ 找到走失旅游者后，导游人员要分析走失的原因。如是导游人员的责任，应向其赔礼道歉；如果责任在走失者，要问清情况，对其进行安慰，讲清利害关系，必要时可以提出善意的批评，提请其以后注意，决不可对走失者进行谴责和训斥。

④ 如发生严重的走失事故，导游人员应写出书面报告，详细记述旅游者走失原因、走失经过、寻找经过、善后处理和旅游者的反应等详细情况。

2. 旅游者在自由活动时走失的处理

导游人员在得知旅游者在自由活动时走失应该按如下方法操作。

① 立即报告旅行社，请求指示和帮助，通过有关部门向公安局、管区派出所

和交通部门报案，详细向他们提供走失者可辨认的特征，请求沿途寻找。

② 找回走失者后，导游人员应问清情况，对其进行安慰，提醒全团引以为戒，避免走失事故再次出现。

③ 如果旅游者走失后发生其他情况，应视具体情况作为治安事故或其他事故处理。

案例 9-5

学生游客走失怎么办

某年暑假，由80人组成的银川中学生旅游团游览北京。旅游团分乘两辆车前往颐和园，到达颐和园时，入口处已是人山人海。两位地陪商量后，决定A车学生从东宫门进，B车学生由北如意门入园，3个小时后在新建宫门口集合。

两个小时后，A车一行40人游览了石舫，地陪清点人数，40名游客都在现场，便带团登船前往东岸文昌阁。船抵码头，游客陆续下船，地陪一点人数，少了4人。4名学生，都没有手机，这下带队的老师、全陪和地陪都着急了。这时，地陪让全陪照顾学生就地拍照、休息。自己跑去颐和园管理处，请求广播找人，通知4人直接到东宫门，地陪去东宫门等候。30分钟后全团会合，乘车返回市区。

【分析与提示】

此事没有耽误太多时间，但还是有几个值得注意的问题。

① 地陪没有向学生讲清楚两车人员分别进入颐和园，分路活动，致使一路照相的4人以为后面还有大队人马没有过来，造成走失。

② 地陪有点凭经验办事，以为刚点完人数，大家都会跟着上船的，上船后没有再清点人数，致使4人走失。

③ 地陪没有安排全陪或带队老师殿后，也没有向旅游者反复强调跟上团队。

④ 地陪应将手机号码告诉旅游者，以备不时之需，可地陪没有这样做。

任务实训

【实训目标】

通过本任务的训练，使学生掌握在旅游过程中由于各种原因导致游客走失事故处理的步骤和方法，提高处理事故的能力。

【实训步骤】

一、实训准备

1. 根据教师下发的情境资料进行准备。

2. 根据情境材料中的角色进行分组。

二、实训内容

1. 学习游客走失的预防和处理的方法，根据操作要点和注意事项进行模拟实训。

2. 实训案例

［案例1］一队来自天津的游客，在游览长城时，其中一名9岁的男孩走失了，他的家长非常着急。

［案例2］北京导游员小王接待了一个长沙来的旅游团，在游览故宫时，游客因忙着拍照没有跟上小王，等大家集合登车时，小王清点人数，才发现一名游客走失了。

［案例3］在西安游览期间，午夜张先生给全陪打电话说同一房间的李先生还没有回来。

3. 分组讨论案例。

4. 模拟地陪、全陪、领队、游客、景区工作人员等对以上情境进行处理。

三、实训总结

1. 学生互评。

2. 教师点评。

3. 企业打分。

4. 汇总实训成绩。

实训评价表

评价项目与内容		小组评价	教师评价	企业评价
课前准备 （20分）	下发计划准备			
	分组准备			
程序完整规范 （20分）	游览活动中游客走失的处理			
	自由活动中游客走失的处理			
服务规范 （20分）	能正确运用导游服务标准			
应变能力 （10分）	遇事情绪稳定、思维敏捷、考虑问题周到，能够及时妥善处理突发事件和特殊问题			
职业素养 （20分）	关注每位游客，及时清点人数，服务态度热情，游客至上；工作作风细致、迅速、果断；符合导游员礼仪礼貌规范			
总成绩				

任务六　旅游者患病、死亡的处理

任务情境

情境一

作为导游你带领一个旅游团到黄山旅游，晚上住在山上的旅馆，旅馆比较潮湿，山上晚上的气温又比较低，爬了一天的山，身体也比较劳累，游客李先生第二天就感冒发烧了，不能正常参加后面的旅游行程了，面对这样的情况应该怎么处理？

情境二

作为导游你在带领一个旅游团游苏州园林时，一名48岁的游客突然昏倒在地，口吐白沫不省人事，在场的游客都慌了神，该游客的夫人当即哭了起来，面对游客突发急病，应该如何处理？

【任务分析】

情境一，是属于游客在游程中一般的患病问题，在导游工作中会经常遇到，导游服务工作职责中就有对游客在游程中生活照料的职责，所以当游客患病时，导游应该承担起照料的任务，解决就医问题，并给予关心。使游客得到照顾，通过导游的细心服务，使之尽快康复，确保不会因为个别游客的生病，影响到整个旅游团顺利正常的旅行。

情境二，是属于游客在游程中患急性病的问题，在长期的导游生涯中也难免会遇到此类问题，如果导游没有处理此类事故的能力，延误急救治疗时间，可能会因此导致游客的死亡，所以当机立断处理疾病突发的事故是导游服务工作职责所在，是导游人员必须掌握的能力。

 知识链接

知识点一　旅游者患病的预防与处理

（一）旅游者患病的预防

由于长途旅行的劳累、水土不服、气候变化、起居习惯改变等原因，使旅游者体力消耗较多，尤其是年老、体弱的旅游者在旅游期间患病的情况时有发生。一旦患重病，不仅对旅游者造成痛苦，而且也可能影响到旅游活动的顺利进行。因此，导游人员应多方面了解旅游者的身体状况，照顾好他们的生活，尽可能地采取以下措施预防旅游者生病。

① 导游人员应多方面了解旅游者的健康情况，做到心中有数。接团前通过研究接待计划了解成员的年龄构成；通过察言观色进行分析，如走路缓慢、费力、身体肥胖、异常的面部表情和举止等，这些都有可能是某些突发疾病的症状。

② 计划、安排活动日程要留有余地，做到劳逸结合。当日参观游览的项目不能过多；体力消耗大的项目不要集中安排，做到劳逸结合；晚间安排活动时间不宜过长。

③ 地陪要做好天气预报工作，根据每天的天气预报提醒旅游者及时增减衣服、携带雨具、穿戴适宜的鞋帽等；在干燥季节、炎热天气提醒旅游者多喝水、多吃水果。

④ 提醒旅游者不要买小贩的食品、不喝生水、不吃不洁的食物，注意饮食卫生。

（二）旅游者患一般疾病的处理

① 劝其及早就医并多休息。旅游者患一般疾病时，导游人员要劝其尽早去医院看病并多休息。如有需要，应陪同患者前往医院就医。

② 关心旅游者病情。如果旅游者留在饭店休息，导游人员应主动询问其身体状况并安排好用餐，必要时通知餐厅为其提供送餐服务。

③ 游览回来后要到患者的房间去问候。

④ 向旅游者讲清看病费用自理，并提醒患者保留治疗的单据及收费凭证。

⑤ 严禁导游人员擅自给患者用药，如果旅游者要求导游人员为其买药，导游人员一般应拒绝。

（三）旅游者患重病及病危的处理

旅游者突患重病，导游人员应全力以赴，采取措施就地抢救。

1. 在途中突然患病

① 在征得患者、患者亲属或领队同意后，立即将其送往就近的医院，或拦车将其送往医院，或叫救护车。如改乘其他车辆不变可暂时中止旅行，让旅行车先开到医院。

② 及时将情况报告旅行社。一般情况下，由全陪、领队或患者亲友陪同患者前往医院，若旅游团无全陪和领队，导游人员应请旅行社派人帮助。如有突发心脏病等重病的旅游者，经医生诊断必须抢救、住院治疗者，如果患者因经济困难需要旅行社先垫付其医药费用，应让团中患者的亲属、领队或病人自己留下凭证，以便日后索还。如无特殊情况，所有医疗费用均应自理。

2. 在景点突然患病

① 不要搬动患病旅游者，让其就地坐下或躺下。

② 立即拨打电话叫救护车。

③ 请求景点工作人员或管理部门帮助。

④ 及时向接待社报告。

3. 在饭店突然患病

立即通知饭店医务人员前来救治，然后送往医院，并及时将情况报告旅行社。

4. 在旅行途中突然患病

① 就地抢救，让其亲友或领队在患者身上找其常服用的药物服下，疏散人群。

② 请求交通工具上的服务人员帮助，通过交通工具上的广播系统在乘客中寻找医生，对患者进行抢救。

③ 设法通知下一站急救中心和旅行社准备抢救。

5. 旅游者病危的处理

① 游客病危，需要送往急救中心或医院抢救时，需由患者家属、领队或患者亲友陪同前往。

② 如果患者是国际急救组织的投保者，导游人员应提醒其亲属或领队及时与该组织的代理机构联系。

③ 在抢救过程中，需要领队或患者亲友在场，并详细记录患者患病前后的症状及治疗情况，并请接待社领导到现场或与接待社保持联系。随时汇报患者情况。

④ 如果需要做手术，须征得患者亲属的同意，如果亲属不在，需由领队同意并签字。

⑤ 若患者病危，但亲属又不在身边时，导游人员应提醒领队及时通知患者亲属。如果患者亲属系外国人士，导游员要提醒领队通知所在国使、领馆。患者亲属到后，导游人员要协助其解决生活方面的问题；若找不到亲属，一切按使、领馆的书面意见处理。

⑥ 有关诊治、抢救或动手术的书面材料，应由主治医生出具证明并签字，要妥善保存。

⑦ 地陪应请求接待社领导派人帮助照顾患者、办理医院的相关事宜，同时安排好旅游团继续按计划活动，不得将全团活动中断。

⑧ 患者转危为安但仍需要继续住院治疗，不能随团继续旅游或出境时，接待社领导和导游人员（主要是地陪）要不时去医院探望，帮助患者办理分离签证、延期签证以及出院、回国手续及交通票证等事宜。

⑨ 患者住院和医疗费用自理。如患者没钱看病，请领队或组团社与境外旅行社、其家人或保险公司联系解决其费用问题。

⑩ 患者在离团住院期间未享受的综合服务费由中外旅行社之间结算后，按协议规定处理。患者亲属在护理患者患病期间的一切费用自理。

案 例　9-6

游客冻伤谁之过

某国际旅行社组织了一个赴长白山旅游团，委派黄某作为全程导游随团服务。当旅游团将要攀登天池的前一天晚上，一些团员询问黄某，上天池是否要多添衣服。黄某根据多次在这个季节上天池的经验，回答游客不必多添，以便轻装上山。翌日，该团游客在黄某及地陪的引导下上了天池，不料，天突降大雪，气温骤然下降，黄某急忙引导游客下山，但由于有些客人未带衣帽围巾等御寒之物，致使不少人耳、鼻及手脚严重冻伤。其中4人经医院诊断为重度冻伤。为此，游客投诉导游黄某，要求黄某承担医治冻伤等费用，并赔偿因此造成的损失。黄某所属的国际旅行社接到此投诉后，认为此次冻伤事故是由于黄某工作失误所致，责令其自行处理游客投诉，旅行社不承担任何责任；黄某则认为此起冻伤事故是由于天气突然变化所致，是出乎意料的事情，与其无关，不应由其承担法律责任。

【分析与提示】

在本案例中，旅行社的说法是不正确的。依据《导游人员管理条例》规定，导游人员是受旅行社委派，为旅游者提供向导、讲解及相关旅游服务的人员。黄某既然是受旅行社的委派，那么，旅行社就要对其工作人员承担责任，因此，旅行社不能让黄某自行处理此项投诉，旅行社应承担相应的法律责任。

　　导游黄某的说法也不正确。依据《导游人员管理条例》的规定，导游人员在引导旅游者旅行、游览过程中，应当就可能发生危及旅游者人身、财物安全的情况，向旅游者作出真实说明和明确警示，并按照旅行社的要求采取防止危害发生的措施。黄某作为此条线路多次带团的导游，应当预见到长白山气候多变，他应当提醒游客多添衣服，但黄某却没有，以致造成冻伤事故，所以，黄某认为冻伤事故与其工作无关的说法不正确。

　　依照《旅行社管理条例》及《导游人员管理条例》的规定，导游员和旅行社都要承担相应的法律责任。所以，导游在工作中，不要仅凭经验，一定要考虑周全，否则后果不堪设想。

　　案例选自孔永生主编．导游细微服务．

知识点二　旅游者死亡的处理

　　当出现旅游者患病抢救无效、不幸死亡等的情况时，导游人员应沉着冷静，立即向当地接待社报告，按旅行社的意见和有关规定办理，不得自行其是。在处理每个环节时都应有文字依据，以备需要时查证。导游人员应稳定其他旅游者的情绪，并继续做好旅游团的接待工作。

　　① 旅游者如属于非正常死亡，导游人员应保护现场并立即报告公安部门和旅行社，协助查明死因。

　　② 如死者的亲属不在身边，导游人员必须立即通知其亲属；如死者的亲属属于外籍人士，应提醒领队或经由外事部门及早通知死者所属驻华使、领馆。亲属到后，要安排好他们的生活。

　　③ 由参加抢救的医师向死者的亲属、领队及死者的好友详细报告抢救经过，并写出抢救经过报告、死亡诊断证明书，由主治医师签字后盖章并复印，分别交给死者的亲属、领队和旅行社。

　　④ 对死者一般不做尸体解剖，如家属要求解剖尸体，应由死者的亲属和领队提出书面申请，经医院同意后方可进行。

　　⑤ 死者的遗物由其亲属或领队、死者生前好友代表、全陪、接待社代表共同清点，列出清单，一式两份，上述人员签字后分别保存。遗物由死者的亲属或领队带回（或交使、领馆）。

　　⑥ 稳定旅游团其他人员并继续活动。必要时请领队向全团宣布对死者抢救经过，安排当时气氛的活动，继续做好旅游团的接待工作。

　　⑦ 如有悼念活动，导游人员需要参加。

　　⑧ 遗体的处理，一般应以在当地火化为宜。遗体火化前，应由死者的亲属或领队（或代表）写出火化申请表，交我方保留。

　　⑨ 死者的亲属要求将遗体运送回国，除需办理上述手续外，还应由医院对尸体进行防腐处理，由殡仪馆成殓，并发给装殓证明书。灵柩要用铁皮密封，外椁要包装结实。

⑩ 如旅游者死亡地点不是出境口岸，应由地方检疫机关发给死亡地点至出境口岸的检疫证明"外国人运带灵柩（骨灰）许可证"，然后由出境口岸的检疫机关发给中华人民共和国××检疫站"尸体/灵柩/进/出境许可证"，再由死者所持护照国驻华使、领馆办理一张遗体灵柩经由国家的通行护照，此证随灵柩一起同行。

⑪ 在整个处理过程中，应注意的问题是：必须有死者亲属、领队、使领馆人员和旅行社有关领导在场，导游人员切忌单独行事；在有些环节还需要公安部门、旅游局、保险公司有关人员在场；每个重要环节应有文字依据，以便事后查证，口头协议和承诺均无效；事故处理后，将全部报告、证明文件、清单及有关材料存档备案。

任务实训

【实训目标】

通过本任务的实训，使学生了解游客患病的预防措施，掌握在导游过程中游客患一般疾病和患疾病的处理能力。

【实训步骤】

一、实训准备

1. 根据教师下发的情境资料进行准备。

2. 根据情境材料中的角色进行分组。

二、实训内容

1. 学习游客患病的预防措施及游客患病、死亡的处理方法，根据操作要点和注意事项进行模拟实训。

2. 实训案例

［案例1］长春导游员小李接待一西安旅游团时，在游览过程中，发现一名游客无精打采，经询问其患感冒现在还在发烧。

［案例2］广州导游张小姐接待了一个马来西亚团队，住在一家五星级酒店。在旅游途中，团内一名60多岁的老人在房间内因突发心脏病猝死。

［案例3］某旅游团乘车在崎岖的山路上行进时，一些客人感到头晕、恶心。

［案例4］来自南京的一旅游团午餐后到颐和园景区游览。在地陪买门票、全陪和游客在景区门口等候进园的时候，一中年女游客突发癫痫，口吐白沫、不省人事。

3. 分组讨论案例。

4. 分组模拟地陪、全陪、领队处理游客患病、死亡问题。

三、实训总结

1. 学生互评。

2. 教师点评。

3. 企业打分。

4. 汇总实训成绩。

实训评价表

评价项目与内容		小组评价	教师评价	企业评价
课前准备 （20分）	下发计划准备			
	分组准备			
程序完整规范 （30分）	游客患一般疾病的处理			
	游客患重病的处理			
	游客昏倒晕厥的处理			
	游客死亡的处理			
服务规范 （20分）	能正确运用导游服务标准			
应变能力 （10分）	遇事情绪稳定、思维敏捷、考虑问题周到，能够及时妥善处理突发事件和特殊问题			
职业素养 （20分）	关注游客身体状况，做好随时提醒工作；服务态度热情，游客至上			
总成绩				

任务七　旅游者越轨行为的处理

任务情境

情境一

有一个台湾旅游团来福建旅游，在游玩福建闽西乡村土楼后，一位游客说：大陆搞什么社会主义，老百姓还不是仍旧住在土楼子里吗？对此言论，作为导游你应该如何应对？

情境二

有一个日本旅游团在南京旅游时，在雨花台一带，摆出一些祭祀用品，欲进行宗教祭祀活动，作为导游你应该如何处理此事件？

情境三

一个旅游团晚上在丽江古城旅游时，在某酒吧又唱又喝，其中两位游客喝高了，就开始砸酒瓶闹事，面对这种情形，作为导游你应该如何处理？

【任务分析】

情境一，属于游客攻击和污蔑大陆社会主义制度的言论，听到这样的言论，导游要对其言论进行分析，而不是不闻不管，有责任进行妥善的处理。

情境二，属于非法的宗教行为。根据我国法律规定，我国宗教信仰是自由的，合法的宗教活动是受法律保护的，但若旅游者在旅游地散发宗教宣传品或主持宗教活动或进行布道活动，导游应向其指出不经我国宗教团体邀请和允许，不得在我国境内进行上述活动。导游应该立即阻止游客的行为。

情境三，游客酗酒而引起的闹事，影响他人的行为，属于违规行为，导游发现后，要及时劝阻，并进行及时处理。

知识链接

越轨行为一般是指旅游者侵犯一个主权国家的法律和世界公认的国际准则的行为。外国旅游者在中国境内必须遵守中国的法律，若犯法，必将受到中国法律的制裁。

旅游者的越轨言行属于个人问题，但处理不当会产生不良后果。因此，处理此类问题要慎重，事前要认真调查核实，分清越轨行为和非越轨行为的界限，分清有意和无意的界限，分清无故和有因的界限，分清言论和行为的界限。

导游人员应积极向旅游者介绍中国的有关法律及注意事项，多做提醒工作，以免个别旅游者无意中做出越轨、犯法行为；发现可疑现象，导游人员要有针对性地给予必要的提醒和警告，迫使预谋越轨者知难而退；对顽固不化者，其越轨言行一经发现应立即汇报，协助有关部门进行调查，分清性质。处理这类问题要严肃认真，要实事求是，合情、合理、合法。

知识点一　对旅游者攻击诬蔑言论的处理

由于政治观点和社会制度的差异，海外旅游者可能对中国的方针政策及国情不理解甚至是误解，在一些问题上存在分歧。因此，导游人员要积极地宣传中国，认真回答旅游者的问题，友好地介绍我国的国情，阐明我方对某些问题的立场、观点，求同存异，友好相处。

但是，若有人站在敌对立场上进行攻击和诬蔑，导游人员要严正驳斥。驳斥要理直气壮、观点鲜明、立场坚定，必要时报告有关部门，查明后严肃处理。

案　例　9-7

巧妙的回答

北京某旅行社的导游带了一个台湾团，游览之余途经三里屯使馆区一带，她便向游客逐一介绍了路边的几家大使馆，无非是说这是某某国家的大使馆，助助兴而已。团里有一位四十多岁的客人对她说："导游小姐，请你回答我一个问题好吗？我们台湾什么时候能在这里建大使馆呀？"导游的头"嗡"地一下好像大了一圈，立刻意识到问题的严重性。游客的这个无礼问题分明是一种挑衅，他不仅蔑视和侮辱了国家，同时也蔑视和侵犯了自己。这个无法宽容也无法回避的问题关系到国格、人格，必须针锋相对予以回答，然而还要考虑法律、纪律和礼貌的因素，当时她急中生智，回答那位客人说："大使馆是两个主权国家互相设在对方首都的外交机构，台湾是中国的一部分，是一个省，怎么能在北京设什么大使馆呢？要设也只能设驻京办事处呀，就像全国各省在北京都设的那种办事处一样。要是设这种办事处，我认为应该越早越好。"

【分析与提示】

"内外有别"是每个涉外工作人员必须遵守的纪律，导游讲解既要遵守外事纪律，又要保持热情友好的态度，不卑不亢，有理、有力、有节，求同存异，绝不能无理、无礼，乃至丧失国格、人格。在案例中，导游员巧妙的回答，回击了那位台湾游客的别有用心，也维护了国格、人格。

摘自：孔永生主编. 导游细微服务.

知识点二 对旅游者违法行为的处理

社会制度和传统习惯的不同导致各个国家的法律不完全一样。对因缺乏了解中国的法律和传统习惯而做出违法行为的旅游者，导游人员要讲清道理，指出错误责任，并报告有关部门，根据情节适当处理；对明知故犯者，导游人员要提醒警告，并配合有关部门严肃处理，情节严重者应绳之以法。

旅游者中若有人窃取我国政治机密和经济情报，走私，贩毒，偷窃文物，倒卖金银，套购外汇，贩卖黄色书刊及录音、录像带，进行嫖娼、卖淫等犯罪活动，导游人员一旦发现这类违法行为，应立即汇报，并配合司法部门查明罪责，严肃处理。

知识点三 对散发宗教宣传品行为的处理

游客若在中国散发宗教宣传品，导游人员一定要予以劝阻，并向其宣传中国的宗教政策，指出不经我国宗教团体邀请和允许，不得在我国布道、主持宗教活动和在非完备活动场合散发宗教宣传品。处理这类事件要注意政策界限和方式方法，但对不听劝告并有明显破坏活动者，应迅速报告，由司法、公安有关部门处理。

知识点四 对异性越轨行为的处理

当发生外国旅游者对中国异性行为不轨时，导游人员应阻止，并告知中国人的道德观念和异性间的行为准则；对不听劝告者应严正指出问题的严重性，必要时采取断然措施，报告有关部门依法处理。

知识点五 对酗酒闹事者的处理

旅游者酗酒，导游人员应先对其进行规劝并严肃指明可能造成的严重后果，尽力阻止。不听劝告、扰乱社会秩序、侵犯他人、造成物质损失的肇事者必须承担一切后果，直至法律责任。

任务八 旅游安全事故的预防与处理

任务情境

情境一

山东某旅游团在云南旅游，在丽江到香格里拉的路上，导游与司机正在攀谈着。一个急转弯，前面来了一辆大卡车，旅游车紧急避让，车子撞到了路边的山岩上，当场，司机和靠窗的两位游客都受伤了，面对这种突如其来的交通事故，作为导游你应该如何处理？

情境二

某旅游团到桂林去旅游，到了下榻的饭店入住，房间为标准间。小李与小蒋两位年轻人被安排在 301 房间，进入房间后他们忘记了关门就打开了电视机，把行李一放，两人都靠在床上看起电视来，结果不知不觉间两人都睡着了，当他们打了个长盹醒来时，放在包中的一部数码相机和一部摄像机都被偷走了，他们马上找到导游，此时作为导游你应该如何处理？

情境三

某旅游团在重庆旅游时，下榻在一个三星级的旅游饭店，晚上有部分游客出去逛街，有的到火锅城吃火锅，回到饭店近 22 点 30 分了，在 24 点的时候，刚睡熟的人们在急促的火警声中惊醒，饭店娱乐楼层着火了，此时此刻作为导游你应该怎么做？

情境四

某旅游团在福建闽西客家土楼游玩后，就在村庄里面的饭店用餐，在回来的路上，多数游客出现了腹痛和上吐下泻的现象，有人怀疑是用餐不卫生引起的食物中毒，面对这样的情况作为导游你应该怎么办呢？

【任务分析】

情境一，涉及的是游程中出现了交通事故案例。出现交通事故，轻则伤，重则亡，是要特别注意的问题。造成交通事故的原因有多方面，在本情境中，是由于司机与导游攀谈没有专心开车，再加上急转弯与对面车辆会车引起的，事故中司机和游客都受了伤，面对这种突如其来的事故，导游要能够冷静而正确地进行果断处理。

情境二，是由于游客安全防范的观念不强，没有及时关好房门，让窃贼有机可乘，所造成的财物失窃发生在游客休息的时间，地点在饭店内，财物的失窃会给游客带来损失，也会影响其旅游的心情，使其对接待地治安环境产生不安全感，导游遇到此类问题时，应该积极和妥善加以处理。

情境三，旅游团在旅游期间遭遇饭店火灾是大事故，搞不好就会引起人员伤亡和财物损失。导游人员不但要有冷静与清醒，还必须知晓如何组织团队游客自救逃离，掌握具备在紧急情形情况下处理突发事故的能力。

情境四，旅游团在游程中出现食物中毒，会招致游客的抱怨、指责与投诉，直接影响到旅行社的整体服务质量和声誉，游客身体出了问题，也不能按照正常状态完成旅游行程，带来的负面影响是多方面的，面对这样的情况导游应及时采取一些急救处理方法，也要懂得如何来解决此类问题的环节与做法。

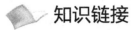 **知识链接**

国家旅游局在《旅游安全管理暂行办法实施细则》中规定：凡涉及旅游者人身、财产安全的事故均为旅游安全事故。旅行社接待过程中可能发生的旅游安全事故，主要包括交通事故、治安事故、火灾、食物中毒等。

知识点一 交通事故的预防与处理

（一）交通事故的预防

导游人员在接待工作中应该具有安全意识，协助司机做好安全行车工作。

① 接待旅游者前，提醒司机检查车辆，发现事故隐患及时提出更换车辆的建议。开车时导游人员不要与司机聊天，以免分散其注意力。

② 导游人员要在安排活动日程的时间上留有余地，不要催促司机为抢时间赶日程而违章、超速行驶。

③ 遇到不好天气（如下雨、下雪、有雾）、交通拥挤、路况不好等情况，要主动提醒司机注意安全，谨慎驾驶。

④ 导游人员要阻止非本车司机开车。还要提醒司机不要饮酒。如遇司机酒后开车，导游人员要立即阻止，并向旅行社领导汇报，请求改派其他车辆或调换司机。

⑤ 乘车及乘船超载，是造成交通事故的一个主要原因。导游人员发现有超载现象，要阻止旅游者上车（上船），必须把旅游者的安全放在第一位。

（二）交通事故的处理

1. 立即组织抢救

发生交通事故出现伤亡时，导游人员应立即组织现场人员迅速抢救受伤的旅游者，特别是抢救重伤员。如不能就地抢救，应立即将伤员送往就近的医院抢救。

2. 保护现场，立即报案

事故发生后，应指定专人保护现场，不要在忙乱中破坏现场，并尽快通知交通（交通事故报警电话122）、公安部门，请求派人来现场调查处理。

3. 迅速向旅行社汇报

导游人员应迅速向接待社领导和有关人员报告交通事故的发生和旅游者伤亡的情况，听取领导对下一阶段工作的指示。

4. 做好全团旅游者的安抚工作

交通事故发生后，导游人员应做好团内其他旅游者的安抚工作，继续组织安排好参观游览活动。事故原因查清后，要向全团旅游者说明情况。

5. 做好善后工作

请医院开出诊断和医疗证明书，并请公安部门开具交通事故证明书，以便向保险公司索赔。

6. 写出书面报告

交通事故处理结束后，导游人员要写出事故报告。内容包括：事故的原因和经过；抢救经过、治疗情况；事故责任及对责任者的处理；旅游者的情绪及对处理的反映等。报告力求详细、准确、清楚（最好和领队联名报告）。

知识点二 治安事故的预防与处理

在旅游活动过程中，遇到坏人行凶、诈骗、偷窃、抢劫导致旅游者身心及财物受到不同程度的损害的事件，统称治安事故。

导游人员在陪同旅游团（者）参观游览过程中遇到此类治安事故，必须挺身而出保护旅游者，决不能置身事外，更不得临阵脱逃。

（一）治安事故的预防

导游人员在接待工作中要时刻提高警惕，采取有效的措施防止治安事故的发生。

① 提醒旅游者不要将房号随便告诉陌生人；不要让陌生人或自称饭店的维修人员随便进入房间；出入房间锁好门，尤其是夜间不可贸然开门，以防止意外。

② 提醒旅游者不要与私人兑换外币，并讲清关于我国外汇管理规定。

③ 进入饭店内，导游人员应建议旅游者将贵重财物存入饭店保险柜，不要随身携带或放在房间内。

④ 离开游览车时，导游人员要提醒旅游者不要将证件或贵重物品遗留在车内。旅游者下车后，导游人员要提醒司机锁好车门、关好车窗。

⑤ 在旅游活动中，导游人员要始终和旅游者在一起，注意观察周围的环境和动向，经常清点人数。

⑥ 汽车行驶途中，不得停车让无关人员上车；若有不明身份者拦车，导游人员提醒司机不要停车。

（二）治安事故的处理

1. 保护旅游者的人身、财产安全

若歹徒向旅游者行凶、抢劫财物，在场的导游人员应毫不犹豫地挺身而出，勇敢地保护旅游者。立即将旅游者转移到安全地点，力争与在场群众、当地公安人员缉拿罪犯，追回钱物；如有旅游者受伤，应立即组织抢救。

2. 立即报警

治安事故发生，导游人员应立即向当地公安部门报案并积极协助破案。报案时要实事求是地介绍事故发生的时间、地点、案情和经过，提供作案者的特征，受害者的姓名、性别、国籍、伤势及损失物品名称、数量、型号、特征等。

3. 及时向领导报告

导游人员要及时向旅行社领导报告治安事故发生的情况并请求指示，情况严重时请领导前来指挥、处理。

4. 稳定旅游者的情绪

治安事故发生后，导游人员应采取必要措施稳定旅游者的情绪，努力使旅游活动顺利进行下去。

5. 写出书面报告

导游人员应写出详细、准确的书面报告，报告除上述内容外，还应写明案件的性质、采取的应急措施、侦破情况、受害者和旅游团其他成员的情绪及有何反应、要求等。

6. 协助领导做好善后工作

导游人员应在领导指挥下，准备好必要的证明、资料，处理好各项善后事宜。

知识点三　火灾事故的预防与处理

（一）火灾事故的预防

① 做好提醒工作。提醒旅游者不携带易燃、易爆物品，不乱扔烟头，不要躺在床上吸烟。

② 向旅游者讲明交通运输部门的有关规定，不得将不准作为行李运输的物品夹带在行李中。

③ 熟悉饭店楼层的安全出口、安全楼梯的位置及安全转移的路线，并向旅游者介绍。

④ 另外，导游人员应牢记火警电话（119），掌握领队和旅游者所住房间的号码。一旦发生了火情，能及时通知旅游者。

（二）发生火灾的处理

① 立即报警。

② 迅速通知领队及全团旅游者。

③ 配合工作人员，听从统一指挥，迅速通过安全出口疏散旅游者。

④ 引导大家自救。如果情况紧急，千万不要搭乘电梯或随意跳楼，导游人员要镇定地判断火情，引导大家自救。自救的方法有：若身上着火，可就地打滚，或用厚重衣物压灭火苗；必须穿过浓烟时，用浸湿的衣物披裹身体，捂着口鼻，贴近地面顺墙爬行；大火封门无法逃出时，可用浸湿的衣物、被褥堵塞门缝或泼水降温，等待救援；摇动色彩鲜艳的衣物呼唤救援人员。

⑤ 协助处理善后事宜。火灾发生后，导游人员应立即组织抢救受伤者；若有重伤者应迅速送医院，若有游客死亡，则应按有关规定处理；采取各种措施稳定旅游者的情绪，解决因火灾造成的生活方面的困难，设法使旅游活动继续进行；协助领导处理好善后事宜；写出翔实的书面报告。

案 例　9-8　

反应敏捷，避免灾难

　张家界导游小郭在 6 月接待了一个旅游团。游完金鞭溪，在奔赴下一个景点的

途中。小郭正面对游客做沿途的讲解，忽然他发现在车的后面蹿起一股火苗，并越过车顶。"坏了，车起火了！"这时司机师傅和游客都没有察觉。他很镇定地喊师傅停车，并对游客说："咱们的车出了故障，大家不要慌，现在马上下车。"这时游客才发现车后方起火。由于导游员镇定自若，游客也没有出现过度慌乱，迅速下车转移到安全地带。导游员和司机师傅一起救火，由于火势不大，很快扑灭了，没有造成财产损失。原来是车内空调长时间运行，造成导线过热引起火灾。小郭急忙向旅行社报告，重新换了一辆车。游客们无一受伤，只有两名游客胳膊蹭破了皮。晚餐时，旅行社领导亲自来慰问，为客人压惊，并提供了免费酒水，以弥补游客的损失。游客都说："多亏导游有经验，不慌不忙，指挥撤离。否则就会乱成一团，即使不被烧死，也会撞成重伤的。"

【分析与提示】

在案例中，导游员小郭遇到险情，沉着应对，避免了游客生命和财产的重大损失。所以，要想成为一名优秀的导游员，除了有娴熟的业务技巧外，还必须具备良好的心理品质。

导游人员在带团过程中，如果发生火灾事故，应该运用各种应对措施，减少火灾造成的损失。

摘自：孔永生主编. 导游细微服务.

知识点四　食物中毒的预防与处理

食物中毒是指旅游者因食用变质或不干净的食物后，在短时间内爆发的非传染性的、以急性症状为主的疾病的总称。

（一）食物中毒的预防

为防止食物中毒事故的发生，导游人员按以下方法预防。

① 严格执行在旅游定点餐厅就餐的规定。

② 提醒旅游者不要在小摊上购买食物，不喝生自来水等。

③ 用餐时，若发现食物、饮料不卫生，或有异味变质的情况，导游人员应立即要求更换，并要求餐厅负责人出面道歉，必要时向旅行社领导汇报。

（二）食物中毒的处理

发现旅游者有食物中毒症状，导游人员应按以下方法处理。

① 设法催吐并让食物中毒者多喝水以加速排泄，缓解毒性。

② 立即将患者送医院抢救，请医生开具诊断证明。

③ 迅速报告旅行社并追究供餐单位的责任。

案　例　9-9

吃水果也会食物中毒

几年前，一北京旅游团游览四川九寨沟。从成都到九寨沟全程 385 公里，一路上路况不好，加上用餐、如厕时间，旅游车走了约 10 个小时。路上到达一处山寨边时，大家看见路边有人贩卖水果，游客就要求停车，很多人买了经不法商贩"加工"过的"新鲜"水果，当场食用，以求补充体能和水分。但没想到，不到半个小时，就有人说肚子不舒服，在接下去的一个多小时里，全团30人竟有22人发病，其中包括全陪。看到这种情况，地陪介绍再往前开车1个多小时，就到松潘县城，那里有医院。于是旅游车赶往县城。导游人员则组织没有发病的游客，为病人喂水，帮他们擦汗，一路上安慰他们、照顾他们。在即将抵达县城时，地陪拨通了"120"电话，很快，急救车就迎上来了，对重病号进行救治。晚19时，到了县城。经过一夜紧急救治，除两人外，其他人基本康复。全陪、地陪和司机商量，决定由全陪留下照顾这两人，还留下其中一人的家属，其余游客则由地陪带领前往九寨沟；与旅游者商量后，决定放弃海拔较高的黄龙景区。次日，留下的两位游客也已康复，搭乘别团的旅游车赶到九寨沟，与大家一起游览。

【分析与提示】

① 旅游卫生直接关系着旅游者的健康安全和旅游活动进程，导游人员对此绝不能有半点懈怠。

② 反复强调饮食卫生的重要性，提醒游客不喝不洁之水，同时要特别注意时令水果、山珍、野味等食物的卫生。

③ 出现集体病状，不要慌乱，也不要延误时间，而应立即拨打"120"电话，向医生求援；切不可向游客随意提供药物。

④ 旅游团集体生病，有时不得不放弃某些活动，但事先要与旅游者商量。至于索赔，旅游者可参照旅游合同。

任务实训

【实训目标】

通过本任务的实训，使学生学会有效预防和正确处理各种安全事故。

【实训步骤】

一、实训准备

1. 根据教师下发的情境资料进行准备。

2. 根据情境材料中的角色进行分组。

二、实训内容

1. 学习旅游安全事故预防与处理的原则和方法，根据操作要点和注意事项进行模拟实训。

2. 实训案例

[案例1] 某旅游团在某景区游览时，因路况不佳，旅游车不慎翻倒，造成三人重伤，多人轻伤。

[案例2] 旅游团入住酒店不久，酒店因电路短路而引发楼层失火，旅游者惊慌失措，为保证游客尽快疏散，导游员引导游客自救。

[案例3] 一旅游团在黑龙江雪乡游览后，在村庄里的一家餐厅用餐，在返程途中，多名游客出现了腹痛和上吐下泻的现象。

3. 分组讨论案例。

4. 分角色（地陪、全陪、领队和公安人员等）模拟处理以上案例中的问题。

三、实训总结

1. 学生互评。

2. 教师点评。

3. 企业打分。

4. 汇总实训成绩。

实训评价表

评价项目与内容		小组评价	教师评价	企业评价
课前准备 （20分）	下发计划准备			
	分组准备			
程序完整规范 （30分）	交通事故的处理			
	火灾事故的处理			
	食物中毒的处理			
服务规范 （20分）	能正确运用导游服务标准			
应变能力 （10分）	遇事情绪稳定、思维敏捷、考虑问题周到，能够及时妥善处理突发事件和特殊问题			
职业素养 （20分）	处理问题果断、及时、科学、临危不惧，安全意识强，责任心强，服务意识强			
总成绩				

项目小结

本项目介绍了导游在工作中所可能会遇见的各种问题与事故，对问题与事故发生的各种原因进行了分析，着重阐述了导游员在旅游途中，遇到突发事件时的应变措施和预防发生的工作方法。通过学习认识到导游员在处理各种问题和事故时，既要有冷静清醒的头脑、谦虚谨慎的态度和灵活的应变能力，又要具备旅游心理学和旅游法规的相关知识，严格将有关政策法规作为处理问题的准绳，在处理过程中还要掌握较好的方法，才能圆满地解决问题。

复习思考题

1. 旅游团若因客观原因需缩短或延长在一地的停留时间，地陪将如何处理？

2. 漏接情况发生后，导游人员应如何处理？

3. 什么是错接？如何预防错接？错接事故一旦发生将如何处理？

4. 误机（车、船）时，导游员应采取什么应急措施？怎样避免误机（车、船）事故？

5. 导游员应怎样处理旅游者的证件？外国旅游者的护照丢失了导游员应怎样

帮助协助失者顺利出境？

6. 当旅游团中的旅游者丢失了贵重物品时，地陪应怎样帮助失主？

7. 旅游团抵达下榻的饭店后，团中的一位旅游者，找到地陪着急地说：其他旅游者都拿到了行李，唯独没有他的。请问此时地陪应怎样做？

8. 在乘坐火车途中，一老年旅游者心脏病复发，病情严重，全陪应采取哪些措施？

9. 当外国旅游者出言不逊，攻击、诬蔑中国时，导游员应该怎么办？

10. 一名英国旅游者不慎跌入山沟，非常危险，导游人员此时应该怎么办？怎样向外界求援？

综合案例

1. 缩短一地行程

导游员小赵接待一个旅游团，原计划 6 月 18 日 16:00 乘××航班离开 A 市去 B 市。临行前的晚上，小赵接到计调的通知，时值旅游旺季，因机票问题，该团必须改乘 6 月 18 日 8:00 的航班离开 A 市去 B 市。接到通知后，小赵立即找到领队说明旅游团提前结束 A 市游览的原因，并向旅游者宣布第二天的叫早、行李交接、早餐及出发时间，同时做好其他离店准备工作。第二天早上，旅游者按时赶往机场，车快到机场时，团内一名客人说她有一块名贵的手表遗忘在饭店客房的床头柜上了，坚持要求驱车返回去取，而此时已经没有回去取的时间了。

讨论

1. 如果你是小赵怎么处理这个缩短行程的问题？

2. 当客人坚持回去取她遗落的手表时，地陪应该怎么办？

2. 突发疾病的处理

一个日本旅游团到中国东北三省旅游，首站是大连。这个团队是由老年旅游者组成的，地陪小陈在领他们游览星海广场时，团队中的一位 60 多岁的老人突然晕倒，其夫人顿时手足无措……因及时送到医院抢救脱离危险，原来老人是突发脑出血，不能继续随团旅游，仍然需要住院治疗。一个月后，老人病情稳定，返日。

讨论

1. 老人在游览中突然晕倒时，小陈应该怎么办？

2. 在医院抢救过程中，小陈应该做哪些工作？

3. 老人住院治疗不能随团活动期间，小陈要做哪些工作？

附录1 《导游服务质量》
（GB/T 15971—1995）

1 范围

本标准规定了导游服务的质量要求，提出了导游服务过程中若干问题的处理原则。本标准适用于各类旅行社的接待旅游者过程中提供的导游服务。

2 定义

标准采用下列定义。

2.1 旅行社

依法设立并具有法人资格，从事招徕、接待旅行者，组织旅游活动，实行独立核算的企业。

2.2 组团旅行社（简称组团社）

接受旅游团（者）或海外旅行社预定，制定和下达接待计划，并可提供全程陪同导游服务的旅行社。

2.3 接待旅行社（简称接待社）

接受组团社的委托，按照接待计划委派地方陪同导游人员，负责组织安排旅游团（者）在当地参观游览等活动的旅行社。

2.4 领队

受海外旅行社委派，全权代表该旅行社带领旅游团从事旅游活动的工作人员。

2.5 导游人员

持有中华人民共和国导游资格证书、受旅行社委派、按照接待计划，从事陪同旅游团（者）参观、游览等工作的人员。导游人员包括全程陪同导游人员和地方陪同导游人员。

2.5.1 地方陪同导游人员（简称地陪）

受接待旅行社委派，代表接待社，实施接待计划，为旅游团（者）提供当地旅游活动安排、讲解、翻译等服务的导游人员。

2.5.2 全程陪同导游人员（简称全陪）

受组团旅行社委派，作为组团社的代表，在领队和地方陪同导游人员的配合下实施接待计划，为旅游团（者）提供全旅程陪同服务的导游人员。

3 全陪服务

全陪服务是保证旅游团（者）的各项旅游活动按计划实施，旅行顺畅、安全的重要因素之一。

全陪作为组团社的代表，应自始至终参与旅游团（者）全旅程的活动，负责旅游团（者）移动中各环节的衔接，监督接待计划的实施，协调领队、地陪、司机等旅游接待人员的协作关系。

全陪应严格按照服务规范提供各项服务。

3.1 准备工作要求

准备工作是全陪服务的重要环节之一。

3.1.1 熟悉接待计划

上团前，全陪要认真查阅接待计划及相关资料，了解旅游团（者）的全面情况，注意掌握其重点和特点。

3.1.2 做好物质准备

上团前，全陪要做好必要的物质准备，携带必备的证件和有关资料。

3.1.3 与接待社联络

根据需要，接团的前一天，全陪应同接待社取得联系，互通情况，妥善安排好有关事宜。

3.2 首站（入境站）接团服务要求

首站接团服务要使旅游团（者）抵达后能立即得到热情友好的接待，旅游者有宾至如归的感觉。

a. 接团前，全陪应向接待社了解本站接待工作的详细安排情况；

b. 全陪应提前半小时到接站地点迎候旅游团（者）；

c. 接到旅游团（者）后，全陪应与领队核实有关情况；

d. 全陪应协助领队向地陪交接行李；

e. 全陪应代表组团社和个人向旅游团（者）致欢迎辞。欢迎辞应包括表示欢迎、自我介绍、表示提供服务的真诚愿望、预祝旅行顺利愉快等内容。

3.3 进住饭店服务要求

进住饭店服务应使旅游团（者）进入饭店后尽快完成住宿登记手续、进住客房、取得行李。为此，全陪应积极主动地协助领队办理旅游团的住店手续，并热情地引导旅游者进入房间，还应协助有关人员随时处理旅游者进店过程中可能出现的问题。

3.4 核对商定日程

全陪应认真与领队核对、商定日程。如遇难以解决的问题，应及时反馈给组团社，并使领队得到及时的答复。

3.5 各站服务要求

全陪各站服务，应使接待计划得以全面顺利实施，各站之间有机衔接，各项服务适时、到位，保护好旅游者人身及财产安全，突发事件得到及时有效处理，为此：

a. 全陪应向地陪通报旅游团的情况，并积极协助地陪工作；

b. 监督各地服务质量，酌情提出改进意见和建议；

c. 出现突发事件按附录 A（标准的附录）的有关原则执行。

3.6 离站服务要求

全陪应提前提醒地陪落实离站的交通票据及准确时间，协助领队和地陪妥善办理离店事宜，认真做好旅游团（者）搭乘交通工具的服务。

3.7 途中服务要求

在向异地移动途中，无论乘坐何种交通工具，全陪应提醒旅游者注意人身和物品的安全；组织好娱乐活动，协助安排好饮食和休息，努力使旅游团（者）旅行充实、轻松、愉快。

3.8 末站（离境站）服务要求

末站（离境站）的服务是全陪服务中最后的接待环节，要使旅游团（者）顺利离开末站（离境站），并留下良好的印象。

在当次旅行结束时，全陪应提醒旅游者带好自己的物品和证件，征求旅游者对接待工作的意见和建议，对旅途中的合作表示感谢，并欢迎再次光临。

3.9 处理好遗留问题

下团后，全陪应认真处理好旅游团（者）的遗留问题。

全陪应认真、按时填写《全陪日志》或其他旅游行政管理部门（或组团社）所要求的资料。

4 地陪服务

地陪服务是确保旅游团（者）在当地参观游览活动的顺利，并充分了解和感受参观游览对象的重要因素之一。

地陪应按时做好旅游团（者）在本站的迎送工作；严格按照接待计划，做好旅游团（者）参观游览过程中的导游讲解工作和计划内的食宿、购物、文娱等活动的安排；妥善处理各方面的关系和出现的问题。

地陪应严格按照服务规范提供各项服务。

4.1 准备工作要求

做好准备工作，是地陪提供良好服务的重要前提。

4.1.1 熟悉接待计划

地陪应在旅游团（者）抵达之前认真阅读接待计划和有关资料，详细、准确地了解该旅游团（者）的服务项目和要求，重要事宜做好记录。

4.1.2 落实接待事宜

地陪在旅游团（者）抵达的前一天，应与各有关部门或人员落实、核查旅游团（者）的交通、食宿、行李运输等事宜。

4.1.3 做好物质准备

上团前，地陪应做好必要的物质准备，带好接待计划、导游证、胸卡、导游旗、接站牌、结算凭证等物品。

4.2 接站服务要求

在接站过程中，地陪服务应使旅游团（者）在接站地点得到及时、热情、友好的接待，了解在当地参观游览活动的概况。

4.2.1 旅游团（者）抵达前的服务安排

地陪应在接站出发前确认旅游团（者）所乘交通工具的准确抵达时间。

地陪应提前半小时抵达接站地点，并再次核实旅游团（者）抵达的准确时间。

地陪应在旅游团（者）出站前与行李员取得联络，通知行李员行李送往的地点。地陪应与司机商定车辆停放的位置。

地陪应在旅游团（者）出站前持接站标志，站立在出站口醒目的位置热情迎接旅游者。

4.2.2　旅游团（者）抵达后的服务

旅游团（者）出站后，如旅游团中有领队或全陪，地陪应及时与领队、全陪接洽。

地陪应协助旅游者将行李放在指定位置，与领队、全陪核对行李件数无误后，移交给行李员。

地陪应及时引导旅游者前往乘车处。旅游者上车时，地陪应恭候车门旁。上车后，应协助旅游者就座，礼貌地清点人数。

行车过程中，地陪应向旅游团（者）致欢迎辞并介绍本地概况。欢迎辞内容应包括：

　　a. 代表所在接待社、本人及司机欢迎旅游者光临本地；

　　b. 介绍自己姓名及所属单位；

　　c. 介绍司机；

　　d. 表示提供服务的诚挚愿望；

　　e. 预祝旅游愉快顺利。

4.3　入店服务要求

地陪服务应使旅游者抵达饭店后尽快办理好入店手续，进住房间，取到行李，及时了解饭店的基本情况和住店注意事项，熟悉当天或第二天的活动安排，为此地陪应在抵饭店的途中向旅游者简单介绍饭店情况及入店、住店的有关注意事项，内容应包括：

　　a. 饭店名称和位置；

　　b. 入店手续；

　　c. 饭店的设施和设备的使用方法；

　　d. 集合地点及停车地点。

旅游团（者）抵饭店后，地陪应引导旅游者到指定地点办理入店手续。

旅游者进入房间之前，地陪应向旅游者介绍饭店内就餐形式、地点、时间，并告知有关活动的时间安排。

地陪应等待行李送达饭店，负责核对行李，督促行李员及时将行李送至旅游者房间。

地陪在结束当天活动离开饭店之前，应安排好叫早服务。

4.4　核对、商定节目安排

旅游团（者）开始参观游览之前，地陪应与领队、全陪核对、商定本地节目安排，并及时通知到每一位旅游者。

4.5　参观游览过程中的导游、讲解服务要求

参观游览过程中的地陪服务，应努力使旅游团（者）参观游览全过程安全、顺利。应使旅游者详细了解参观游览对象的特色、历史背景等及其他感兴趣的问题。

4.5.1　出发前的服务

出发前，地陪应提前十分钟到达集合地点，并督促司机做好出发前的各项准备工作。

地陪应请旅游者及时上车。上车后，地陪应清点人数，向旅游者报告当日重要新闻、天气情况及当日活动安排，包括午、晚餐的时间、地点。

4.5.2 抵景点途中的讲解

在前往景点的途中，地陪应相机向旅游者介绍本地的风土人情、自然景观，回答旅游者提出的问题。

抵达景点前，地陪应向旅游者介绍该景点的简要情况，尤其是景点的历史价值和特色。抵达景点时，地陪应告知在景点停留的时间，以及参观游览结束后集合的时间和地点。地陪还应向旅游者讲明游览过程中的有关注意事项。

4.5.3 景点导游、讲解

抵达景点后，地陪应对景点进行讲解。讲解内容应繁简适度，应包括该景点的历史背景、特色、地位、价值等方面的内容。讲解的语言应生动，富有表达力。

在景点导游的过程中，地陪应保证在计划的时间与费用内，旅游者能充分地游览、观赏，做到讲解与引导游览相结合，适当集中与分散相结合，劳逸适度，并应特别关照老弱病残的旅游者。

在景点导游的过程中，地陪应注意旅游者的安全，要自始至终与旅游者在一起活动，并随时清点人数，以防旅游者走失。

4.6 旅游团（者）就餐时对地陪的服务要求

旅游团（者）就餐时，地陪的服务应包括：

a. 简单介绍餐馆及其菜肴的特色；

b. 引导旅游者到餐厅入座，并介绍餐馆的有关设施；

c. 向旅游者说明酒水的类别；

d. 解答旅游者在用餐过程中的提问，解决出现的问题。

4.7 旅游团（者）购物时对地陪的服务要求

旅游团（者）购物时，地陪应：

a. 向旅游团（者）介绍本地商品的特色；

b. 随时提供旅游者在购物过程中所需要的服务，如翻译、介绍托运手续等。

4.8 旅游团（者）观看文娱节目时对地陪的服务要求

旅游团（者）观看计划内的文娱节目时，地陪的服务应包括：

a. 简单介绍节目内容及其特点；

b. 引导旅游者入座。

在旅游团（者）观看节目过程中，地陪应自始至终坚守岗位。

4.9 结束当日活动时的服务要求

旅游团（者）在结束当日活动时，地陪应询问其对当日活动安排的反映，并宣布次日的活动日程、出发时间及其他有关事项。

4.10 送站服务要求

旅游团（者）结束本地参观游览活动后，地陪服务应使旅游者顺利、安全离站，遗留问题得到及时妥善的处理。

a. 旅游团（者）离站的前一天，地陪应确认交通票据及离站时间，通知旅游者移交行李和与饭店结账的时间；

b. 离饭店前，地陪应与饭店行李员办好行李交接手续；

c. 地陪应诚恳征求旅游者对接待工作的意见和建议，并祝旅游者旅途愉快；

d. 地陪应将交通和行李票证移交给全陪、领队或旅游者；

e. 地陪应在旅游团（者）所乘交通工具起动后方可离开；

f. 如系旅游团（者）离境，地陪应向其介绍办理出境手续的程序。如系乘机离境，地陪还应提醒或协助领队或旅游者提前 72 小时确认机座。

4.11 处理好遗留问题

下团后，地陪应认真处理好旅游团（者）的遗留问题。

5 导游人员的基本素质

为保证导游服务质量，导游人员应具备以下基本素质。

5.1 爱国主义意识

导游人员应具有爱国主义意识，在为旅游者提供热情有效服务的同时，要维护国家的利益和民族的自尊。

5.2 法规意识和职业道德

5.2.1 遵纪守法

导游人员应认真学习并模范遵守有关法律及规章制度。

5.2.2 遵守公德

导游人员应讲文明，模范遵守社会公德。

5.2.3 尽职敬业

导游人员应热爱本职工作，不断检查和改进自己的工作，努力提高服务水平。

5.2.4 维护旅游者的合法权益

导游人员应有较高的职业道德，认真完成旅游接待计划所规定的各项任务，维护旅游者的合法权益。对旅游者所提出的计划外的合理要求，经主管部门同意，在条件允许的情况下应尽力予以满足。

5.3 业务水平

5.3.1 能力

导游人员应具备较强的组织、协调、应变等办事能力。

无论是外语、普通话、地方语和少数民族语言导游人员，都应做到语言准确、生动、形象、富有表达力，同时注意使用礼貌用语。

5.3.2 知识

导游人员应有较广泛的基本知识，尤其是政治、经济、历史、地理以及国情、风土习俗等方面的知识。

5.4 仪容仪表

导游人员应穿工作服或指定的服装，服装要整洁、得体。

导游人员应举止大方、端庄、稳重，表情自然、诚恳、和蔼，努力克服不合礼仪的生活习惯。

6 导游服务质量的监督与检查

各旅行社应建立健全导游服务质量的检查机构，依据本标准对导游服务进行监督检查。

旅游行政管理部门依据本标准检查导游服务质量，受理旅游者对导游服务质量的投诉。

附录 A （标准的附录）若干问题处理原则

A1 路线或日程变更

A1.1 旅游团（者）要求变更计划行程

旅游过程中，旅游团（者）提出变更路线或日程的要求时，导游人员原则上应按合同执行，特殊情况报组团社。

A1.2 客观原因需要变更计划行程

旅游过程中，因客观原因需要变更路线或日程时，导游人员应向旅游团（者）作好解释工作，及时将旅游团（者）的意见反馈给组团社和接待社，并根据组团社或接待社的安排做好工作。

A2 丢失证件或物品

当旅游者丢失证件或物品时，导游人员应详细了解丢失情况，尽力协助寻找，同时报告组团社或接待社，根据组团社或接待社的安排协助旅游者向有关部门报案，补办必要的手续。

A3 丢失或损坏行李

当旅游者的行李丢失或损坏时，导游人员应详细了解丢失或损坏情况，积极协助查找责任者。当难以找出责任者时，导游人员应尽量协助当事人开具有关证明，以便向投保公司索赔，并视情况向有关部门报告。

A4 旅游者伤病、病危或死亡

A4.1 旅游者伤病

旅游者意外受伤或患病时，导游人员应及时探视，如有需要，导游人员应陪同患者前往医院就诊。严禁导游人员擅自给患者用药。

A4.2 旅游者病危

旅游者病危时，导游人员应立即协同领队或亲友送病人去急救中心或医院抢救，或请医生前来抢救。患者如系某国际急救组织的投保者，导游人员还应提醒领队及时与该组织的代理机构联系。

在抢救过程中，导游人员应要求旅游团的领队或患者亲友在场，并详细地记录患者患病前后的症状及治疗情况。

在抢救过程中，导游人员应随时向当地接待社反映情况；还应提醒领队及时通知患者亲属，如患者系外籍人士，导游人员应提醒领队通知患者所在国驻华使（领）馆；同时妥善安排好旅游团其他旅游者的活动。全陪应继续随团旅行。

A4.3 旅游者死亡

出现旅游者死亡的情况时，导游人员应立即向当地接待社报告，由当地接待社按照国家有关规定做好善后工作，同时导游人员应稳定其他旅游者的情绪，并继续做好旅游团的接待工作。

如系非正常死亡，导游人员应注意保护现场，并及时报告当地有关部门。

A5　其他

如遇上述之外的其他问题，导游人员应在合理与可能的前提下，积极协助有关人员予以妥善处理。

附录 2　导游人员管理条例

第一条　为了规范导游活动，保障旅游者和导游人员的合法权益，促进旅游业的健康发展，制定本条例。

第二条　本条例所称导游人员，是指依照本条例的规定取得导游证，接受旅行社委派，为旅游者提供向导、讲解及相关旅游服务的人员。

第三条　国家实行全国统一的导游人员资格考试制度。

具有高级中学、中等专业学校或者以上学历，身体健康，具有适应导游需要的基本知识和语言表达能力的中华人民共和国公民，可以参加导游人员资格考试；经考试合格的，由国务院旅游行政部门或者国务院旅游行政部门委托省、自治区、直辖市人民政府旅游行政部门颁发导游人员资格证书。

第四条　在中华人民共和国境内从事导游活动，必须取得导游证。

取得导游人员资格证书的，经与旅行社订立劳动合同或者在导游服务公司登记，方可持所订立的劳动合同或者登记证明材料，向省、自治区、直辖市人民政府旅游行政部门申请领取导游证。

具有特定语种语言能力的人员，虽未取得导游人员资格证书，旅行社需要聘请临时从事导游活动的，由旅行社向省、自治区、直辖市人民政府旅游行政部门申请领取临时导游证。导游证和临时导游证的样式规格，由国务院旅游行政部门规定。

第五条　有下列情形之一的，不得颁发导游证：

（一）无民事行为能力或者限制民事行为能力的；

（二）患有传染性疾病的；

（三）受过刑事处罚的，过失犯罪的除外；

（四）被吊销导游证的。

第六条　省、自治区、直辖市人民政府旅游行政部门应当自收到申请领取导游证之日起 15 日内，颁发导游证；发现有本条例第五条规定情形，不予颁发导游证的，应当书面通知申请人。

第七条　导游人员应当不断提高自身业务素质和职业技能。

国家对导游人员实行等级考核制度。导游人员等级考核标准和考核办法，由国务院旅游行政部门制定。

第八条　导游人员进行导游活动时，应当佩戴导游证。

导游证的有效期限为 3 年。导游证持有人需要在有效期满后继续从事导游活动的，应当在有效期限届满 3 个月前，向省、自治区、直辖市人民政府旅游行政部门申请办理换发导游证手续。

临时导游证的有效期限最长不超过 3 个月，并不得展期。

第九条　导游人员进行导游活动，必须经旅行社委派。

导游人员不得私自承揽或者以其他任何方式直接承揽导游业务，进行导游活动。

第十条　导游人员进行导游活动时，其人格尊严应当受到尊重，其人身安全不受侵犯。

导游人员有权拒绝旅游者提出的侮辱其人格尊严或者违反其职业道德的不合理要求。

第十一条　导游人员进行导游活动时，应当自觉维护国家利益和民族尊严，不得有损害国家利益和民族尊严的言行。

第十二条　导游人员进行导游活动时，应当遵守职业道德，着装整洁，礼貌待人，尊重旅游者的宗教信仰、民族风俗和生活习惯。

导游人员进行导游活动时，应当向旅游者讲解旅游地点的人文和自然情况，介绍风土人情和习俗；但是，不得迎合个别旅游者的低级趣味，在讲解、介绍中掺杂庸俗下流的内容。

第十三条　导游人员应当严格按照旅行社确定的接待计划，安排旅游者的旅行、游览活动，不得擅自增加、减少旅游项目或者中止导游活动。

导游人员在引导旅游者旅行、游览过程中，遇有可能危及旅游者人身安全的紧急情形时，经征得多数旅游者的同意，可以调整或者变更接待计划，但是应当立即报告旅行社。

第十四条　导游人员在引导旅游者旅行、游览过程中，应当就可能发生危及旅游者人身、财物安全的情况，向旅游者作出真实说明和明确警示，并按照旅行社的要求采取防止危害发生的措施。

第十五条　导游人员进行导游活动，不得向旅游者兜售物品或者购买旅游者的物品，不得以明示或者暗示的方式向旅游者索要小费。

第十六条　导游人员进行导游活动，不得欺骗、胁迫旅游者消费或者与经营者串通欺骗、胁迫旅游者消费。

第十七条　旅游者对导游人员违反本条例规定的行为，有权向旅游行政部门投诉。

第十八条　无导游证进行导游活动的，由旅游行政部门责令改正并予以公告，处1000元以上3万元以下的罚款；有违法所得的，并处没收违法所得。

第十九条　导游人员未经旅行社委派，私自承揽或者以其他任何方式直接承揽导游业务，进行导游活动的，由旅游行政部门责令改正，处1000元以上3万元以下的罚款；有违法所得的，并处没收违法所得；情节严重的，由省、自治区、直辖市人民政府旅游行政部门吊销导游证并予以公告。

第二十条　导游人员进行导游活动时，有损害国家利益和民族尊严的言行的，由旅游行政部门责令改正；情节严重的，由省、自治区、直辖市人民政府旅游行政部门吊销导游证并予以公告；对该导游人员所在的旅行社给予警告直至责令停业整顿。

第二十一条　导游人员进行导游活动时未佩戴导游证的，由旅游行政部门责令改正；拒不改正的，处500元以下的罚款。

第二十二条　导游人员有下列情形之一的，由旅游行政部门责令改正，暂扣导游证3至6个月；情节严重的，由省、自治区、直辖市人民政府旅游行政部门吊销导游证并予以公告：

（一）擅自增加或者减少旅游项目的；

（二）擅自变更接待计划的；

（三）擅自中止导游活动的。

第二十三条　导游人员进行导游活动，向旅游者兜售物品或者购买旅游者的物品的，或者以明示或者暗示的方式向旅游者索要小费的，由旅游行政部门责令改正，处1000元以上3万元以下的罚款；有违法所得的，并处没收违法所得；情节严重的，由省、自治区、直辖市人民政府旅游行政部门吊销导游证并予以公告；对委派该导游人员的旅行社给予警告直至责令停业整顿。

第二十四条　导游人员进行导游活动，欺骗、胁迫旅游者消费或者与经营者串通欺骗、胁迫旅游者消费的，由旅游行政部门责令改正，处1000元以上3万元以下的罚款；有违法所得的，并处没收违法所得；情节严重的，由省、自治区、直辖市人民政府旅游行政部门吊销导游证并予以公告；对委派该导游人员的旅行社给予警告直至责令停业整顿；构成犯罪的，依法追究刑事责任。

第二十五条　旅游行政部门工作人员玩忽职守、滥用职权、徇私舞弊，构成犯罪的，依法追究刑事责任；尚不构成犯罪的，依法给予行政处分。

第二十六条　景点景区的导游人员管理办法，由省、自治区、直辖市人民政府参照本条例制定。

第二十七条　本条例自1999年10月1日起施行。1987年11月14日国务院批准、1987年12月1日国家旅游局发布的《导游人员管理暂行规定》同时废止。

附录 3　导游人员管理实施办法

第一章　总　　则

第一条　为了加强导游队伍建设，维护旅游市场秩序和旅游者的合法权益，依据《导游人员管理条例》和《旅行社管理条例》，制定本办法。

第二条　旅游行政管理部门对导游人员实行分级管理。

第三条　旅游行政管理部门对导游人员实行资格考试制度和等级考核制度。

第四条　旅游行政管理部门对导游人员实行计分管理制度和年度审核制度。

第二章　导游资格证和导游证

第五条　国家实行统一的导游人员资格考试制度。经考试合格者，方可取得导游资格证。

第六条　国务院旅游行政管理部门负责制定全国导游人员资格考试的政策、标准和对各地考试工作的监督管理。

省级旅游行政管理部门负责组织、实施本行政区域内导游人员资格考试工作。

直辖市、计划单列市、副省级城市负责本地区导游人员的考试工作。

第七条　坚持考试和培训分开、培训自愿的原则，不得强迫考生参加培训。

第八条　经考试合格的，由组织考试的旅游行政管理部门在考试结束之日起30个工作日内颁发《导游人员资格证》。获得资格证3年未从业的，资格证自动失效。

第九条　获得导游人员资格证、并在一家旅行社或导游管理服务机构注册的，持劳动合同或导游管理服务机构登记证明材料向所在地旅游行政管理部门申请办理导游证。

所在地旅游行政管理部门是指直辖市、计划单列市、副省级旅游行政管理部门以及有相应的导游规模、有相应的导游管理服务机构、有稳定的执法队伍的地市级以上旅游行政管理部门。

第十条　取得《导游人员资格证》的人员申请办理导游证，须参加颁发导游证的旅游行政管理部门举办的岗前培训考核。

第十一条　《导游人员资格证》和导游证由国务院旅游行政管理部门统一印制，在中华人民共和国全国范围内使用。任何单位不得另行颁发其他形式的导游证。

第三章　导游人员的计分管理

第十二条　国家对导游人员实行计分管理。

国务院旅游行政管理部门负责制定全国导游人员计分管理政策并组织实施、监督检查。省级旅游行政管理部门负责本行政区域内导游人员计分管理的组织实施和监督检查。

所在地旅游行政管理部门在本行政区域内负责导游人员计分管理的具体执行。

第十三条 导游人员计分办法实行年度 10 分制。

第十四条 导游人员在导游活动中有下列情形之一的，扣除 10 分：

（一）有损害国家利益和民族尊严的言行的；

（二）诱导或安排旅游者参加黄、赌、毒活动项目的；

（三）有殴打或谩骂旅游者行为的；

（四）欺骗、胁迫旅游者消费的；

（五）未通过年审继续从事导游业务的；

（六）因自身原因造成旅游团重大危害和损失的。

第十五条 导游人员在导游活动中有下列情形之一的，扣除 8 分：

（一）拒绝、逃避检查，或者欺骗检查人员的；

（二）擅自增加或者减少旅游项目的；

（三）擅自终止导游活动的；

（四）讲解中掺杂庸俗、下流、迷信内容的；

（五）未经旅行社委派私自承揽或者以其他任何方式直接承揽导游业务的。

第十六条 导游人员在导游活动中有下列情形之一的，扣除 6 分：

（一）向旅游者兜售物品或者购买旅游者物品的；

（二）以明示或者暗示的方式向旅游者索要小费的；

（三）因自身原因漏接送或误接误送旅游团的；

（四）讲解质量差或不讲解的；

（五）私自转借导游证供他人使用的；

（六）发生重大安全事故不积极配合有关部门救助的。

第十七条 导游人员在导游活动中有下列情形之一的，扣除 4 分：

（一）私自带人随团游览的；

（二）无故不随团活动的；

（三）在导游活动中未佩带导游证或未携带计分卡；

（四）不尊重旅游者宗教信仰和民族风俗。

第十八条 导游人员在导游活动中有下列情形之一，扣除 2 分：

（一）未按规定时间到岗的；

（二）10 人以上团队未打接待社社旗的；

（三）未携带正规接待计划；

（四）接站未出示旅社社标识的；

（五）仪表、着装不整洁的；

（六）讲解中吸烟、吃东西的。

第十九条 导游人员 10 分分值被扣完后，由最后扣分的旅游行政执法单位暂时保留其导游证，并出具保留导游证证明，并于 10 日内通报导游人员所在地旅游行政管理部门和登记注册单位。正在带团过程中的导游人员，可持旅游执法单位出具的保留证明完成团队剩余行程。

第二十条　对导游人员的违法、违规行为除扣减其相应分值外，依法应予处罚的，依据有关法律给予处罚。导游人员通过年审后，年审单位应核销其遗留分值，重新输入初始分值。

第二十一条　旅游行政执法人员玩忽职守、不按照规定随意进行扣分或处罚的，由上级旅游行政管理部门提出批评和通报，本级旅游行政管理部门给予行政处分。

第四章　导游人员的年审管理

第二十二条　国家对导游人员实行年度审核制度。导游人员必须参加年审。国务院旅游行政管理部门负责制定全国导游人员年审工作政策，组织实施并监督检查。

省级旅游行政管理部门负责组织、指导本行政区域内导游人员年审工作并监督检查。

所在地旅游行政管理部门具体负责组织实施对导游人员的年审工作。

第二十三条　年审以考评为主，考评的内容应包括：当年从事导游业务情况、扣分情况、接受行政处罚情况、游客反映情况等。考评等级为通过年审、暂缓通过年审和不予通过年审三种。

第二十四条　一次扣分达到 10 分，不予通过年审。

累计扣分达到 10 分的，暂缓通过年审。

一次被扣 8 分的，全行业通报。

一次被扣 6 分的，警告批评。暂缓通过年审的，通过培训和整改后，方可重新上岗。

第二十五条　导游人员必须参加所在地旅游行政管理部门举办的年审培训。培训时间应根据导游业务需要灵活安排。每年累计培训时间不得少于 56 小时。

第二十六条　旅行社或导游管理机构应为注册的导游人员建立档案，对导游人员进行工作培训和指导，建立对导游人员工作情况的检查、考核和奖惩的内部管理机制，接受并处理对导游人员的投诉，负责对导游人员年审的初评。

第五章　导游人员的等级考核

第二十七条　国家对导游人员实行等级考核制度。导游人员分为初级、中级、高级、特级四个等级。

第二十八条　初级导游和中级导游考核由省级旅游行政管理部门或者委托的地市级旅游行政管理部门组织评定；高级导游和特级导游由国务院旅游行政管理部门组织评定。

第二十九条　由省部级以上单位组织导游评比或竞赛获得最佳称号的导游人员，报国务院旅游行政管理部门批准后，可晋升一级导游等级。

导游等级评定标准和办法由国务院旅游行政管理部门另行制定。

第六章　附　则

第三十条　本办法自 2002 年 1 月 1 日起施行。

第三十一条　本办法由国家旅游局负责解释。

附录4 出境旅游领队人员管理办法

第一条 为了加强对出境旅游领队人员的管理，规范其从业行为，维护出境旅游者的合法权益，促进出境旅游的健康发展，根据《中国公民出国旅游管理办法》和有关规定，制定本办法。

第二条 本办法所称出境旅游领队人员（以下简称"领队人员"），是指依照本办法规定取得出境旅游领队证（以下简称"领队证"），接受具有出境旅游业务经营权的国际旅行社（以下简称"组团社"）的委派，从事出境旅游领队业务的人员。

本办法所称领队业务，是指为出境旅游团提供旅途全程陪同和有关服务；作为组团社的代表，协同境外接待旅行社（以下简称"接待社"）完成旅游计划安排；以及协调处理旅游过程中相关事务等活动

第三条 申请领队证的人员，应当符合下列条件：

（一）有完全民事行为能力的中华人民共和国公民；

（二）热爱祖国，遵纪守法；

（三）可切实负起领队责任的旅行社人员。

第四条 组团社要负责做好申请领队证人员的资格审查和业务培训。

业务培训的内容包括：思想道德教育；涉外纪律教育；旅游政策法规；旅游目的地国家的基本情况；领队人员的义务与职责。

对已经领取领队证的人员，组团社要继续加强思想教育和业务培训，建立严格的工作制度和管理制度，并认真贯彻执行。

第五条 领队证由组团社向所在地的省级或经授权的地市级以上旅游行政管理部门申领，并提交下列材料：申请领队证人员登记表；组团社出具的胜任领队工作的证明；申请领队证人员业务培训证明。

旅游行政管理部门应当自收到申请材料之日起15个工作日内，对符合条件的申请领队证人员颁发领队证，并予以登记备案。

旅游行政管理部门要根据组团社的正当业务需求合理发放领队证。

第六条 领队证由国家旅游局统一样式并制作，由组团社所在地的省级或经授权的地市级以上旅游行政管理部门发放。

领队证不得伪造、涂改、出借或转让。

领队证的有效期为三年。凡需要在领队证有效期届满后继续从事领队业务的，应当在届满前半年由组团社向旅游行政管理部门申请登记换发领队证。

领队人员遗失领队证的，应当及时报告旅游行政管理部门，并声明作废，然后申请补发；领队证损坏的，应及时申请换发。

被取消领队人员资格的人员，不得再次申请领队登记。

第七条 领队人员从事领队业务，必须经组团社正式委派。

领队人员从事领队业务时，必须佩戴领队证。

未取得领队证的人员，不得从事出境旅游领队业务。

第八条　领队人员应当履行下列职责：

（一）遵守《中国公民出国旅游管理办法》中的有关规定，维护旅游者的合法权益；

（二）协同接待社实施旅游行程计划，协助处理旅游行程中的突发事件、纠纷及其他问题；

（三）为旅游者提供旅游行程服务；

（四）自觉维护国家利益和民族尊严，并提醒旅游者抵制任何有损国家利益和民族尊严的言行。

第九条　违反本办法第四条，对申请领队证人员不进行资格审查或业务培训，或审查不严，或对领队人员、领队业务疏于管理，造成领队人员或领队业务发生问题的，由旅游行政管理部门视情节轻重，分别给予组团社警告、取消申领领队证资格、取消组团社资格等处罚。

第十条　违反本办法第七条第三款规定，未取得领队证从事领队业务的，由旅游行政管理部门责令改正，有违法所得的，没收违法所得，并可处违法所得 3 倍以下不超过人民币 3 万元的罚款；没有违法所得的，可处人民币 1 万元以下罚款。

第十一条　违反本办法第六条第二款和第七条第二款规定，领队人员伪造、涂改、出借或转让领队证，或者在从事领队业务时未佩戴领队证的，由旅游行政管理部门责令改正，处人民币 1 万元以下的罚款；情节严重的，由旅游行政管理部门暂扣领队证 3 个月至 1 年，并不得重新换发领队证。

第十二条　违反本办法第八条第一项规定的，按《中国公民出国旅游管理办法》的有关规定处罚。

第十三条　违反本办法第八条第二、三、四项规定的，由旅游行政管理部门责令改正，并可暂扣领队证 3 个月至 1 年；造成重大影响或产生严重后果的，由旅游行政管理部门撤销其领队登记，并不得再次申请领队登记，同时要追究组团社责任。

第十四条　旅游行政管理部门工作人员玩忽职守、滥用职权、徇私舞弊，构成犯罪的，依法追究刑事责任；未构成犯罪的，依法给予行政处分。

第十五条　本办法由国家旅游局负责解释。

第十六条　本办法自发布之日起施行。

参 考 文 献

[1] 刘晓杰. 导游实务. 北京：化学工业出版社，2008.
[2] 张中朝. 风情海南·海南导游词精典. 广州：广东旅游出版社，2008.
[3] 王春玲. 导游实务实训教程. 北京：旅游教育出版社，2011.
[4] 葛益娟. 导游实务. 北京：旅游教育出版社，2010.
[5] 杨连学. 导游服务实训教程. 北京：旅游教育出版社，2010.
[6] 周彩屏. 模拟导游实训. 北京：中国劳动社会保障出版社，2010.
[7] 车秀英. 导游服务实务. 大连：东北财经大学出版社，2012.
[8] 胡华. 导游实务. 北京：旅游教育出版社，2012.
[9] 赵冉冉. 新导游必看的120个带团案例. 北京：中国旅游出版社，2012.
[10] 北京市旅游培训考试中心. 导游服务规范. 北京：旅游教育出版社，2013.
[11] 吴文新. 导游实务. 北京：北京大学出版社，2013.
[12] 梁智. 导游业务. 北京：电子工业出版社，2014.
[13] 郭赤婴. 新导游带团案例. 北京：中国旅游出版社，2006.
[14] 刘玉山. 导游业务. 哈尔滨：黑龙江科学技术出版社，2007.
[15] 李娌. 导游服务案例精选解析. 北京：旅游教育出版社，2007.
[16] 孔永生. 导游细微服务. 北京：中国旅游出版社，2007.
[17] 姜福金. 导游实务. 大连：大连理工大学出版社，2007.
[18] 王健民. 出境旅游领队实务. 北京：旅游教育出版社，2007.